한국어 문법교육론

강현화 지음

저자 | 강현화
연세대학교 국문과 교수
한국어문법교육학회 회장, 한국언어문화교육학회 회장 역임

한국어 문법 교육론
Teaching Korean Grammar: Principles and Practice

발 행 일	1판 2022년 3월 1일
	2판 2쇄 2025년 9월 25일
저　　　자	강현화
펴 낸 곳	소통
펴 낸 이	최도욱
디 자 인	조해민
주　　　소	서울시 금천구 시흥대로 193 아람아이씨티타워 1110호
전　　　화	070-8843-1172
팩　　　스	0505-828-1177
이 메 일	sotongpub@gmail.com
블 로 그	http://sotongpublish.tistory.com
홈페이지	http://www.sotongpub.com
가　　　격	22,000원
I S B N	979-11-91957-25-9 93700

이 책의 내용은 저작권법에 따라 보호받고 있습니다.

한국어 문법교육론

강현화 지음

소통

머리말

　한국어 문법 교육론을 집필해야겠다고 마음을 먹은 지 꽤 오랜 시간이 흘렀다. 급증하는 수요에도 불구하고, 변화하는 문법 교수에 대한 다양한 시각 속에서 정리된 단행본의 형태로 문법 교육론을 출간하는 일은 쉽지 않았다. 무엇보다도 문법의 내용을 다루는 문법론과 구분되면서도, 이론 문법이나 내국인 대상의 교육문법과 구분하는 일이 누적된 연구를 필요로 하는 영역이었기 때문이다.

　외국어의 학습을 통해 서로 다른 문화의 사람과 소통하고 다양한 생각들을 접하게 되는 일은 한 언어에만 갇힐 수 있는 사고력의 한계를 극복하는 일이며, 언어를 통해 사고의 다양성을 얻게 되는 일이다. 따라서 언어를 배우는 것은 단순히 단어의 수나 문법 항목의 수를 확장하는 일은 아니며, 의사소통 기술을 익히는 일일 것이다. 이런 면에서 문법의 교수는 의사소통 기능과 분리해서는 안 되며, 언어 사용의 구체적인 상황 맥락과 연계되어 교수되어야 할 것이다. 학습자의 의사소통 능력을 향상시킬 수 있는 문법은 실제 언어의 사용에서 정확성뿐만 아니라 상황별 사용 적절성을 갖출 수 있는 문법이어야 하기 때문이다.

　본서는 문법과 교육의 문제를 함께 고민하면서, 한국어교육의 시각에서 문법 항목과 의사소통 능력 향상을 위한 한국어 교육문법의 교수 방안을 다루고자 했다. 또한 그간의 한국어 문법 교육에 대한 누적된 논의들을 되짚어 정리하여 그 쟁점들을 담아보고자 하였다. 본서는 크게 3부로 나누었는데, 문법 교육론에 대한 개괄적 논의와 문법 항목별 교수의 내용, 그리고 문법 교수 활동으로 구분하였다.

1부인 문법 교육론의 개괄에서는 언어교육에서의 문법 교육의 목표와 방향성을 다루었고, 문법의 내용이 되는 한국어의 특성과 언어교육에서의 문법에 대해 논의하였다. 2부에서는 문법 항목별 문법 교육의 내용을 다루었다. 품사의 문법적 기능과 교수 방안, 문법 범주별 교수의 쟁점을 다루었다. 교수의 내용과 실제는 조사 교수와 어미 교수, 문장 구성과 문법 교수, 문법 항목별 교수의 쟁점을 차례로 다루었다. 3부에서는 문법 교수 활동을 다루었는데, 문법 교수의 원리와 절차, 문법 항목의 신징과 배열에 대해 살피고, 이어서 말하기, 듣기, 읽기, 쓰기의 의사소통 기능과 문법, 그리고 교실에서의 문법 활동과 문법 평가를 다루었다.

　현장의 요구에 부응하여 부족한 글이나마 출간하게 되었지만, 본서를 토대로 향후 더 나은 논의가 이어지기를 바란다. 출간에 도움을 주신 소통 출판사 담당자에게 감사의 인사를 전한다.

2022.2 외솔관에서 저자

차례

I. 문법교육론 개괄

1강. 한국어교육을 위한 문법 교육 ·· 11
1. 문법 교육의 필요성 ·· 11
2. 이론문법과 한국어교육문법 ·· 16
3. 문법 교육의 목표와 내용 ·· 20
4. 의사소통과 문법 ··· 23

2강. 한국어 문법의 특성 ··· 33
1. 한국어의 특성 ·· 33
2. 한국어 교육문법의 특성 ··· 38
3. 한국어 문법 교육 연구사 ·· 40
4. 한국어 문법 교육의 쟁점 ·· 42

3강. 문법 교수 이론 ··· 51
1. 외국어 교수 이론의 변천과 문법 교육 ··· 51
2. 문법 이론과 언어교육 ··· 59
3. 문법 교수 이론의 적용 ··· 63

II. 문법 교육 항목에 따른 문법 교육의 내용

4강. 품사별 문법 교수 ··· 75
1. 품사별 교수의 의미 ·· 75
2. 품사의 정의 및 분류 기준 ·· 76
3. 품사별 교수 방안 ·· 81

5강. 문법 요소별 교수 방안 ·· 99
  1. 대우 표현 교수 ·· 99
  2. 사동, 피동 표현 교수 ·· 102
  3. 시제 표현 교수 ·· 108
  4. 부정 표현 교수 ·· 110

6강. 조사 교수의 내용과 방법 ·· 117
  1. 조사 교수의 의미 ·· 117
  2. 조사에 대한 언어 정보 ·· 119
  3. 조사 교수 시 고려사항 ·· 123
  4. 주요 조사의 교수 방안 ·· 129

7강. 문장 구성과 문법 교수 ·· 139
  1. 어미와 문장 구성 ·· 139
  2. 어미의 제약과 문법 교수 ···································· 141
  3. 선어말 어미 교수 ·· 145
  4. 어말 어미 교수 ·· 150

8강. 문법 항목별 문법 교수 ·· 161
  1. 문법 항목의 정보 ·· 161
  2. 유사 문법 항목의 목록 ·· 175
  3. 동일 의미군 비교 교수 ·· 184

Ⅲ 문법 교수 활동

9강. 문법 교수의 원리와 절차 ·· 191
  1. 문법 교수의 원리 ·· 191

2. 문법 교수의 방법 ·· 193
　　3. 문법 교수의 절차와 단계 ································ 199
　　4. 숙달도별 문법 교수 ······································ 214

10강. 교육용 문법 항목의 선정과 배열 ···················· 217
　　1. 문법 항목의 등급화의 원리 ···························· 217
　　2. 문법 항목의 선정 ·· 220
　　3. 교육용 조사 선정의 실제와 쟁점 ···················· 224
　　4. 교육용 어미의 선정 ······································ 232

11강 의사소통 기능과 문법 ····································· 239
　　1. 이해와 표현으로서의 문법 ······························ 239
　　2. 말하기, 듣기와 문법 교육 ······························ 240
　　3. 읽기와 문법 교육 ·· 249
　　4. 쓰기와 문법 교육 ·· 253

12강. 문법 교재와 교실 활동 ··································· 257
　　1. 교재 속 문법의 역할 ····································· 257
　　2. 문법 교재의 선정 및 개발 ······························ 261
　　3. 교재의 단원 구성의 사례 ······························· 265
　　4. 교실의 문법 교수 활동 ·································· 270

13강. 문법 평가 ·· 283
　　1. 문법 평가의 의미 ·· 283
　　2. 문법 평가의 요소 ·· 285
　　3. 숙달도 평가에서의 문법 평가 ························· 288
　　4. 문법 평가 문항의 사례 ·································· 292

I. 문법교육론 개괄

1강. 한국어교육을 위한 문법 교육

2강. 한국어의 문법의 특성

3강. 문법 교수 이론

한국어교육을 위한 문법 교육 1강

1. 문법 교육의 필요성

넓은 의미로의 문법은 단어, 문장영역뿐만 아니라 소리, 대화나 이야기를 구성하거나 사용하는 영역을 가리킨다. 좁은 의미로 보면 단어, 문장을 구성하거나 사용하는 영역으로 세한된다. 문법은 이렇게 언어 전체를 아우르는 넓은 의미로 쓰일 수 있는 만큼 언어교육에서 대표성을 가지는 영역이라고 할 수 있다.

외국어교육에서 문법 지식이 반드시 필요한가에 대해서는 논란이 있어 왔다. 우선 문법 지식이 필요 없다는 입장은 문법 지식은 선천적이라고 보며, 굳이 문법 자체에 대해서 학습할 필요는 없다고 본다. 의사소통 교수의 관점에서는 문법 자체를 교육하는 것에 대한 비판이 있었다. 이에 초기의 의사소통 교수법에서는 언어를 배운다는 것을 상대방과의 의사소통에 대해서 학습하는 것으로 보고, 학습자가 의사소통 능력을 얻게 된다면 언어의 구조나 형식은 저절로 알 수 있다고 보아 문법을 배제하기도 했다. 이는 이전의 문법 교수가 '문법에 대해서'(about grammar) 배우는 데에 그치고, 실제로 사용 맥락에서 적용되는 문법(of grammar)'을 배우지 못한 것을 비판한 것이다. 문법 교수 반대론자들의 구체적인 근거는 아래와 같다.[1]

---

1) 이관규 역92004) 『How to teach grammar Scott』 (Thornbury 1999 원저), 한국문화사

- **실천 방법 지식론(the knowledge-how argument)**: 문법에 대해 안다고 해서 그 언어를 잘 사용하는 것은 아니다. 따라서 문법에 대해 공부하는 것보다는 그 문법을 사용하게 될 상황을 연습하게 하는 것이 더 중요하다.
- **의사소통의 구성 요소론(the communication argument)**: 문법 지식은 의사소통적 언어 교수법에서 하나의 구성 요소에 불과하다. 극단적 의사소통 접근법에서는 학습자를 실제적 의사소통에 참여시킴으로써 문법은 무의식적으로 습득할 수 있다고 본다.
- **자연적 습득 가능론(the acquisition argument)**: 문법 영역에서의 학습은 형식적 지도의 결과이나 습득은 자연적 과정으로, 언어 사용자와의 접촉을 통해 언어를 경험하게 되는 과정이다.
- **자연적 순서에 따른 발달론(the natural order argument)**: 제2언어 습득에서나 모국어 습득에서 모두 언어의 발달에는 일정한 단계가 있다.
- **어휘 덩어리 학습론(the lexical chunks argument)**: 아동의 언어 학습은 개별 형태가 아닌 덩어리로 학습되며 어느 정도 시간이 지나면 학습된 덩어리들이 구성 요소로 분리된다.
- **회화에 대한 학습자 기대론(the learner expectations argument)**: 설문조사 결과에 따르면 외국어 학습자들은 실제적 회화 능력을 중시한다.

반면에 외국어로서의 문법 지식은 후천적인 것이므로, 반드시 문법 교수가 필요하다는 입장도 있다. 다만, 문법의 지식은 의사소통 기능과 분리해서는 안 되며 문법 지식을 기능이나 과제와 통합해서 가르치고 배울 때 효용이 있다고 본다. 이런 입장에서는 문법 학습의 목표를 자연스러운 의사소통에 두고, 문법 학습의 최종 단계는 규칙의 적용, 문장의 생성에 그치는 것이 아니라 자유로운 의사소통을 위한 문법의 사용이라는 전제를 바탕으로 한다. 이러한 관점에서의 문법 교수는 의사소통 능력 향상에 저해되는 일이 아니라, 오히려 의사소통 능력을 높이는 일이 될 수 있다. 문법 교수 찬성론자들의 구체적인 근거는 아래와 같다.

- **문장을 만드는 동력(the sentence-machine argument)**: 문법은 언어 규칙에 대한 기술이며, 이 규칙에 대한 지식은 무한한 문장을 만들어낼 수 있는 수단이 되므로 문법을 가르쳐야 한다.

- 정교한 조절 기능(the fine-tuning argument): 문법은 어휘만으로 제공할 수 없는 미묘한 의미의 차이를 나타낸다.
- 오류 화석론(the fossilisation argument): 문법 학습 없이는 오류가 화석화된다.
- 선행 조직자론(the advance-organiser argument): 문법 학습이 당장 효과를 내는 경우도 있지만, 나중에 효과를 보이기도 한다. 학습자들이 학습 문법을 잘 기억하고 있다가 이후 모어 화자와의 대화 속에서 학습 문법 항목의 사용에 주의를 기울이고 사용하려고 노력한다.
- 개별 문법 항목론(the discrete item argument): 교사와 학습자 모두를 위해서 언어를 개별 문법 항목들의 범주 체계로 정리하여 학습자가 이해할 수 있게 한다. 이러한 문법 학습을 통해 거대하고 형체가 없는 덩어리와 같은 언어 속에 감추어진 한정된 문법 규칙을 학습한다.
- 문법 규칙론(the rule-of-law argument): 문법 교육은 일종의 규칙을 학습시키는 것으로 교사와 학습자에게 언어를 구조적으로 가르치고 평가할 수 있는 체계를 제공한다.
- 학습자 요구론(the learner expectations argument): 많은 학습자들이 외국어 수업에서 문법에 초점을 둔 집중적 학습에 대한 기대가 있다. 이들은 목표 언어 사용 상황에의 자연스러운 노출 경험을 통해 언어 학습을 하는 것에 불만을 느끼기도 한다.

학습자들은 문법 학습을 통해 의미 표현을 향상시키고 정확한 의사소통을 수행할 수 있게 된다.[2] 문법은 기능적 동기를 지닌 의사소통의 도구로 인간 생활에 내재적인 기본 의미들의 표현을 촉진하게 하기 때문이다. 또한 언어 교수 현장의 당사자들인 교수자나 학습자의 문법에 대한 요구가 매우 높다. 언어를 사용할 때 문법을 의식하지 못하는 것은 사실이지만 언어 교사들로서 문법의 영향력을 간과하는 경우는 거의 없으며, 문법이 없다면 언어 교수는 매우 혼란스러울 것이라고 생각한다. 학습자들은 아래와 같이 문법 학습에의 요구가 높다.[3]

---

2) Brown도 의사소통 교수법에서의 문법 교육의 역할에 대해 문법은 의사소통적인 목표에 긍정적으로 공헌하며, 유창하고 의사소통적인 언어 내에서 정확성을 증진시킨다고 보았다.
3) Rob Batstone(2003), Grammar, 인용.

> "문법을 배우지 않고서는 결코 올바르게 정확하게 말할 수 없어요."
> "사람들과 얘기할 때 문법에서 실수를 하지 않을까 걱정하기 때문에 부끄러움을 느껴요."
> "어휘가 생각 안 나는 것은 괜찮지만 문법이 틀리면 아주 부끄럽고 다시는 얘기하기가 싫어요."
> "글을 쓸 때 늘 적절한 위치에서 올바른 문법을 사용하는지 신경 써요."

아울러, 문법은 또한 교수요목 설계에 많은 영향을 미친다. 많은 언어 교재들의 교수요목의 근저에는 문법이 핵심을 이룬다. 문법이 언어의 뼈대이듯이, 문법 교수 역시 언어 교수의 근간이 되는 셈이다.

다만, 문법 교수 학습 현장에서는 문법 교육의 가치에 대해 분명한 위상 정립을 요구하고 있다. 문법 학습의 목표는 자연스러운 의사소통이며, 문법 학습의 최종 단계는 규칙의 적용, 문장의 생성에 그치는 것이 아니라 자유로운 의사소통을 위해 문법을 사용하는 것이어야 함을 강조하고 있다. 이에 언어 교수요목에서 문법을 배치하면서 고려해야 할 것들이 많다.

- 학습 과정의 어느 단계에서 문법을 가르쳐야 하나?
- 문법 교육의 범위는 어떻게 정해야 하나?
- 의미에 중점을 둔 문법 교육을 어떻게 가능하게 하나?

우선, 문법 교수의 적정한 시기에 대해서는 시기별로 의견의 차이가 있다. 전통적인 문법에서는 언어 과정 중 문법을 가장 우선적으로 가르쳐야 한다고 생각했는데, 이 가설은 행동주의적 학습 이론에 기반한다. 학습자는 시작부터 불필요한 것들을 피하고 정확한 습관을 배워야 한다고 주장하면서, 오류를 막기 위한 기본적인 문법을 기초 교육이라고 보았다. 이에 반해 의사소통 교수법에서는 학습자에게 문법 자체에 대한 교수 없이, 목표어를 사용하고 들을 만한 적절한 경험의 기회를 제공하면 된다고 본다. 초급 학습자에게 문법을 가르치지 않는 이유는, 학습자들은 어휘를 배움으로써 학습을 시작하고 어휘를 연관시키고 한데 묶음으로써 의미를 전달하므로, 문법을 몰라도 의사전달에는 없다고 보기 때문이다.

(1) 나 밥 (= 나는 밥을 먹고 싶다)
안 사탕 (= 사탕 안 먹어)

위와 같이 단어를 연결하는 소통적인 발화는 모국어 초기 학습이나 외국어 학습에서 자연스럽게 나타나며, 어차피 학습자들이 자신들의 말을 문법화하기 시작하는 건 그 이후라고 본다. N. Ellis는 학습자들은 배운 항목들로부터 규칙을 추출함으로 스스로 문법화한다고 지적하면서, 학습자들이 규칙을 충분히 추출할 수 있는 시기는 중상급 단계이며, 그전까지는 충분한 어휘가 개발될 때까지 기다려야 한다고 보았다.

다음은 문법 교육이 일단 시작되면 어느 정도 범위의 문법을 교수할 것인가를 고민해야 한다. 예를 들면, 특정 기간을 할애해서 주요 문법 구조에 초점을 맞추는 것이 좋은지, 아니면 좀 더 넓은 범위의 문법을 덜 집중적으로 분산해서 다룰 것인지의 문제이다. 핵심적인 문법 구조들을 집중적으로 가르치는 것이 좋다는 연구도 있지만, 몇몇 핵심적 문법 구조를 이해하는 데 많은 시간을 할애한다면 나머지 다른 문법 항목을 다룰 시간은 거의 없게 될 수도 있다. 후자는 아무래도 덜 집중적인 범위에 기초한 문법 교수요목을 지향할 것이다. 이는 궁극적으로 문법 교육의 목표와도 연계가 되는데, 문법이 완벽한 통제 안에서 제시되고 이를 학습한 학습자들은 완벽하고 정확한 언어 사용을 하게 된다고 보는 시각과, 언어습득은 학습자의 자각에 의해 시작되고 그들의 경험과 자원에 의해 성취되는 것이라고 보는 두 관점이 서로 다른 관점을 취할 수 있다.

아울러, 문법 교수에 있어서 의미에 중심을 두는 방안에 대한 문제이다. 이는 형식과 소통 중 무엇을 중시할 것이며 어떻게 두 가지를 연결시킬 것인가를 고민해야 한다. 실제 교실 활동에서 상호 소통에 집중한다면 문법의 형식 부분이 약화되기 쉽고, 반대로 문법 형식에 집중하다 보면 상호소통적이고 상황적인 연습에는 실패할 수도 있기 때문에 이 둘을 조화롭게 연계하는 일은 매우 중요하다.

2. 이론문법과 한국어교육문법

한국어교육문법에 대한 논의는 이론문법의 논의와 크게 변별되지는 못한 측면이 있다. 이론 문법에 치중을 하게 되는 것은 외국어 교육학 초기도 유사했다. 이러한 현상의 문제점에 대해 Allan and Widowson(2003)은 다음과 같이 지적하였다.

> "전통적 규범문법은 비과학적이면서도 난해한 주제들을 다루어 왔으며, 이로 인하여 외국어를 가르치는 일선 교사들은 이 문법 이론을 교실에서 적용하여 가르치기 어렵다"[4]

이론 문법을 교육용 문법으로 적용하는 일은 쉽지 않다. 한국어교육학에서의 문법은 점차 사용을 염두에 둔 의미 기능이 중심이 되어가고 있지만 구체적인 문법 교육의 내용에 대한 차별화된 논의가 충분히 축적되어 있지는 못하며, 여전히 국어학에서 정립된 이론문법이나 내국인 대상의 학교문법에 기대고 있는 측면이 있다. 문법은 사용의 목적과 기술의 방법에 따라 아래와 같이 다양하게 불린다.

- 보편문법: (변형 생성 문법 이론에서) 모든 언어에 공통적인 문법 구조. 또는 그 이론.
- 개별문법: 모든 언어가 아닌, 특정한 언어의 규칙을 밝히는 것을 목표로 하는 문법.
- 이론문법: 학문적인 부분을 중요시하여 언어의 규칙을 만들고 체계화하는 문법
- 기술문법: 특정한 시기의 한 언어 상태를 있는 그대로 기술하는 문법.
- 규범문법: 언어생활을 올바르게 하기 위하여, 규칙을 설정하고 그것을 지키도록 한 문법
- 교육문법: 학생들을 가르치기 위한 실용적인 목적으로 서술한 문법.[5]

한국어교육문법은 교육문법과 연계된다. 교육문법은 규범문법과 비교되는데, 규범문법이란

---

[4] A.,Tonkyn and E.,Williams, ed.2003 참조
[5] 교육 현장에서는 학습자 문법 혹은 교사 문법과 같은 대상을 특정한 문법이 논의되기도 한다.

이론 중심적이며 언어 현상을 있는 그대로 기술하고 이를 바탕으로 이론을 체계화하려는 것이다. 이와 비교하여 교육문법은 교육이라는 특정한 목표를 구현하기 위해 학습자를 염두에 둔 규범적인 문법이다.

교육문법은 다시 내국인을 위한 교육문법과 외국인을 위한 교육문법으로 구분해 볼 수 있다. 내국인을 위한 교육문법은(일명 '학교문법')이란 실용성과 이론이 합해진 것으로 그 언어를 사용하는 국민으로서의 사고체계 확립과 이를 표현하는 능력을 길러주는 데에 목표를 두고 있다. 내국인 대상의 학교문법과 외국인을 대상으로 하는 한국어교육문법 대상과 교육 목표에 따라 아래와 같이 구분될 수 있다.

	학교문법	한국어교육문법
대상	초·중·고·대 학생 (한국어 모국어 화자)	외국인, 재외동포 (한국어에 대한 직관이 없는 학습자)
교육 목표	국어를 통한 논리력, 탐구력, 의사소통 활용 능력 학습, 한국어 가치 인식	한국어로 의사소통을 하는 데에 필요한 능력 함양

본서의 대상이 되는 한국어교육문법은 내국인 대상의 교육문법과 마찬가지로 교육을 위한 것이라는 점에서 학교문법을 기반으로 한다. 교육을 위한 문법은 교수, 학습을 위해 체계화해 놓은 것이라 정의할 때 유사한 목표를 지니기 때문이다. 다만, 교육의 대상이 되는 학습자가 다르고, 이들 학습자의 학습 목표가 다르다는 점에서 구체적인 내용은 달라질 수밖에 없다.

한국어교육 문법은 한국어에 대한 배경지식과 직관이 없는 외국인을 대상으로 하여, 이들이 이해할 수 있는 차원에서 접근한다. 이에 한국어에 대한 추상적인 지식이 아닌 각 문법 형태들의 구체적인 의미와 음운·형태·통사·화용적 기능을 제시하여 외국인 학습자들이 한국어에 대한 의사소통을 원활하게 돕는 규칙 체계를 중시한다. 또한 한국어 문법에 대한 직관력을 가진 모국어 화자를 대상으로 하는 국어교육이나 언어 연구 자체에 초점을 두는 국어학에서의 문법 연구와는 달리, 한국어교육 문법 교육에서는 언어 수행 상에 드러나는 다양하고도 구체적인 실제 자료를 다루게 된다. 예를 들어 시제 표현은 과거(-았-,

-었-), 현재(-는다, -다), 미래(-겠-, -을 것이다) 등이지만, 학습자들은 (2가~2다)와 같이 '형태'와 시간이 일치하지 않거나, (2라)와 같이 같은 어미에 따라 시제 결합 여부가 달라지는 실제 자료에 대한 직관이 없어 혼란을 겪는 경우가 많으므로, 이의 설명에도 주력한다.

> (2) 가. 도착하면 전화해라.
> 나. 저 내일 떠나요.
> 다. 지금쯤 도착했겠다.
> 라. 비가 와서 땅이 젖었어요./ 비가 왔기 때문에 땅이 젖었어요.

이에 한국어교육문법의 체계를 세우기 위해서는 외국인 학습자를 고려한 구체적이고 실용적인 문법이 요구된다. 우선, 외국인 학습자들이 한국어 문법 규칙을 배울 때에는 학습자들은 자신의 배경지식 안에 있는 모국어 문법 범주와 연결시켜 학습하는 경우가 많으므로 대조분석적 연구가 전제되는 것이 바람직하다. 학습자가 이미 가지고 있는 모국어의 문법 체계를 고려하여야 하므로, 학습자들에게 익숙한 언어 보편적인 특성과 한국어만 차별적인 특성에 대한 인식을 바탕으로 문법 내용을 구성한다. 외국인 학습자들이 한국어 문법 규칙을 배울 때에는 자신들의 모국어 문법 중에서 동일한 문법 규칙이 있으면 쉽게 대치하여 한국어 문법 규칙을 습득하지만, 동일한 문법 규칙이 없거나 혹은 자신의 모국어 문법에서는 한 개의 문법 규칙이 한국에서는 두 개 이상의 규칙으로 나뉘면 한국어 문법 규칙을 습득하는 데에 어려움을 느끼게 된다. 즉, 자신의 배경지식 안에 있는 문법 범주와 연결시켜 생각할 수 있는 한국어 문법 범주는 습득이 쉬우나, 자신의 배경지식 안에 없는 문법 범주는 습득하는 데에 상당히 시간이 걸리기 때문이다. 이에 언어권별 외국인 학습자들의 특성을 감안하여 그들의 모국어 문법 규칙 안에서 습득될 수 있는 규칙은 간략히 설명하고 제시하되 그들의 모국어 문법 규칙 안에서 습득될 수 없는 규칙은 상세하게 구분하여 설명할 필요가 있는 것이다.

또한, 학습자의 의사소통 능력을 향상시킬 수 있는 문법 교수는 학습자의 언어 사용의 맥락에서 이루어져야 한다. 언어를 배우는 것은 단순히 단어의 수나 문법 항목의 수를 확장하는 일은 아니며, 의사소통 기술을 보다 정교화하는 일이기 때문이다. 이러한 학습자의 필요는 기존의 이론문법으로서의 한국어 문법과는 차별화되는 새로운 요소에 초점을 두게 한다.

아울러, 학습자의 오류를 해결하려면 구체적인 문맥 안에서, 구체적인 상황 맥락 안에서, 학습자가 이해하기 쉬운 문법 용어를 사용해서 교수하는 것을 방안으로 삼아야 한다.
그리고, 문법의 규칙은 사람들이 흔히 사용하는 전형적인 규칙에 불과하고 완전한 것은 아니므로, 이를 통해 모든 의사소통의 규칙을 설명하기란 어렵다. 이에 규칙의 교수와 더불어 규칙의 예외에 대한 교수도 필요하다. 규칙이란 고빈도 현상으로 문법에서의 규칙은 사실 정도성의 문제라고도 볼 수 있다. 실제 말뭉치의 문법 사례들을 분석해 보면 예외 사례를 살피는 것이 어렵지 않은데, 이러한 예외적 문법을 학습자에게 어떻게 효율적으로 교수할 것인가는 교수자의 과제가 된다. 내국인과는 달리 외국인 학습자를 효율적으로 교수하기 위해서는 분명한 규칙과 설명할 수 있는 예외 등이 정리되어야 하지만, 문법은 매번 규칙화하기 어려우며 많은 예외적인 예들이 존재한다. 이로 인해, 교수 현장에서 학습자가 오류를 만들어낼 때마다 오류의 이유를 설명하거나 오류를 피할 수 있는 규칙을 제시해 주기란 쉽지 않다. 이상의 논의와 같이 한국어교육 문법만의 차별성을 고려하여 교육에 적용해야 할 것이다.

한국어 문법 교육 전반의 환경을 고려할 때, 문법의 내용과 관련하여 구체적으로 고려해야 할 요소들을 아래와 같이 제안할 수 있다.
첫째, 교수자 문법과 학습자 문법의 차이에 주목해야 한다. 교수자 문법은 주로 교수에 필요한 문법과 교수를 하는 데에 참고가 될 문법이 어떤 것이냐, 어떻게 가르치는 것이 효율적인가 하는 데에 중점을 두어야 한다. 교수자가 알고 있는 문법 지식이 모두 학습자에게 전달될 필요는 없지만, 교수자들은 한국어 문법뿐만 아니라 언어 보편적인 문법 지식에 대한 폭넓은 이해가 있어야 한다. 반면, 학습자 문법은 학습자 스스로(혹은 교수자가 학습자에게 필요하다고 판단하는)의 요구에 따른 문법을 주요 학습 대상으로 해야 하며, 여기에는 목표 언어의 가장 핵심적인 문법이 포함되어야 한다. 아울러 학습자 개인의 모국어와의 대조적 차이에 근거한 모국어와의 차별성이 큰 문법 요소도 포함해야 한다.
둘째, 이해 문법과 표현 문법의 구별이 필요하다. 즉, 텍스트의 이해(듣기, 읽기)에 필요한 문법과 텍스트의 생산(말하기, 쓰기)에 자주 사용되는 문법의 내용은 구분될 필요가 있다.

때로는 이들은 고정적인 것이라기보다 개념적인 구분으로 이해 문법 항목도 숙달도가 올라가면서 점차 학습자가 자유자재로 산출할 수 있는 표현 문법으로 전환될 수 있다. 또한 숙달도가 증가하면서 효율적인 담화 생성에 필요한 단계적 표현 문법 항목의 범위가 정해지는 것이 효율적이다.

셋째는, 문어나 구어에서의 문법 항목의 구별도 필요하다. 문어 문법 항목은 문어 자료에서의 사용 빈도나 장르에 근거한 것이 바탕이 되어야 하며 구어 문법 항목은 구어 자료를 기반으로 하는 구어 표현 덩어리에 주의를 기울여야 한다. 문어와 구어의 문법 항목에 대한 지식은 균형을 이루어야 하나, 학습자에 따라 특정 영역에 대한 요구가 더 높을 수 있기 때문이다. 이러한 구어와 문어의 차이는 교육과정이나 교재 개발에 반영되어 차별화된 교수가 이루어져야 한다.

넷째는, 교수·학습 문법과 참고 문법의 구별이 필요하다. 교수·학습 문법은 교수 현장에서 사용되는 교재를 위한 것으로, 핵심적인 문법 항목을 포함하여 학습자가 주로 사용할 영역에서 실제 사용으로 연계될 수 있도록 구성되어야 한다. 반면에 참고 문법은 학습자나 교수자의 확장 학습을 위한 것으로, 문법의 규칙 탐구나 위계화되어 제시되는 개별 문법 항목을 총체적으로 이해하는 데에 도움을 줄 수 있도록 이론적 뒷받침이 필요한 문법 영역이다. 특히, 목표 문법의 발견과 규칙에 대한 학습자 스스로의 탐구는 궁극적으로 목표 언어를 매개로 한 목표 언어 사용자의 사고방식과 문화를 이해할 수 있는 매개가 된다.

3. 문법 교육의 목표와 내용

문법 교육의 궁극적 목표는 학습자의 한국어에 대한 이해를 돕는 데에 있다. 외국어의 학습을 통해 서로 다른 문화의 사람과 소통하고 다양한 생각들을 접하게 되는 일은 한 언어에만 갇힐 수 있는 사고력의 한계를 극복하는 일이 되기도 한다. 즉, 다른 언어를 학습하는 일은 결국 언어를 통해 사고의 다양성을 얻게 되는 일이다. 이런 면에서 언어학습과 언어교육은 '인간'과 '소통'에 초점을 두는 학문이다. 말과 생각은 근본적으로 밀접한 관계가 있으며, 한국인의 사고방식은 말에 반영되고 말의 구조는 사고방식을 이끌어 나가는 힘이 되므로 한국어 학습을 통해 한국인의 사고까지도 이해하게 되는 것이다. 즉, 한국인의 사고방식은 한국어의 구조적 특성에 밀접하게 연관된다고 볼 수 있다. 예를 들면 조사, 어미 다양한 문법 요소의 발달은 논리적 표현 능력과 관계가 있으며 존대법은 상대를 염두에 둔 발화 방식과 관계된다. 이러한 한국어의 특성은 한국인의 사고방식을 지배한다고 볼 수 있다. 외국인의 문법 학습이 궁극적으로는 한국인과의 의사소통을 위한 것이며 나아가 한국어의 문화적 가치를 이해하는 활동을 추구하는 일이라면, 언어를 학습하는 일을 통해 한국인의 사고방식에 접근하는 일은 중요하다. 학습자들이 스스로 한국어에 대한 탐구 능력을 길러 한국어가 가지고 있는 언어의 규칙과 사고의 관습을 밝혀낼 수 있다면 한국인과의 소통에 한층 더 다가설 수 있을 것이다.

이러한 이해와 소통의 큰 틀의 목표 아래, 문법 교수에서 지향해야 할 구체적인 목표에는 아래와 같은 것이 고려될 필요가 있다.

첫째, 말하기, 듣기, 읽기, 쓰기의 요소가 골고루 다루어져야 한다. 초급 학습자는 말하기 듣기에 대한 요구가 매우 높으며 중급과 고급에 이르면서 읽기와 쓰기는 뒤늦게 발달하므로 숙달도별 비중에 대한 고려가 필요하다. 그런데 문어 문법에 비해 구어 문법에 대한 논의가 충분하지 않아서, 문어와 동등하게 구어 문법의 특성이 보다 적극적으로 다루어져야 한다.

둘째, 문법 항목은 형태 통사적 요소에만 국한되는 것이 아니라 어휘와 문법이 결합된 덩어리 형식의 항목들이 많으므로, 문법의 규칙보다는 자주 통용되는 관습적 덩어리 형식의 어휘·문법 항목에도 초점을 두어야 한다.

셋째, 문법은 형식 중심이 아닌 발신자의 전달 의도와 연계하여 교수해야 한다. 의사소통이란 발화 상대를 염두에 둔 채 발화의 의도를 효과적으로 전달하기 위해 다양한 문법 항목 중 가장 적절하다고 판단되는 하나의 문법 항목을 선택하는 과정이기 때문이다. 이런 이유로 한국어 교재의 문법 항목들은 형식 중심이 아닌 주제나 담화적 기능에 따른 항목들이 대부분이다. 담화의 맥락(발신자, 수신자, 발신자와 수신자와의 관계, 발화가 이루어지는 상황 맥락, 발화에 영향을 미치는 사회문화적 맥락)을 고려해야 한다.

넷째, 규범적 내용 외에도 고빈도로 통용되는 비문법적 요소들까지도 고려해야 한다. 일반 한국어 화자들이 늘 규범을 준수해 소통하는 것은 아니므로, 한국어 화자와의 소통력을 높이려면 자주 사용되는 비규범적 통용 형식도 다룰 대상이 된다.

다섯째, 문법은 언어의 사용 능력의 일부로 가르쳐야 하며, 문법 지식은 기능, 과제와 통합하여 가르치고 배워야 한다. 문법은 의사소통 기능 단위로 제시되는 게 바람직하며, 학습자의 오류를 해결할 수 있는 방법으로 설명되어야 한다.

다음으로, 이러한 목표에 따른 구체적인 문법의 내용의 선정과 교수 방안에 대해 생각해 봐야 한다. 문법의 내용을 어떻게 선정할 것인가와 선정된 문법 항목들을 어떻게 효율적으로 교수할 것인가는 학습의 구체적인 목표, 학습의 환경, 학습자의 경험 및 태도, 동기 등의 변인에 따라 달라질 수 있으나, 범용적인 차원에서 아래의 요소들이 전제되어야 한다.

첫째, 문법 교수의 내용이나 방법론에 대한 학습자 요구 반영이 필요하다. 모든 학습자들이 기본적으로 습득해야 할 핵심 문법의 요소도 있겠지만, 학습자의 요구(학습자가 접할 언어 사용 상황에 따른)에 따른 변별적 문법 항목 선정이나 교수법의 개발 논의가 필요하다. 학습 목적별로 필요로 하는 언어적 요구는 상이할 수 있고, 학습자의 모국어 변인도 주요 요소가 될 수 있으므로, 학습 목적이나 언어적 배경은 문법 항목 선정에 주요 요소가 될 수 있다.

둘째, 의미에 기반한 문법 항목 설정이 마련되고 위계화 될 필요가 있다. 위계화를 위해서는 발화 의도를 고려한 의미 기반의 문법 항목군을 선정하고, 동일 의미군에 속하는 문법 항목 간의 변별적 특성들이 논의될 필요가 있다. 교육적 효과를 지향하는 교실 수업에서의 위계화는 필수 요건이며, 실제로 많은 교재에서는 제시 순서를 통해 문법을 위계화하고 있다. 위계화를 위해서는 균형적 말뭉치 분석을 바탕으로 한 빈도 산출과 오류 분석 등 난이도 산출을 위한 분석들이 선행되는 것이 중요하다.

셋째, 국외 이론 도입에 기대고 있는 교수법에 대한 한국어 교수에의 적용의 타당성 검토가 필요하다. 새로운 문법 교수의 방법론을 교수 현장에 적용하고자 하는 논의도 일부 생겨나고 있지만 여전히 형태 중심의 문법 제시와 연습 방법들이 자주 사용되고 있다. 새로운 교수 방안들이 과연 한국어 교수에도 효율적인지, 구체적인 적용의 결과가 효용성을 가지는지에 대한 적극적 검증을 거쳐 교수 방법을 변화해 가야 할 것이다.

넷째, 교수자 및 학습자 변인을 고려한 문법 교재 개발 및 교수법의 개발도 고려 대상이 된다. 그간의 문법 교수는 지나치게 국내 어학원 중심의 '집중과정'의 논의가 많았는데, 학습자 수를 고려한다면 국외 비정규 과정의 학습자의 수가 오히려 더 많으므로, 교수·학습에는 국내외의 다양한 요인이 고려될 필요가 있다. 교사 요인에는 교사의 언어 숙달도와 훈련, 경험, 문화적 배경 그리고 선호하는 교수 스타일이 포함되며 학습자 요인에는 학습자의 학습 양식, 선호도, 학습 욕구, 관심, 동기가 포함된다. 맥락적 요인에는 학교 문화, 교실 상태, 반의 규모, 교수 자원의 효용성이 포함되는데, 국외나 지방의 언어 교실에는 환경 요인이 다를 수 있으므로 이들을 고려한 다양한 교수 방법에 대한 논의가 보다 구체적으로 이루어져야 한다.

다섯째, 실제 의사소통 환경을 고려한 담화 중심의 문법 교수, 맥락을 고려한 문법 교수 등, 실제성에 기반한 문법 교수 방안에 대한 고려가 필요하다. 외국어 교육이 다양한 맥락에서의 언어 사용이 기반이 된다고 볼 때, 대화 상대자나 대화 상황을 전제로 하지 않는 문법 교수는 '적절성'을 확보하는 데에는 한계를 가지기 때문이다.

4. 의사소통과 문법

<기능 중심의 접근>

학습 목적의 변화는 '의사소통'의 목적도 변화시키게 되는데, 학습자들의 요구는 단순한 호감의 교류에서 시작하여 점차 구체적인 정보의 수집과 활용으로 발전하게 된다. 한국어 교수 학습의 역사가 쌓이면서 점차 구체적인 학습과 활용에의 요구를 가진 학습자 집단이 늘고 있다.

취미나 호감에 의한 한국어 학습자들은 주로 자기 소개 표현과 관광, 제한된 사회 활동에서의 표현력과 이해력을 갖추는 데에 목표가 한정될 수 있다. 이에 반해, 이주민, 직업 목적, 학문 목적의 학습자는 중장기 체류자에 속하게 되므로, 사회생활은 물론 전문 영역에서 모어 화자와의 소통을 필요로 하게 된다. 이들은 특정 사용역에서 매우 깊이 있는 지식과 활용을 필요로 하는데, 단순히 언어적 소통을 넘어선 지식의 '내용(content)'와 맞물리게 되면서, 특히 직업 목적과 학문 목적 학습자는 자신이 소통하는 사용역(register)에서 매우 깊이 있는 내용 지식을 요구받게 된다. 언어만을 배우는 것이 아니라, 언어를 수단으로 무언가의 내용을 배우게 되는 것이다.

이러한 학습자 요구의 변화는 언어 학습의 내용(무엇을)과 방법(어떻게)도 변화시키게 된다. 특정 사용역의 언어를 학습하려면 문장 중심의 언어 형식 교수로는 한계를 가지게 되므로, 자연스럽게 담화 층위의 의미를 중심으로 하는 문법 교수로 이행되고 있다. 이에 따라 언어

교육에서는 기능 중심적 문법을 언어 교수에 적용하고, 이에 기반한 효율적인 언어 교수의 방법 찾기에 집중하고 있다. 한국어교육 역시 증가하는 중고급 학습자(혹은 최고급 학습자)에 힘입어 점차 언어만의 교수에서 내용 기반 교수(CBI)에 비중을 두게 되었으며, 형식 중심 교수에서 의미와 형태를 연계한 언어 교수로 이행하고 있다.

이에 담화 기능, 장르를 중심으로 하는 논의가 증가하고 있고 이를 고려한 다양한 교수 방법의 도입에의 고민이 더해지고 있다. 사회적 역할을 구현하는 언어는 곧 기능 자체로 해석되는데, 결국 언어란 사회적 상호작용을 통해 의사소통 경험이 내재화되는 것이며, 이것이 언어 형태로 드러나는 것이기 때문이다. 그런데, 이러한 논의는 실제 언어를 대상으로 하여 담화상에서의 이해와 산출 능력을 필요로 하는 언어 교수의 특성에 매우 잘 부합한다. 그간의 언어 교수의 역사에서 문장 단위의 언어 형식에 집중했던 전통적 언어 교수와 의사소통 과제 중심의 몰입은 둘다 만족할만한 결과를 얻지 못했으므로 또다른 대안을 필요로 하고 있다.

문법에 대한 기능적인 접근은 형식 중심의 교수('명령문' 가르치기)를 기능 중심('명령'의 기능)으로 이행시킨다. 예를 들어 화자가 청자에게 문을 열도록 요청하는 발화는 아래와 같이 다양한 표현이 가능하다. 아래 표현들은 해당 상황 맥락에서의 화자가 선택할 수 있는 다양한 선택 표현 중의 하나에 불과하지만, 형식 문법의 차원에서는 서로 상이한 영역에 속한다. 실제 기능적으로 '명령'을 구현하는 '지시 화행'은 '명령-요구-요청-부탁-제안-희망 드러내기'의 다양한 단계로 드러나며, 문장 종결의 형태로도 '명령문'에만 머물지 않고, '진술문, 의문문, 명령문, 청유문' 등으로 다양하게 구현됨을 알 수 있다. 아울러 '명령'의 기능을 수행하는 데에는 보조동사 '-어 주다', '-지 않다' 부정문, 복문 구성(연결 어미) 등의 문법적 요소와, 미시 담화 표지 '좀' 등의 담화적 요소가 동원되고 있음을 알 수 있는데, 기존의 이론 문법에서는 서로 상이한 범주에서 다루어지던 것들이다.

(3) 문 열어 / 문 열어 주세요 / 문 좀 열어 줄래요? / 문 좀 열지 않을래요?/ 문 좀 엽시다/ 문 좀 열어주시겠어요? / 문 좀 열어 주실 수 있어요?/ 문 좀 열어 주시면 어때요? / 더워서 문 열고 싶은데/ 더운데 문 좀 열었으면……

하지만 기능적 관점에서 보면, 이들 표현들은 결국 대상에 따른, 사용역에 따른, 화자의 태도에 따른 다양한 '명령' 방식의 다름에 불과하다. 위의 표현들을 모든 청자에게 사용할 수는 없으며, 사용할 수 있는 상황 맥락도 동일하지 않아서, 실제적 의사소통에 목적을 둔 언어 교수에서는 이들 표현의 맥락별 적절성과 그에 따른 언어 변이형에 대한 학습에 주목하게 된다.

이러한 기능적 접근에서 소통을 위한 언어 교수는 '주제, 목표, 대상'을 중심에 두고, 학습자에게 유의미한 맥락에서 구체적으로 사용할 수 있는 의미와 형태를 인지시켜 사용 맥락별 언어 선택의 적절성을 키워 주는 것이 중요하다고 본다. 발화된(발화될) 담화에서 구현될 '누가/무엇이, 수행된 동사, 화자의 태도, 화청자 관계' 등을 짚어 가면서, 부딪치게 될 다양한 맥락에서 가장 적절한 의미를 생성하는 형태를 인지하고 학습하게 하는 것이 핵심이 되는 것이다. 따라서 교사는 학습자들로 하여금 적절한 상황에서의 적정한 언어 선택을 할 수 있는 문법적 능력을 갖추게 하는 것에 집중하게 된다.

<학습자 중심 교수>

변화하는 언어 교육의 초점에는 학습자의 자율성과 주도성에 대한 논의도 있다. 제2언어 습득 메커니즘은 언어 습득을 '(학습자의) 정신적인 행위'라고 본다. 사회적 상호작용으로 언어를 발달시킬 수 있지만, 결국 습득의 행위 자체는 개인의 인지적 행위이기 때문에, 학습자 스스로의 체득이 언어 습득에서 매우 중요한 요소가 된다. 학습자는 특정 언어 형태에 선택적으로 주의를 집중하여, '말하고 싶은 것'과 '말할 수 있는 것'의 차이(gap)를 알아차리고, 교사는 이에 명시적으로 초점을 주고 가르치면 이를 바탕으로 스스로 재구성하고, 자신의 유의미한 맥락에서 사용할 수 있게 된다고 보는 관점이다. 학습자들은 특정 맥락에서 적절한 언어 선택을 위한 학습자 스스로의 언어 자산을 어떻게 조직하게 할 것인가에 초점을 두며, 아래 요소를 고려하게 된다.

> 첫째, 의미에 초점을 두어 발화된 담화에서 무엇이 묘사되고 정의되었는지, 어떻게 확인하는지, 어떤 행위가 있었는지, 누가 관여하는지, 어떻게 텍스트가 엮이고 있는지에 초점을 둔다. 구체적으로는 '생각'의 제시를 위해서는 '누가(무엇이), 언제, 어디서, 왜, 어떻게'의 요소를 구별하기 위해 참여자, 과정, 상황(장소 상황, 시간 상황)의 정보에 주목한다.
> 둘째, 독자나 청자와의 '관계' 규정을 알기 위해서는 해당 담화의 '격식/비격식성, 친소 관계, 태도(긍정, 부정, 중립), 지위(권력)' 등의 요소를 파악한다.
> 셋째, 응집성 있는 메시지를 구축하기 위해서는 담화에서의 '생각의 연결법(지시, 대체 등), 어휘의 밀집도, 문법적 복잡도, 어휘적 연쇄, 어조, 텍스트 간 상호작용성' 등에 집중한다.

언어를 사용한다는 것은 화자의 '생각'을 보여주고, 화청자의 '관계'를 규정하고, 이를 응집성 있는 메시지로 '구축'하는 일이다. 결국 언어 사용이란 학습자가 의미에 집중하여 언어 형태를 선택하고, 이러한 문법적 선택이 의미를 어떻게 형성하는가 점검하는 것이다. 문법의 선택은 의미에 기반하되 상황 맥락에 따라 영향을 받는다.[6] 이런 시각에 따른다면 언어를 배우는 것은 학습자의 모국어와는 다른 새로운 언어의 맥락에서 의미를 만들어내는 일이며, 이는 특정한 사회적 목표를 달성하기 위해 언어를 사용하는 새로운 방식을 배우는 것이다. 이에 문법 교수는 발화자의 의도를 전달하는 다양한 방식이 어떻게 문법으로 구현되며, 목표 언어 사용자가 이러한 관습의 패턴을 어떤 맥락에서 어떻게 사용하는지를 스스로 깨우쳐 학습하게 하는 것이라 하겠다. 이러한 과정이 언어 교수에 필수적으로 반영될 때 학습자의 효과적인 언어 발달이 이루어진다.

하지만 학습자 중심의 문법 교수 방법을 실제 교육 현장에서 적용하기란 쉽지 않다. 현실적인 이유로 학습자의 인지에 기댄 귀납적 문법 학습이 활발히 이루어지지 못하며, 교실 현장에서는 연역적으로 문법을 제시하는 데에 익숙하여 학습자들은 흔히 수동적인 방법으로 문법을 학습하기 쉽다. 교사는 문법 자료를 제시하기만 하고, 학습자 스스로

---

6) 체계기능언어학(SFL)에서는 언어는 제한된 규칙의 체계(chomsky식 접근)가 아니며, 의미의 조직체(system)로 보며 기능(function)을 구현하는 것으로 본다.

귀납적으로 문법 규칙을 발견하는 방법은 이상적이기는 하나, 많은 시간이 소요되거나 스스로 의미 있는 규칙 찾기에 실패할 가능성도 높다는 문제점을 가지기도 하기 때문이다.

<구어와 문어 문법 교수>

변화하는 언어 교수에서 주목하는 또 하나의 요소는 문어 문법만이 아닌 구어 문법에도 주목하는 것인데, 의사소통의 시작은 구어에서 출발하기 때문이다. 언어 교수의 흐름은 점차 구어와 문어에서의 문법의 역할을 구분하는 방향으로 가고 있다.

■ 구어 문법 교수

코퍼스의 발달은 문법 교수의 자료 개발에 있어 큰 영향을 미치고 있다. 그간의 문법 연구는 주로 문어 코퍼스 기반했지만, 구어 코퍼스의 구축 더불어 언어 교수에서의 구어 코퍼스의 활용과 관심이 높아지고 있다. 특히 구어는 단순히 문어가 대화상으로 옮겨진 형태나 문어 문법의 생략형 혹은 탈락형이 아닌 변별된 구어 자체 패턴의 문법이라고 보는 논의들이 많아지고 있다. 구어 코퍼스를 살펴보면 문장 중심의 문어 코퍼스와는 달리 발화 단위가 단어 단위, 구 단위, 절 단위의 형태로 나타나며, 이들은 각각 독립적인 역할을 하는 것을 알 수 있다. 또한 문어에 있어서는 문장의 정확성이 문제라면 구어에서는 문장의 용인성이나 적절성이 문제가 된다. 이에 언어 교육의 구어 상황(말하기, 듣기)에서 다루어지고 있는 문법 요소들은 구어 문법 시각을 반영하고 있는지를 염두에 두어야 한다.

구어적 의사소통을 강조하고 있는 현재의 언어 교수 환경을 고려해 본다면 구어 문법의 적용은 필수적이다. Michael McCarthy & Ronald Carter(2005)에서는 문어 문법과는 독립되는 구어 문법의 차별성에 대해 논의하며, 이러한 특징이 언어 교수에서 가지는 의미에 대해 논의하고 있다. 구어 문법의 몇 가지 특징을 아래와 같이 제시하고 있다.

- 구어 문법의 기본 단위는 문장이라기보다는 '구' 혹은 '불완전한 절'의 형태가 많다. 또한 대화에서의 구는 복잡한 구성이 아닌 수식어구가 한두 개로 제한되는 구성이다.
- 구어 문법은 문장을 넘어선 문법적 특성을 살펴 파악해야 한다.

- 문어 문법이 확정적이며 규범적 문법이라면, 구어 문법은 확률적이며 용인적 문법의 특성을 가진다.
- 구어 문법은 고정적인 것이 아니라 대화자 간에 적절한 의미 전달을 하기 위해 어떤 범위의 시제, 상 등의 문법 선택이 이루어질 수 있다.[7]
- 품사의 배치나 어순에 있어 구어는 문어와 다른 양상을 보이기도 한다. 화자는 청자에 주목하면서 분명한 의사 전달을 위해 의도적으로 단어의 배열을 달리하거나 어순을 바꾸기도 한다.
- 구어 문법에서는 주절과 종속절의 구분이 모호하기도 하여, 종속절로 끝맺음으로서 주절의 기능을 대신하기도 한다.
- 구어에서는 정확성을 벗어난 변칙적인 언어 사용이 흔히 일어나며, 변칙적인 사용이더라도 다양한 화자에 의해 많은 예가 사용된다면 용인되는 문법으로 인정된다.
- 문어 코퍼스와 구어 코퍼스의 대조적 연구를 통해 한쪽 문법에만 주로 사용되는 문법 요소를 찾기도 하는데, 예를 들어 특정 접속사는 문어 혹은 구어에서만 쓰인다.
- 구어 문법의 특성들을 개념화할 수 있는 새로운 구어 문법의 용어 기술이 필요하다.
- 구어 문법의 자료는 원어민의 자료에만 한정해야 할 것인지의 문제가 있다. 국제어로서의 영어를 포함할 것이냐의 고민이 필요하다.

이러한 구어 문법의 다양한 특성들은 한국어에서도 구어 문법의 논의에 충분히 반영될 수 있을 것이다.

한국어의 실제 대화문을 분석해 보면 단어 단위나 구 단위로 끝나거나 단순한 수식어구를 동반하는 경우가 대부분이며, 대화는 화자와 청자 간의 이어진 발화를 통해 완성된 정보를 담는다는 점에서 문장을 넘어선 단위를 살피는 것은 중요하다.

또한 구어 문법은 용인적 문법의 특성을 가지므로, 정확성을 벗어난 변칙적인 언어 사용이 흔히 일어난다. 예를 들어 한때 표준어 '-기에'와 대비되는 비표준어였던 '-길래'의 경우, 완전한 동의어는 아닐지라도 둘 모두 표준어로 용인되었다. 언어 수행의 측면에서만 본다면

---

[7] 청자를 고려한 문법 사용의 사례로, 의사소통 전략으로서 상대에 따라 수동태의 사용을 더 선호하거나, 직접적인 거절 표현이 아닌 '당위'나 '완곡'의 표현으로 대체하는 경우를 말한다.

'-길래'의 빈도가 높아 이미 많은 회화 교재에서는 '-길래'를 주로 가르치고 있다.

한편, 구어 문법에서의 문법은 고정적인 것이 아니라 대화자 간에 적절한 의미 전달을 하기 위해 어떤 범위의 시제, 상 등의 '선택'이 이루어지기도 한다. 청자를 고려한 문법 사용의 사례로, 화자는 대화 상대에 따라 수동태나 추측 표현의 사용을 더 선호하거나, 직접적인 거절 표현이 아닌 '당위'나 '완곡'의 표현으로 대체하는 경우를 들 수 있다.

(4) ㄱ. 이따가 일 좀 도와줄래요?
　　ㄴ. 음, 업무 시간 외에는 힘들어요. (직접 거절)
　　ㄴ'. 아, 어려울 것 같아요, 선약이 있는데 꼭 가야 해서요.(간접 거절)

같은 문법 항목이 문어와 구어에서 의미와 기능이 달라지는 경우도 많다. 'V-(으)라고 하다'라는 문형은 문어에서는 주로 '전달'의 의미로 사용되지만, 구어에서는 다른 언어 요소와 공기하여 '비난, 따짐' 등의 화자의 태도를 나타내거나 '확인'할 때 더 많이 사용되기도 한다.

(5) 그러니까 내가 아까 끝내라고 했지. [비난]

구어에는 축약형의 사용이 활발하다. '그 아이'를 '걔'라고 하거나 '의자는'을 '의잔'으로 줄여 구 단위를 줄여 발음하는 경우도 많다. 또한 의미상 소통이 가능한 경우 단어나 구 단위를 생략하는 일도 많다.

품사의 배치나 어순에 있어 구어는 문어와 다른 양상을 보이기도 한다. 화자는 특정 내용에 초점을 두면서 의도적으로 어순을 바꾸거나 시간적 순서를 달리하기도 한다.

(6) 가. 물론 저도 좋아하기는 해요. 고기를.
　　나. 저는 OO 직장 3년차입니다. OO 대학을 졸업했고요.

문어 코퍼스와 구어 코퍼스 중 한쪽에만 자주 사용되는 문법 요소도 있다. 예를 들어, '-ㄹ

성싶다'나 '-(으)ㄴ가 싶다' 등의 문법항목은 문어에서 더 자주 나타난다. 이에 반해 'V-아/어/여 가지고'는 구어에 많이 나타난다. 이때 기본 의미인 '계기, 이유' 보다는 '부정적 태도 표시나 화제 지속의 전략'으로 더 많이 사용되는 차이도 보인다.

> (7) ㄱ. 버스를 <u>놓쳐 가지고</u> 학교에 늦었어요.
> ㄴ. 으이그, 약아 <u>빠져 가지고</u>......
> ㄷ. 그러니까. 내가 도착 해 <u>가지고</u>. 그 사람을 만나 <u>가지고</u>...얘기 좀 하려고 했는데...

구어 문법에서는 주절과 종속절의 구분이 모호하기도 하여, 종속절로 끝맺음으로써 주절의 기능을 대신하기도 한다. 아래의 예처럼 단순히 도치된 문장으로 보기도 어렵고, 말줄임 형식이 더 자연스러운 용례도 있다. 이들은 연결 어미의 종결 어미적 사용으로 설명되기도 하는데, 연결 어미로서의 쓰임과는 달리 화자의 발화 의도를 담고 있는 경우도 있다.

> (8) 늦어서 죄송해요. 너무 바빠 가지고...(사과나 미안함 표시)

이러한 구어 문법적 특성은 말하기 듣기의 회화 교재에 반영할 주요 자료가 되며, 대화의 실제성을 높이면서도 구어 표현에 고빈도로 나타나는 특정 문법 요소나 문법 형태에 주목하게 할 수 있다.

■ 문어 문법 교수

문어에서의 문법 지식은 생산적인 언어 산출을 위한 뼈대가 된다는 점에서 매우 중요하다. 의사소통 교수는 의사소통 능력을 강조하면서 문법의 역할이 상대적으로 약화되어 왔다. 읽기 역시 이해 능력 향상이라는 본래의 목적을 추구하면서 문법 교수와의 연계가 점차 배제되어 왔지만, 읽기와 문법 교육은 밀접하게 연계되어 있다. 쓰기 능력의 향상 역시 문법이 뒷받침되지 않으면 담보하기 어려운데, 문법은 담화의 의미를 보다 명확하게 알게 하고 보다 체계적으로 자신의 생각을 글로 정리하게 하는 기초가 되기 때문이다. 문어에서 고려해야 할 문법적 특성은 구어와는 차별화된다.

문어 자료는 문자로 이루어져 있으며 말에 비해 글은 보다 복잡한 특성을 가지고 있다. 구어 담화인 대화는 주로 단어와 단문의 상호 교환으로 구성되어 있다면, 완성된 글은 절과 문장의 연결로 복잡하게 구성되어 있다. 절의 연결에 있어서는 구어는 주로 동등한 접속사나 나열, 첨가의 연결 어미로 구성되며 단순한 문장으로 나타나지만 문어는 더 많은 종속절과 다양한 선행절과 후행절 간의 관계가 드러나는 복문, 혹은 혼합문으로 구성되어 복잡하다. 어휘 역시 말에 비해 글에서 사용되는 어휘가 더 다양하고 어휘 밀도가 높으며, 더 저빈도 단어이거나 전문 어휘인 경우가 많아 난이도도 높다. 또한 글말은 형식적이고 장르에 따르는 일정한 틀을 가지고 있어서 이러한 규칙들과 수사의 기법 등을 익히고 표현하는 것이 쉽지 않은데, 글말에서의 복잡성과 형식성의 측면이 글말과 문법의 밀접한 관련성을 훨씬 더 높이고 있다.

이런 이유로 문어 영역인 읽기와 쓰기, 그리고 문법은 별개로 제시되기보다는 각 목적에 맞게 유기적으로 통합되어 제시되는 일이 많다. 물론 문법 그 자체가 교육의 목적이 될 수는 없고 문법 학습은 한국어 교육을 위한 도구로 작용하여야 하므로 읽기와 쓰기의 목적이나 주제에 적합한 문법 요소가 종속되는 것이 바람직하다. 다만, 읽기나 쓰기의 다양한 장르에 따른 문법 항목 학습이 필요한데, 장르별로 특정적인 문법들을 알게 함으로써 장르에 맞춰 적절한 언어를 사용하게 할 수 있기 때문이다. 따라서 읽기와 쓰기를 통한 문법 교육이나 문법을 통한 읽기와 쓰기 교육이 상호적으로 이루어지도록 해야 한다.

상대적으로 구어보다 문어에서 그리고 이해 영역보다 표현 영역에서 문법적 능력이 더 많이 요구된다고 본다면 언어의 네 가지 영역 중 쓰기가 문법과 가장 밀접할 수 있다. 쓰기는 다른 언어 기능들을 공고히 해 준다는 점에서도 중요성을 갖는데, 철자를 시작으로 하여, 비문 고치기 부문, 문장의 호응, 접속 등의 것들은 모두 문법 영역에 해당한다. 특히 쓰기는 문법적 정확성을 요구한 영역인데, 쓰기 능력 향상을 위해서는 문법적 정확성 외에 담화성을 갖춘 완성도가 높은 글에 대한 문법적 지식도 필수적이다.

결국, 구어와 문어의 각각의 측면에서 문법 요소의 구별과 활용을 점검하여 이에 필요한 문법 형태와 기능을 각각의 영역에 효율적으로 기능하게 하는 것은 의사소통의 실제성에 더욱 다가가는 일이 될 것이다.

한국어의 문법의 특성 2강

1. 한국어의 특성

한국어 문법을 알려면 우선 다른 언어와 구별되는 한국어만의 특성에 주목해야 한다. 인구어를 기반으로 하는 학습자들에게 한국어는 매우 낯선 언어일 수 있기 때문이다. 한국어는 첨가어로 모음조화와 두음법칙이 있으며, 관계대명사니 접속사가 없다. 이러한 한국어의 특성은 학습자의 모국어에 따라 긍정적 전이를 일으킬 수도 있고 부정적 전이를 일으킬 수도 있다. 언어 유형론적으로 볼 때, 첨가어적인 특성은 굴절어, 고립어, 포합어적 모국어를 가진 화자들에게는 매우 낯선 것이다. 또한 한국어의 SOV(주어-목적어-서술어) 어순은 동일한 어순인 일본어, 몽고어, 터키어, 미얀마어, 힌디어 등을 모국어로 하는 학습자와는 달리, SVO(주어-서술어-목적어), VSO(서술어-주어-목적어) 어순을 모국어로 가진 학습자들에게는 매우 낯선 어순의 언어가 될 것이다.[8]

1.1 한국어의 문자

한국어의 문자는 한글이므로, 한국에서 사용하는 문자는 한글이 기반을 이룬다. 일부

---

8) 이론적으로는 SOV, SVO, VSO, OSV, OVS, VOS 어순이 가능하다. SOV 와 SVO 형식의 어순이 가장 많이 사용되는데, 사용 인구는 SVO가 주를 이루며, 종류만으로 본다면 SOV가 더 많다고 알려져 있다. SVO는 유럽어와 중국어, 동남아권 언어, 아프리카 제어 등에서 나타나며, SOV는 주로 일본어, 터키어 등 투르크 제어, 한국어, 몽골어, 헝가리어, 파푸아 제어 등에서 나타난다고 알려져 있다.

상호명이나 광고문, 학술 서적 등에서 한자와 영어, 일부 외국어가 사용되기도 하지만, 주요 문자는 한글이다. 한글은 다음과 같은 특성을 가진다.

- 한글은 음소 문자이다
- 한글의 자모는 발음기관과 천지인의 모양을 본떠(상형) 만들었다. 이에 획을 더하여 새로운 글자를 만들었다.
- 한글은 배우기 쉬운 글자이다.[9]

음절 문자를 쓰는 일본인이나 표의문자에 기반하는 한자를 사용하는 중국인 학습자들에게는 한글은 매우 낯선 문자로 받아들여질 수 있다. 한국어를 학습하려면 문자에 대한 지식과 더불어 한국어의 언어적 특성에 대한 이해가 전제되어야 한다.

1.2 한국어의 음운적 특성

한국어의 음운적 특성은 다음과 같다.

첫째, 타 언어와 비교하여 모음의 종류가 다양한 편이다. 한국어의 모음은 10개의 단모음과 11개의 이중모음이 있다. 모음은 혀의 높이와 위치, 입술의 모양에 따라 구분한다. 한국의 모음은 양성모음끼리, 음성모음끼리 조화를 이루는 특성이 있다. 이중모음의 수도 많고 다양한 편인데, 이중모음은 반모음과 단모음의 결합으로만 이루어진다. 모음 중 'ㅚ, ㅟ'는 원칙으로는 단모음이나 모국어 화자들이 이중모음으로 발음하는 경우도 많으며, 'ㅔ'와 'ㅐ'의 구분도 명확하지 않다. 외국인 학습자들에게 한국어의 모음의 수나 발음의 방법은 어렵게 느껴질 수 있다.

---

[9] 유네스코(UNESCO)가 주는 '세종대왕 문맹 퇴치상'(King Sejong Literacy Prize)은 문맹 퇴치에 큰 역할을 한 사람에게 주는 상이다. 이 상의 명칭이 세종대왕에서 비롯된 것은 세종대왕이 만든 한글이 가장 배우기가 쉬워 문맹자를 없애기에 좋은 글자임을 인정받았기 때문이다.

[한국어의 단모음] 10개

가. 표준 발음(원칙) : ㅏ ㅐ ㅓ ㅔ ㅗ ㅚ ㅜ ㅟ ㅡ ㅣ (10개)
나. 표준 발음(허용) : ㅏ ㅐ ㅓ ㅔ ㅗ ㅜ ㅡ ㅣ (8개)

한국어의 이중모음] 11개

j-계: ㅑ(ja), ㅕ(jʌ), ㅛ(jo), ㅠ(ju), ㅒ(jɛ), ㅖ(je) (6개)
w-계: ㅘ(wa), ㅝ(wʌ), ㅙ(wɛ), ㅞ(we) (4개)
ɰ-계: ㅢ(ɨj) (1개)

둘째, 자음은 19개의 자음이 있는데 파열음 9개, 마찰음 3개, 파찰음 3개, 비음 3개, 유음 1개로 구성된다. 이들은 조음 방법(파열, 마찰, 파찰, 비음, 유음)에 따라 구분되기도 하고, 조음 위치(양순, 치조, 경구개, 연구개, 성문)에 따라 구분하기도 한다. 한국어에는 '평음-경음-유기음'의 구별이 존재하는데 이러한 방식의 자음 대립은 타 언어에서는 찾아보기 어렵다.

[한국어의 자음] 19개

ㄱ, ㄲ, ㄴ, ㄷ, ㄸ, ㄹ, ㅁ, ㅂ, ㅃ, ㅅ, ㅆ, ㅇ, ㅈ, ㅉ, ㅊ, ㅋ, ㅌ, ㅍ, ㅎ

셋째, 한국어는 자음이나 모음과 같은 음소 외에 얹힌 음소가 존재한다. 장단에 따라 의미가 달라지기도 하고, 억양에 따라 문장 종결의 의미가 달라지기도 한다. 하지만 모국어 화자에게도 이러한 구분은 명확지 않으므로, 이에 너무 주목하여 교수할 필요는 없다.

(1) 눈:(snow) 과 눈(eye)
(2) 학교 가. (진술)
    학교 가? (의문)
    학교 가. (청유)
    학교 가. (명령)

넷째, 음절이란 한 덩어리로 발음할 수 있는 소리의 최소 단위를 말하는데, 한국어의 음절 구성 방식은 크게 4가지이다. 일본어의 경우에는 '자음+모음+자음'이 일부에만 제한되어 한국어와 다른 양상을 보이며 영어의 경우에 음절의 종성에 두 가지 자음이 올 수 있으므로, 언어권에 따라 대조적 접근을 할 필요가 있다.

> (3) 모음: 예 아, 이, 오
> 자음+모음: 예 소, 주, 배
> 모음+자음: 예 음, 입, 약
> 자음+모음+자음: 예 감, 귤, 현

다섯째, 한국어에는 다양한 음운 변동이 일어나는데, 다른 교착어에서도 모두 이러한 다양한 음운변동이 나타나는 것은 아니다. 7개의 대표음으로만 발음되는 음절 끝소리 규칙, 인접한 음운이 한 음운을 닮아 비슷하게 되는 동화 현상(비음화, 유음화, 구개음화, 경음화), 그리고 음운이 합쳐지거나 줄어드는 현상(자음축약, 모음 축약, 탈락)과 사잇소리 현상, ㄴ첨가 현상이 있는데, 교수자는 음운현상의 원리를 체계적인 발음 교수에 활용할 수 있다. 언어마다 음운현상에는 차이가 있으므로 학습자의 모국어와 비교하여 차이를 인식하게 하는 것이 중요하다.

1.3. 한국어의 형태적 특성

첫째, 한국어는 조사와 어미가 매우 발달한 첨가어로, 조사와 어미의 첨가에 의해 문법적 기능이 표시된다. 조사는 앞의 체언에 결합하여 주격, 목적격 등을 나타내며, 동사의 어간에 어미가 결합하여 다양한 문법적 요소를 드러낸다. 어미는 문장의 종결, 높임의 등급, 사람의 생각을 나타내고 문장을 연결하기도 하며 어미는 형태상 용언과 연결되나 문장 전체에 문법적 의미를 표시한다.

둘째, 문법 기능을 나타내는 요소들이 뒤에 붙는 후치적 속성을 가져서, 조사와 어미 모두 체언이나 용언의 어간 뒤에 결합한다. 접사의 경우에는 접두사와 접미사로 나뉘나, 의미만을 더하는 접두사와는 달리 접미사는 품사를 바꾸는 기능을 수행한다는 점에서 접미사의 문법적 비중이 더 크다.

셋째, 한국어의 품사는 명사, 대명사, 수사, 동사, 형용사, 관형사, 부사, 감탄사, 조사의 9가지로 구분된다. 명사는 격변화를 하지 않는다. 남성 여성을 구분하지도 않으며, 단수나 복수의 구분이 엄격하지 않고 명사의 성과 수에 따른 관형사나 동사의 성, 수 변화가 없다. 다만, 의존 명사가 발달되어 있는 것이 특징이다. 대명사는 그 사용이 활발하지 않으며, 대명사를 사용하기보다는 앞에 나온 명사를 다시 반복하는 경우가 많다. 또한 한국어에는 관계대명사가 없으며, '누구'와 같이 의문 대명사와 부정 대명사의 형태가 동일한 경우도 있다. 한국어의 용언은 활용을 하는데, 특정 어미와 결합하여 불규칙 활용을 하는 경우도 있다. 형용사는 동사와 유사한 속성을 가져 활용을 하는데, 활용을 하지 않는 인구어에서는 형용사의 활용이 낯설다. '이다'는 다른 언어의 계사와 유사한 기능을 하는데 '이다'는 독자적인 서술어가 되지 못하고 반드시 앞에 명사에 붙어 그 전체가 서술어가 된다. 접속사는 따로 품사로 설정하지 않으며, (접속)부사로 파악한다.

넷째, 관사가 없으며 지시, 의문, 부정, 수, 속성을 나타내는 관형사가 있다.

다섯째, 한국어는 모양이나 소리를 흉내 내는 말이 매우 발달해 있고, 같은 형태가 되풀이되어 사용되는 경우가 많다.

1.4 한국어의 통사적 특성

첫째, 주어(S)-목적어(O)-서술어(V)의 어순을 가진다. 문장 성분의 이동이 비교적 자유로운데, 이는 성분을 드러내는 격조사가 있기 때문이다. 하지만 서술어의 어순은 문장의 말미로 고정된다. 한국어는 서술어의 의미 통사적인 구조에 따라 필수 성분들이 결정되므로 서술어가 문장 구성에 가장 중요한 성분이 된다.

둘째, 모든 문법 요소는 어근이나 어간 뒤에 온다. 어미는 형태적, 음운적으로 의존적이지만, 관련 영역이 단어를 넘어서 문장 전체에 관여되는 통사 단위로 쓰인다. 어미 중에서 선어말 어미는 시제, 상, 양태, 높임법 등의 문법 범주와 깊이 관련되어 있으며, 연결 어미는 접속과 관련을 가진다. 종결 어미는 문장 종결 기능과 존대의 기능을 드러낸다.

셋째, 관형어, 부사어 등의 수식 성분들은 피수식 성분의 앞에 온다. 인구어와는 순서가 다르므로 학습자에게 혼란을 주기도 한다.

넷째, 주어나 목적어가 반복해서 올 수 있다. 이러한 문장은 각각 중주어문(주격중출문), 중목적어문(목적격중출문)으로 불린다. 이러한 현상은 다른 언어에서는 드문 현상이다.

1.5 한국어의 담화적 특성

첫째, 담화 상황에서 발신자와 수신자가 알고 있는 주어나 목적어는 자주 생략하며, 때로는 생략하는 것이 더 자연스러운 경우도 있다. 특히 주어는 반드시 실현될 필요는 없으며 화자와 청자의 정보 공유의 여부에 따라 생략이 가능하다.

둘째, 한국어는 앞에 나온 같은 대상을 되풀이하여 표현할 때, 대명사를 사용하기보다는 명사를 반복하는 경우가 흔하며, 이를 통해 담화의 결속성을 높인다.

셋째, 한국어는 청자 중심의 특성이 있다. 화자보다는 청자나 대상 중심의 표현이 많이 사용된다. 예를 들어 '학교 안 가니?'라는 부정 의문문에 대한 응답이 '응, 안 가'와 같이 질문에 호응하는 '응'을 사용한 뒤 부정을 표시하는데, 이는 청자의 이해에 중심을 두기 때문이다.

넷째, 한국어는 담화상에서 상대에게 공손성을 표현하는 다양한 수단이 발달했다. 높임법이 발달하여 상대와의 관계에 따라 적절한 화계를 선택한다.

다섯째, 한국어는 간접 화행이 발달하여, 명시적 발화보다는 간접적인 표현을 하는 경우가 많다. 부탁에 대한 거절을 직접적이고 명시적으로 하기보다는 거절의 이유 대기나 차후의 수락 약속 등을 통해 간접적으로 표현한다.

2. 한국어 교육문법의 특성

한국어교육의 문법은 이론문법이나 학교문법과는 달리 아래의 몇 가지 특성을 가진다. 첫째, 교육 현장에서의 문법은 개별 '문법 항목' 중심으로 제시되며, 단원의 주제나 화제, 의사소통 기능에 종속되어 제시된다. '존대, 시제, 부정'과 같은 문법 범주를 묶어 문법 자체를 가르치지는 않는다. 문법 항목의 수는 교육의 목적이나 대상에 따라 달라진다.

국어원(2017)의 <국제통용표준모형>에서 검토 대상이 된 문법 항목은 총 1,886개였으며,[10] 이 중에서 중복 항목과 이형태를 고려하여 628개의 목록을 선정한 바 있다.

둘째, 한국어교육 현장의 문법은 숙달도별로 제시되는 게 일반적이다. 문법 항목은 빈도, 문법 항목의 복잡도, 학습자의 난이도, 활용성, 교수·학습의 용이성 등을 기준으로 하여 등급화된다. 등급화를 위한 준거로는 한국어능력시험의 등급, 6급까지 완간된 한국어 교재의 중복도, 교재의 출현 등급 정보가 활용되었다. 아래 도표는 '국제 통용 한국어교육 표준 모형(2단계)' 연구의 문법 항목 선정 결과이다. 1급과 2급에 해당하는 초급에 해당하는 문법 항목이 100개, 3급과 4급에 해당하는 중급이 150개, 5급과 6급에 해당하는 고급이 200개, 최상급이 178개로 초급, 중급, 고급, 최상급의 네 단계로 등급화되어 있다.

등급		문법 항목 수	누적 문법 항목 수
초급	1급	50	50
	2급	50	100
중급	3급	75	178
	4급	75	250
고급	5급	100	350
	6급	100	450
최상급	7급	178	628

국제 통용 한국어교육 표준 모형 개발(2단계) 연구의 문법 선정 결과

셋째, 한국어교육 현장의 문법은 의미와 의사소통 기능을 중심으로 위계화 되어 있다. 이에 유사한 의미와 기능으로 묶인 문법 항목들은 이들 용법 간의 변별적 차이를 아는 것이 필요하다.

---

10) 『외국인을 위한 한국어 문법 사전2』의 문법 목록을 기초 목록으로 하고 한국어 교재와 그 외의 문법 사전을 참고하여 목록을 보충하는 방식으로 참조 목록을 마련하여 문법 항목을 선정하고 등급화하였다.

3. 한국어 문법 교육 연구사

2000년대 초부터 문법 교육에 대한 연구가 급격히 증가하여 많은 연구가 이루어져 왔다. 전반적으로 문법 교수법, 문법 요소에 대한 연구가 주로 이루고 문법 체계, 교수요목, 교육 자료에 대한 연구는 낮은 비중을 차지하는 흐름이다. 이러한 전반적인 흐름 속에서도 점차 교수법 연구가 증가하고, 문법 사용 양상에 대한 연구는 점차 그 비중이 감소하는 변화가 눈에 띈다. 또한 문법 교육 자료에 대한 연구도 계속적으로 그 비중이 증가하고 있다.

연구의 초기에는 한국어 문법의 정체성을 찾고자 하는 연구가 주로 시작되었으며 단일 구성 문법 항목과 형태에 중점을 둔 문법 요소 및 문법 교수법 연구가 주를 이루어졌다. 후기에는 전기의 연구 성과를 바탕으로 연구 대상을 확대하여 표현 항목과 문법의 의미 및 기능에 대한 연구가 활발히 이루어졌으며 담화적 관점을 바탕으로 한 연구들이 증가하고 있다.

주제별로 살펴보면 문법 요소, 교수법, 사용 양상 연구가 문법 교육 연구의 대부분의 비중을 차지한다. 특히 교수법과 사용 양상 연구에는 개별 문법 요소의 교수법과 사용 양상을 다룬 논문에 주력해 왔으며, 문법 교육의 전반적인 영역(한국어 문법교육의 체계 정립, 교수요목 설계를 위한 문법 항목의 선정이나 배열 등)에 대한 연구는 상대적으로 부족했다.

문법 체계에 대한 연구는 그 수가 적으나 꾸준히 연구 논문이 배출되어 왔는데, 문법 체계에 대한 연구가 다른 영역에 비해 적은 것은 한국어 문법 교육 전반에 대한 방대한 지식과 연구 경험이 요구되기 때문으로 해석된다. 또한 외국인 연구자들이 증가하면서 다양한 외국어와의 대조분석 연구가 활발히 이루어졌다는 점이 특징적이다.

초기 연구에서는 개별 어미, 조사 등에 대한 연구가 주를 이루었으나 중반부터는 범주 접근적 문법 연구가 활발하게 이루어졌으며, 후반에 들어서는 화용적 특성과 연계한 연구가 늘고 있다. 문법 교수법에 대한 연구는 교수 방법론 자체보다는 개별 문법 요소에 대한 교수 방안의 적용 논의가 주를 이루었으며, 특정 국적 학습자를 위한 교수 방안을 제시한 연구도 늘고 있다.

문법 교육 자료에 대한 연구는 전체 연구에서 차지하는 비중이 높지는 않지만 계속적으로 증가 추세에 있다. 특정 문법항목에 대한 기존 한국어 교재의 문법 기술을 분석하거나 문법 기술 방안을 제시한 연구가 많은 비중을 차지하고 있으며 문법 사전 개발도 이루어지고 있다.

문법 교수요목에 대한 논의는 가장 부족한 영역인데, 범용적인 문법 항목의 제시를 넘어서서 교육 현장에 활용할 수 있도록 학습자 수준별, 문법 요소별 문법 항목 선정과 배열에 관한 다양한 연구가 필요하다.

문법 사용 양상 연구는 '개별 문법 사용 빈도 및 양상', '문법 오류', '중간언어의 문법적 특성' 등 세 가지 영역으로 구분될 수 있는데, 오류 분석에 대한 연구가 가장 많이 이루어졌다. 언어권별, 문법 항목별로 다양한 오류 분석 연구가 이루어졌으며 오류 분석을 통해 보다 효과적인 교수 방안을 찾고자 하였다. 습득 양상, 사용 양상에 대해서도 다양한 연구가 이루어지고 있으며 중간언어에 대한 연구는 상대적으로 미흡한 편이다.

문법 교육은 한국어교육 현장에서 매우 중요한 역할을 담당하고 있으므로, 그에 따라 한국어 교육의 다른 어떤 영역보다도 문법 교육 영역에서 연구가 활발히 진행되었고 많은 연구들이 배출되었다. 하지만 내용론의 측면에서 보면 전반적으로 개별 문형에 치중한 매우 단편적인 수준에 머문 경향이 있어서, 한국어교육문법의 체계화를 위한 다양한 접근이 부족히다. 문법에 대한 다양한 관섬을 바탕으로 한국어교육 문법 체계에 대한 논의가 다각도로 이루어진다면 이를 통해 문법 교수요목 연구도 다양화될 수 있을 것이며, 다양한 문법 교수요목을 반영한 교육 자료 개발을 위한 연구도 순차적으로 활성화될 수 있을 것이다.

또한 방법론의 측면에서도 문법 교수의 구체적인 방법론을 제시하고 그 효과를 평가하는 실험적 연구가 더 많아질 필요가 있다. 한국어 문법 교수법에 대한 연구는 개별 문법 항목의 교육 방안 위주로 이루어져 왔으며 전반적인 교수 이론을 한국어 교육 현장에 접목한 연구는 상대적으로 부족하다. 또한 개별 항목의 교육 방안을 제시한 연구나 교수 이론을 응용한 연구 모두 해당 교수법의 효과성에 대한 연구는 미흡한 편이어서, 다양한 교수 방법론을 현장에 접목하고 각 교수법의 효과성을 비교 평가하여 교육 현장에서 보다 유용한 교수법을 제시하는 연구들이 필요하다. 현재 교육 현장에서 사용되고 있는 문법 교수법의 현황을 파악하여 학습자 유형별로 유용한 교수법을 분석하는 연구 또한 필요하다. 향후 한국어 문법 교육에서 필요한 연구의 방향을 모색해 본다면 아래와 같은 요소들을 고려해야 할 것이다.

첫째, 문법 교수에 있어 기본이 되는 문법 항목 설정을 위한 준거 연구는 보다 객관적 언어 자료에 근거하여 산출되어야 한다. 이를 위해서는 한국어 교육 자료에 실린 문형들을 분석하여 중복도를 살펴보고, 한국어교육용 코퍼스에서의 개별 문법 항목들의 실제 사용 양상 및 사용 빈도를 분석한 자료가 바탕이 되어야 할 것이다. 또한 동일한 문법 항목이 다양한 의사소통 기능을 가질 때 이들 간의 변별적 차이를 진단하고, 유사한 의미를 가지는 문법 항목 간의 변별적 특성에 관한 분석도 꾸준히 이루어져야 할 것이다.

둘째, 문법 교수에 내용이나 방법론에 대한 학습자 요구를 보다 면밀히 살펴야 하며, 학습자의 요구분석 결과에 따른 문법 교수 항목의 선정이 필요하다. 특히 다양한 학습자군을 가지고 있는 한국어 교수 현장을 고려할 때, 범용적 문법 항목의 선정도 중요하지만, 학습자의 대상별, 목적별로 광범위한 문법 요구 조사가 필요하다. 또한 학습자가 실제로 접할 상황 맥락이나 사용 가능성이 높은 장르별 코퍼스 분석도 함께 이루어져야 한다. 이런 연구를 바탕으로 대상별, 목적별로 반드시 필요한 교수요목의 기초 자료를 마련할 수 있을 것이다.

셋째는 문법 항목의 위계화에 대한 구체적 연구가 필요하다. 위계화를 위한 자료 분석은 문법 항목 자체의 난이도 분석이나 사용 빈도 외에도 학습자별 오류 자료 분석이 전제되어야 한다. 이러한 위계화에 대한 연구 자료는 한국어능력시험과 같은 평가의 개발이나 수준별 교재 개발에 적극 활용될 수 있을 것이다.

넷째, 국외 이론의 도입에 머물렀던 문법 교수의 방법론은 해당 교수 방법론의 적용 노력 및 효용에 대한 검증 절차가 필요하다. 다양한 교수 환경에서의 방법론에 대한 효용성 검증은 지속적으로 이루어져야 하며, 이를 통한 교수 방법론의 개선이 이루어져야 한다.

다섯째, 한국어교육에서의 문법은 언어의 실제적 사용을 위한 담화 중심의 문법 교수, 맥락을 고려한 문법 교수를 지향해야 하며, 해당 관점의 이론적 연구가 꾸준히 이루어질 필요가 있다.

4. 한국어 문법 교육의 쟁점

언어학에서는 문법을 '언어에 내재해 있는 규칙과 질서'라고 하는데, 이것은 원어민 화자의 인지 체계 안에 들어 있는 언어에 대한 지식으로서 추상적 실체이다. 일반적으로 이러한 규칙과 질서를 구체적으로 기술한 것을 문법이라 한다. 이러한 문법을 학습자가 언어 자료를 통해 자연스럽게 형성할 수 있는 시기를 '임계기(critical period)라고 하는데, 한국어 학습자의 대부분은 임계기를 넘긴 이들이므로 체계적인 문법 교육을 통해 한국어 문법을 형성해야 한다. 이는 간접적인 방법으로 문법 지식을 습득한 학습자들이 한국어 학습 단계가 높아짐에 따라 표현력의 한계를 보이기 때문이다.

그러나 한국어교육에서 일반적으로 한국어 문법서에 있는 내용 모두를 다룰 수는 없다. 오히려 학습자들이 한국어의 특징을 빨리 이해하고 활용 능력을 길러주기 위한 것, 오류를 자주 범하거나 잘 이해하지 못하는 것 등을 선별하여 다루어야 한다. 따라서 문법을 가르칠 때 교사는 어떤 것을 가르칠 것인지, 문법을 가르친다면 어떤 것을 언제 가르칠 것인가 등 특정한 시기에 가르치는 문법 내용을 어떻게 배열할 것인가를 미리 계획해 두어야 한다.

<오류 분석을 활용한 문법 교수>

외국어 문법을 배우는 과정에서 학습자가 오류를 범하지 않고 오류를 통해 학습하지 않는다면 장기적으로 문법 습득 과정은 오히려 지체된다고 한다. 따라서 한국어 교수자들은 학습자들의 오류를 면밀하게 분석할 필요가 있다. Corder(1967: 167)는 학습자의 오류 분석을 매우 중요한 일이라고 보았는데, 이는 오류는 언어가 어떻게 학습되면서 습득되는지, 그리고 그 언어를 발견할 때 학습자가 어떠한 학습 전략이나 절차를 사용하는지에 대한 증거를 교육자에게 제공하기 때문이다.[11]

외국어로서의 한국어 학습자가 일반적으로 저지를 수 있는 오류의 변수는 첫째, 모국어로부터의 간섭, 둘째, 목표어인 한국어 내에서의 부적응, 셋째, 의사소통의 사회적·심리적 상황 등으로 나누어 볼 수 있다. 교사는 늘 학생들이 범하는 오류의 유형을 잘 분류하여 취약한 부분을 집중적으로 지도할 필요가 있다.

또한 교사는 오류 분석의 한계를 명확히 알고 있어야 한다. 예컨대, 한국어 학습자가 어려운 문법을 의도적으로 사용하지 않는 회피 전략을 쓰고 있지 않은지 늘 주의 깊게 관찰해야 한다. 이를 소홀하게 생각하면 학습자의 능력 급수가 상당한 수준에 이르더라도 표현이나 이해의 측면에서 발전이 멈출 수도 있다. 특히 특정 어미나 조사만 사용하거나 선택하기 어려운 부분에서 조사를 생략해 버리지는 않는지 잘 살펴보아야 한다.

---

11) 이 때 오류(error)와 실수(mistake)는 구분해야 한다. 오류는 자신이 배우고 있는 언어에 대한 언어 지식이 그 언어의 실제와 달라 범하는 것이고, 실수는 알면서도 틀리는 것을 말한다.

<수준별 문법 교수>

현재 교육 현장에서의 문법 교수의 시기는 초급부터 시작된다. 물론 학습을 습관의 형성으로 본다면 문법은 초기 단계에서부터 교수되는 게 바람직하다. 하지만 최근의 중간언어 발달에 관한 많은 연구들을 보면 학습자의 오류는 가설 검증의 과정이며 오류는 자연적, 필연적인 언어습득 과정의 산물임을 알 수 있다. 따라서 초급부터 정확성을 강조하는 것이 학습의 효과를 가져올 수 있다는 결정적 증거가 부족하다. 오히려 외국어 습득 초기 단계는 모국어 습득의 초기 단계와 같이 자연스러운 환경을 제공하는 것이 필요하며 학습자의 정서적 측면을 고려하더라도 초급부터의 문법 강조는 바람직하지 않다고 볼 수 있다. 따라서 초급 단계에서부터의 문법 교수는 가급적 지양하는 것이 좋다. 이 단계에서는 어휘력 신장이 필요하며 어휘 단위로 파악되는 문법 덩어리의 제시 정도로 충분하며, 문법의 명시적 교수는 중급 이상 단계에서 이루어지는 것이 효과적이다.

특히 문법 교수의 집중도 면에서의 숙달도별 조절이 필요하다. 초급에서의 문법 교수의 목적이 목표어 구조를 자유자재로 사용할 수 있는 것이 아니라 목표 언어의 규칙을 이해하는 것으로 본다면, 표현 활동에 많이 사용될 주요 문법을 반복적이고 집중적으로 가르치기보다는 상대적으로 덜 집중적인 문법을 다양한 방법으로 노출시키는 것이 더 중요하다. 외국어 학습에서 문법의 습득은 '인식(awareness)'에서 시작되는 것이 중요하다고 보기 때문이다. 초급에서는 명시적이고 독립적인 문법 교수보다는 의사소통 활동 안에 문법을 통합하여, 의사소통이 진행되는 맥락 속에서 학습자들이 형태에 집중하도록 하는 것이 바람직하다. 즉, 의사소통 과제 수행 중에서 드러나는 학습자 오류에 대한 교수자의 피드백 형식의 문법 교수로 충분할 것이다. 반면에 중급 이상의 문법 교수에서는 명시적이고 독립적인 문법 교수와 의미 중심의 문법 교수가 동시에 제공될 필요가 있다. 즉, 교수자가 직접 이들을 결합하여 제시하기보다는 문법 독립 교수와 의사소통 활동 중심 문법 교수라는 두 틀에서 학습자 스스로 이 둘을 통합하여 생산해 낼 수 있도록 할 필요가 있다. 또한 고급 학습자의 경우에는 새로운 저빈도 문형의 학습보다는 앞서 배운 문형들의 의사소통 기능적 의미를 확대하여 학습하고 이들의 맥락별 사용의 적절성을 학습하는 것이 바람직하다고 본다. 또한 장르별로 관습적으로 사용되는 문법 표현을 학습하여, 학습자가 필요로 하는 다양한 장르에서 변별적으로 사용되는 문법 항목들을 특성을 스스로 파악하게 하는 것이 중요하다.

초급과 중급, 고급의 학습자는 각각의 단계에서 차별화된 문법 교수의 방안이 필요하므로, 한국어 교사는 초급, 중급 전반 과정의 학생들을 대상으로 할 때와 중급, 고급 과정의 학생들을 대상으로 할 때에 문법 교육 방식에서 차이를 두는 것이 필요하다. 초급 단계에서의 문법 교육은 문장을 쓸 수 있도록 가르치고 고급 단계에서의 문법 교육은 비문법적인 문장을 쓰지 않도록 문법을 가르친다. 즉 전반에서는 주로 문법적 원리를 후반에서는 주로 문법적 제약을 다루게 된다. 초급 단계에서 문법 원리를 가르치는 방식은 한국어를 잘 모르는 학습자에게 직접적인 설명이 어려우므로 주로 많은 예문을 제시하는 방법이 가장 효율적이다. 중고급에 이르면 직접 설명의 비중을 줄이고, 스스로 문법의 원리를 발견하도록 격려해야 할 것이다. 오류에 대해서도 초급 단계에서는 학생들이 만들어내는 문장이 근본적인 오류가 아닌 한 되도록 잘못을 지적하지 않는 것이 좋다. 물론 과제로 제출하는 문장 혹은 직접 수업 시간 중에 확인이 가능한 경우에는 정확한 표현으로 수정해 줄 필요가 있다.

<실제성을 기반 문법 교수>

한국어 교재의 실제성에 대한 비판은 대화문의 비실제성이나 녹음 자료에 나타나는 음성적 요소의 비실제성에 대한 논의가 가장 많다. 구어 담화의 다양한 특성을 반영하고 있지 못한 듣기 자료의 비실제성에 대한 논의와 대화 자료나 읽기 자료의 비실제적 실태에 대한 연구들이 주를 이루어 왔다.

하지만 명시적인 교수를 위해 교육적 효과를 위해 의도적으로 문법 교수 자료에서의 예문을 비실제적으로 설계하기도 한다. 아래는 문법 연습에서 흔히 발견할 수 있는 문형의 대체 연습에 해당하는 것들이다.

예) 가) 나이가 몇 살입니까?   나) ___살입니다.
    가) 피아노를 칠 수 있어요?   나) 예, 피아노를 칠 수 있어요.

실제 대화에서 상대의 나이를 묻거나, 상대방의 능력(기술적 가능 여부)을 묻게 되는 경우는 흔하지 않은데, 이러한 문형 연습은 목표 문형의 기본 연습(응답 연습, 교체 연습 등)의 형태로 제공되어, 반복적 연습을 하는 학습자에게는 실제적이지 않은 이러한 문장들이 학습될 수 있고 곧바로 산출로 연결될 수도 있는 문제점을 가진다. 특히 초급 교재에서 제시되는 많은 문법 연습들은 실제성 면에서 거리가 있는 경우가 많은데, 초급 학습자의 언어적 한계와 교수의 효과를 고려한 어쩔 수 없는 선택의 결과이기도 하다.

하지만, 어휘 수가 제한된 초급 학습자에게 실제 자료를 활용하는 것은 쉽지 않더라도 최대한 자연스러운 발화에 근거한 문법 연습지를 만들려는 노력도 필요하다. 특히 회화 교재의 많은 문법 연습들은 가능한 실제적 대화를 도입할 필요가 있다.

또한 사용역에 적절한 실제 자료의 도입도 중요하다. 현재 한국어 교재는 통합 교재인 경우도 있지만, 말하기 및 듣기 교재(혹은 회화 교재), 읽기 교재, 쓰기 교재 등으로 분리된 교재들도 많다. 회화 영역과 문어 영역에서 주로 사용되는 표현들을 인식하고 이를 변별적으로 제시할 필요가 있다. 실제성을 기반으로 한 문법 교수란 장르별로 적절한 문법 항목의 제시, 해당 사용역에 가장 적절한 문법 자료 사용, 사용 맥락에 맞는 문법 과제 적용 등의 다양한 실제성과 관련된 것들을 반영하는 것이므로 사용역별 실제성을 고려해야 한다.

<대조 기반 문법 교수>

학습자의 오류를 분석해 보면, 자국어 문법 요소에 결핍된 요소들에 대한 습득의 어려움이 많이 나타난다. 예를 들어, 서양권 학습자가 어순이나 경어법을 습득하는 데에 어려움을 보이는 것이 그 예이다. 하지만 오히려 지속적으로 오류가 반복되는 것은 모국어에 없는 요소보다는 양 언어 간에 동일한 범주를 가지고 있으나 실제 사용에서 차이를 보이는 경우에서 많이 나타난다. 예를 들어 피동 표현은 대부분의 언어에 존재하며, 학술적인 글쓰기에서 자주 다루어지는 문법이다. 한국인의 논문 쓰기 관습을 보면 피동 표현을 사용해 학술적 태도를 표현하는 일이 많은데, 고급 학습자에 이르러도 이에 많은 오류를 보인다는 연구 결과가 있다. 대부분의 교재들이 피동 표현을 다루고 있으며 중고급 학습자들이 피동 표현의 구조와 의미를 학습하고 연습을 하고는 있지만, 대화 상황이나 문맥에 적절하게 어울리는 피동 표현의 사용에는 여전히 실패를 하고 있는 것이다.

일부 언어권에서는 명사의 유정성과 행위성, 피행위성 등의 의미론적 구조가 상이해서, 피동 표현 자체보다는 어떤 맥락에서 어떤 주어가 올 때 피동 표현을 사용해야 하는지에 대해 혼란을 겪을 수 있다. 행위주로서의 명사의 기능이 능동태와 피동태 구조의 문법성에 중요한 역할을 함에도 불구하고 학습자의 언어권에 기반하여 대조적 차이를 충분히 교수하지 못하고 있다.

> (예) ㄱ. The hammer hit the nail (망치가 못을 친다)
> ㄱ'. 망치로 못을 친다.
> ㄴ. I have my hair cut. (머리를 자르게 했다)
> ㄴ'. 머리를 잘랐다.

어떤 언어에서는 행위에 대한 책임의 정도가 명사 유정성의 정도 및 행위주로서의 가능성을 결정한다. 영어에서 능동태와 수동태의 사용 여부는 주어의 유정성에 영향을 받지 않으므로, 서양권 학습자가 한국어를 습득할 때는 이러한 유정성에 주목하지 못할 수도 있다는 것이다.

이에 대조적 문법 자료는 학습자의 언어 전이에 따른 문법 교수의 난이도와 연계되는 문제로, 언어권별 문법 교재 개발이나 사전 개발에 활용될 필요가 있다. 언어 간 차이가 반드시 난이도로 연계되지는 않더라도, 언어 간 차이에 근거한 대조 문법적 연구 결과와 학습자의 오류 분석이 동시에 고려될 때, 특정 언어권 학습자를 위한 문법 항목의 목록을 마련할 수 있다.

<기능-형태 문법 교수>

문법 항목과 의사소통 기능은 언제나 일대일로 대응되는 것은 아니어서, 문맥에 따른 문법 항목의 다양한 의사소통 기능에 주의를 기울일 필요가 있다.

우선, 하나의 언어 형태는 늘 하나의 기능만을 가지는 것은 아니며, 반대로 하나의 기능은 여러 가지 다른 언어 형태로 표현되기도 한다. 예를 들어 '-겠-'은 아래와 같이 다양한 담화적 기능을 가질 수 있다. 기본 의미인 '의지'에서 다른 기능으로 확대된 (가)~(다)의 예와 기본 의미 '추측'에서 확대된 (라)~(바) 등이 그 예가 된다.

> 예 '-겠-' (동일 형태 여러 기능)
> 가. 권유하기: 이것 좀 잡숴 보시겠습니까?
> 나. 의향 물어보기: 뭘 드시겠습니까?
> 다. 결정하기: (물건을 고른 후에) 저는 이것으로 하겠습니다.
> 라. 상황 추정하기: 이번 여행은 아주 재미있었겠군요. 주변 경치가 아주 좋은데요.
> 마. 완곡하게 말하기: 지금부터 회의를 시작하겠습니다.
> 바. 정중함 표시하기: 이쪽으로 앉으시겠습니까?

이와는 반대로 하나의 기능이 다양한 형식으로 나타내는 경우도 있다. 원인이나 이유를 나타내는 문법 항목은 아래와 같이 다양하다.[12]

> 예 원인, 이유 표현(동일 기능 여러 형태)
> 연결 어미: '-어서, -니까, -느라고, -으므로, -기에'
> 의존 명사: '-(으)ㄴ/는 까닭에, -는 바람에, -는 통에, -는 고로, -기 때문에,
>   -(으)ㄴ 덕분에, -(으)ㄴ 탓에'
> 보조 용언: '-어 가지고'
> 인용: '-는다고'

기능에 따른 언어의 형태는 담화 상황별로 적절하게 선택하여 사용되는 것이 중요하다. 의사소통 기능을 다양한 상황 맥락과 연계하여 가장 적절하다고 판단되는 문법 항목을 선택할 수 있는 능력은 유창성과 적절성을 키우는 데에 매우 중요하다. 언어 표현은 관례적이며 상황 맥락별로 보다 적절한 항목이 고정되어 사용된다는 점에서 담화 상황에 가장 적절한 관례적 문법 형태를 선택할 수 있는 능력을 키우는 것이 진정한 의사소통 능력으로 이어질 수 있다.

---

12) 우형식(2003) '외국어로서의 한국어교육문법' 국제한국어교육학회

또한, 한 형태의 문법 항목의 용법을 해석함에 있어서, 이론 문법에서의 언어 형식과 문법적 의미에 치중하기보다는 실제 사용되는 문법 항목의 기능에 더 초점을 두어야 한다. 예를 들어, '-(으)ㅂ시다'의 경우 직접적인 청유보다는 다른 기능으로 더 많이 사용되는데, (나, 다)의 예시처럼 가정이나 완곡한 명령으로 사용되기도 한다.

> 예 가. [청유] 선생님, 12시에 같이 점심 식사합시다.
>   (-> 식사 하시지요, -> 식사 하시겠어요? -> 식사하실 수 있으세요?)
>   나. [완곡] 자, 이제 다시 공부를 시작해 봅시다.
>   다. [가정] 그럼 여기서 A를 B로 생각해 봅시다.

위의 예들은 문법 교수에 있어 문법적 의미만을 제시하기보다는 기능에 연관된 언어 형식으로 제시함으로써 실생활에서의 사용을 가능케 하는 것이 중요하다는 것을 의미한다.

교수 현장에서의 문법 교수가 자칫하면 단순히 목표 '문법 항목'에 대한 문법적 의미의 설명과 연습에만 치중될 가능성이 있다. 다양한 상황 맥락에서 가장 적절한 형태의 선택이 이루어져야만 의사소통의 오류를 줄일 수 있게 된다. 따라서 표현의 적절성을 기르기 위해서는 '표현'하고자 하는 담화 상황에 맞는 가장 적절한 기능을 가지는 표현이 과연 무엇인가를 아는 것이 출발이 되어야 한다. 그 다음 단계로, 학습자로 하여금 특정 담화 상황에서 사용될 수 있는 다양한 표현들을 알게 하고, 이들 표현 간의 유사성과 차이를 파악하게 상황 맥락(화자, 청자, 화청자 관계, 기능 부담의 정도 등)에 따라 가장 적절한 표현을 선택할 수 있는 능력을 키우게 해야 할 것이다. 결국 발화하고자 하는 의사소통 기능을 가장 적절하게 구현할 수 있는 형태를 선택할 수 있도록 하는 것이 핵심이다.

문법 교수 이론 3강

1. 외국어 교수 이론의 변천과 문법 교육

1.1 언어 교수법에서의 문법의 위상

언어교육이론의 변천에 따른 시기별 문법 교육의 특징을 살펴보자.

<문법 번역식 교수법>

우선, 문법 번역식 교수법에서는 문어의 정확한 번역에 중점을 두며, 목표어의 문법 규칙을 정확히 설명하여 학습자들에게 주입시키는 것을 목표로 하였다. 문법 설명은 복잡하고 상세한 설명을 통한 연역적 제시 방법을 사용하였으며, 교육 방법으로는 문법 항목들을 독립적으로 암기하고 문장을 번역하는 것이 사용되었다. 하지만 이러한 방식은 구어를 습득하고자 하는 학습자들에게는 적절한 방식이 되지 못하였고 실제 사용에 이르지 못하게 되는 결과를 낳았다. 이 교수법에서는 문법적 분석과 문어 형태로 번역하는 활동이 주를 이룬다. 그리스어와 라틴어의 분석을 위해 개발된 이 교수법에서는 목표어를 명사, 동사, 분사, 관사, 대명사, 전치사, 부사, 접속사 등 8품사로 분류하였다. 언어 학습에서 요구되는 것은 문어 상에 나타나 있는 문장 요소들을 8품사로 분류하여 규칙을 찾아내서 번역하는 것이었다. 그러나 이러한 품사별 접근은 언어를 효율적으로 분석할 수 없다는 사실을 알게 되었다. 이러한 전통적인 접근법은 지금까지도 미국, 영국에서 언어 교수학의 기초로 남아 있고 많은 나라에서 가장 기본 되는 교수법으로 사용되고 있다. 아직도 많은 외국어 교실에서 여전히 목표어를 모국어로 번역하고 문법 규칙과 단어를 암기하는 방식을 통해 언어를 학습하는 방식이 유지되고 있다.

<직접 교수법>

　문법에 상당한 지식이 있음에도 의사소통을 위해 언어를 제대로 사용할 수 없었던 문법 번역식 방법에 대한 반작용으로 출발한 것이 직접 교수법이다. 이 교수법에서는 명시적인 문법 교수를 반대했으며, 현실적인 맥락이 있는 일련의 문장을 문법 규칙에 대한 설명 없이 목표 언어로 가르치는 것을 중시했다. 문법 번역식 교수법이 문어 능력에만 치중하고 구어를 경시하자, 구어 능력 향상을 목표로 하는 교수법으로서 창안되었다. 학습 내용은 언어의 실제 사용과 밀접하게 관련되는 일상적이고 기능적인 것에 국한 되었으며, 문법 학습은 귀납적으로 이루어지도록 교수하고자 했다.

<구두 청각 교수법>

　구두 청각식 교수법에서는 상황적 의미나 화용적 의미가 아닌 구조적 의미만을 강조하고, 목표 언어의 구조를 반영하는 문형 연습에 주력한다. 목표어의 문형을 통해서 구조에 익숙해지게 하는 것으로, 대치 연습, 문형 연습을 집중적으로 반복하게 한다. 문법을 하나의 패턴으로 제시하여 이에 대한 반복 연습을 중시했으며, 이러한 반복적인 습관 형성을 통하여 외국어를 습득하게 한다고 믿었다. 연역적 문법 제시와 더불어 패턴 학습을 중요시했으며, 교사 중심의 학습으로 학습자는 무조건 따라하게 하는 방식을 선호하였다. 교수요목은 학습자 모국어와 목표어의 구조를 비교하는 대조 분석에 의존하였고, 학습자들이 학습하면서 겪게 될 수 있는 잠재적 어려움을 예상하여 가르쳤다.

　이 교수법은 빨리 입을 열게 하는 장점이 있지만 주어진 패턴 외에 창의적 발화는 어렵고, 단순한 반복 연습은 학습자의 학습 동기를 높이는 데에 한계를 보이는 단점이 있다. 이렇게 언어를 문법과 규칙의 체계로 보는 구조주의적 접근법은 구조주의 언어학과 행동주의 심리학에 바탕을 두고 있다. 이 교수법은 반복, 대치 연습과 같은 유추에 의존하여 언어 습득의 창조적인 측면을 무시하고 있다는 비판을 받았다.

<인지주의 교수법>

　인지주의 교수법에서는 문장 유형을 기계적으로 암기하기보다는 문법 체계의 작동에

대한 이해에 초점을 두어 설명함으로써 학습자로 하여금 문법 과정을 이해하도록 하였다. 인지주의적 접근법은 인간이 지닌 언어 능력의 능동적, 창조적 측면을 소홀히 하고 기계적인 훈련만을 강조하는 구두 청각식 교수법에 대한 반론으로 등장하였다. 인지주의적 접근법은 1960년대 후반의 인지 심리학과 Chomsky의 변형생성 문법에 그 이론적 기초를 두고 있다. 촘스키의 보편문법과 구문 이론의 영향으로 명시적 문법 교수가 다시 강조되었다. 문법 교수와 교실 활동은 학습자들에게 새로운 의미를 구성할 기회를 주고 연역적인 학습을 강조하면서 학습자들이 이미 알고 있는 것을 토대로 설계되었다. 문법은 자연적으로 배우기에는 매우 복잡하고 언어는 학습자들에게 언어적 능력을 성취할 수 있는 정신적인 과정을 요구한다는 것이 인지주의적 관점이다. 언어 습득에 대한 관점은 언어는 화자가 만들어 내고 이해할 수 있는 무한한 구조를 포함하고 있으므로, 제2언어 기술을 위한 기본적인 틀로서 문법 교수가 포함되어야만 한다고 보았다. 인지주의적 접근법은 이후의 언어교육 프로그램에서 귀납적 규칙보다 연역적 규칙을 적용하도록 만들었으며, 학생들에게 언어 지식을 먼저 습득시킨 다음 언어 사용을 훈련하게 하였다. 이 점에서 문법 번역식 교수법의 일부 회귀라는 의구심을 받았지만 학습자가 지닌 언어 능력을 인정하고 반복, 모방 학습에서 벗어나 창조적 교육으로 전환하여야 한다는 이론적 발판을 마련한 것은 새로운 변화를 제시했다는 점에서 의미가 있다.

<자연주의적 교수법>

자연주의적 접근법에서는 학습자에게 문법 요목을 제시하고 규칙을 설명하기보다는 이해 가능한 자료를 제시함으로써 외국어의 문법을 습득하도록 하였다. 따라서 교실에서 이루어지는 문법 교육은 불필요하다는 입장이다. 학습자들 다수는 문법 규칙을 알고 있음에도 의사소통 수단으로 목표어를 사용할 수 없는 경우가 많았다. 인본주의와 관련 있는 이 접근법은 학습자들이 교수과정이 언어 습득에 용이하다고 느낄 수 있는 긍정적 감정을 주도록 설계되었다. 인본주의적 접근법은 형식적 문법 교수가 이루어지는 것이 아니라 목표 형태들과 어휘가 포함된 다량의 의미 지향(초점) 입력(meaning-focused input)을 주는 것을 중시했다. 입력에 대해 반응하고 이해하는 과정을 거치는 동안에 어린이들이 모국어를 배우는 방법과 유사한 방법으로 형태들과 어휘를 자연적으로 습득한다는 것을 가설로 한다.

Krashen의 모니터 모델은 의사소통 교수법 성장에 큰 영향을 미쳤다. 그의 언어 습득 가설은 학습자 언어 능력을 중심으로 했는데, 학습자 언어 능력은 학습자들이 듣기, 말하기, 읽기와 같은 언어 사용에 많이 노출되면 실제적인 의사소통 과정에서 자연적으로 언어 습득이 이루어진다고 보았다. Krashen의 입력 가설은 제2언어 학습이 흥미 있는 읽기, 듣기와 의미 있는 활동의 형태로 '이해 가능한 입력(comprehensible input)' 주는 것이 중요하다고 보았다. 이런 이유로 명시적으로 문법 교수를 하지 않고 또는 학습자의 오류를 수정해 주지 않는다. 학습자들은 제2언어에 노출되고 경험하면서 학습자 언어의 '직관적인 정확성'에 이르게 되므로 명시적 문법 교수는 필요하지 않다고 보았다.

<의사소통 교수법>

의사소통 교수법에서는 문법적 능력을 의사소통 능력의 한 부분에 불과한 것으로 본다. 의사소통 교수법은 다시 순수 의사소통 접근법이라고 불리는 전기 의사소통 교수법과 학습자 중심의 문법 인지를 바탕으로 하는 후기 의사소통 접근법으로 구분된다.

의사소통 접근법은 언어교육의 핵심이 언어 구조의 습득이 아니고 의사소통 능력의 습득이라고 보는 견해이므로 형식적인 문법을 강조하지 않는다. Hymes는 의사소통 능력이란 문법적으로 가능한가를 알 수 있는 언어 능력(grammaticality)으로, 문장이 문법적으로 맞으면서 실제 가능한 말인가(feasibility), 말을 사용하는 상황이 적합한가(appropriateness), 실제 사용할 때 실천 가능한가(practicability)를 아는 것이라고 보았다. Michael Canale & Merrill Swain은 의사소통 능력의 개념을 문법적 능력(형태론적, 통사론적, 의미론적, 음운론적 규칙에 관한 지식), 담화적 능력(문법적 능력을 보충해 주는 능력으로 발화문으로부터 유의적인 전체 의미를 형성하게 하는 능력), 전략적 능력(언어 수행상의 변인이나 불완전한 언어 능력 때문에 의사소통이 중단되는 경우 이를 보완하기 위해 사용하는 언어적, 비언어적 의사소통 전략)으로 정의하였고, 문법에 대한 지식은 의사소통 능력의 일부분으로만 보았다. Bachman은 언어 능력을 조직적 능력과 화용적 능력으로 구분하고, 다시 조직적 능력을 문법적 능력(어휘, 형태론, 통사론, 화용론)과 텍스트적 능력(결합성, 수사적 조직)으로 구분하였고, 화용적 능력은 언표내적 능력(화자나 저자가 의도했던 의미를 전달하면 청자나 독자가 그 의미를 이해하는 것과 관련된 것, 즉 개념적 기능, 조직적 기능, 발견적 기능, 상상적 기능)과 사회 언어적 능력(격식, 방언, 언어 사용역, 자연스러운 언어, 문화적/은유적 표현)으로 구분하였다. 여기에서도 문법적 능력은 조직적 능력의 일부에 불과하다.

의사소통 접근법에서의 의사소통 행위란 추상적이고 문법적 언어 능력만을 의미하는 것이 아니라 실제로 특정 언어 상황 속에서 적절한 언어를 사용하여 효과적인 의사소통을 할 수 있는 능력을 의미한다. 물론 문법은 언어교육의 주요 요소이므로 이를 배제할 수는 없으나, 학생의 자발적 학습을 더 주요한 기능으로 본다. 언어 사용 위주의 교육을 중시하기 때문에 언어의 형태보다는 의미를 중시하여, 문법 요목이 요청하기, 소개하기, 계획하기 등의 기능으로 제시되는 경우가 많다. 또한 문법 규칙을 명시적으로 교육하지 않으며 과제 중심의 교수요목을 통해 학습자가 목표 언어를 자연적으로 되풀이 활용함으로써 자연적으로 목표 언어를 습득할 수 있다고 설명한다. 하지만 의사소통 중심 교수법도 문법의 기능을 완전히 무시한 것은 아니었으며, 다만 학습자에게 어떻게 문법을 습득 또는 학습시키느냐 하는 방법상의 관점이 달랐을 뿐이다.

하지만 순수 의사소통 접근법을 비판하는 이들은 학술적이고 전문적인 말하기와 쓰기와 같은 특정한 언어 지식 기술은 자연적인 학습 과정을 통해서 얻기 어렵다는 한계점이 있다고 지적한다. 구어와 문어를 생산하는 상급 수준의 숙달도와 정확성은 학문적 전문적 직업적 의사소통에서 효율적인 기능을 위해 반드시 필요하며, 어느 정도의 명시적인 문법 교수를 통한 학습을 통해서만 이러한 높은 수준의 언어 능력과 수행을 달성해 낼 수 있다고 보았다.

후기 의사소통 교수법 이후의 문법 교수는 학습자로 하여금 목표 언어에 학습자를 직접 노출시킴으로써, 학습자 스스로 문법을 알게 하는 방법에 대해 관심을 가진다. 이러한 학습자 중심의 과정 중심적 문법 학습의 단계는 아래의 세 가지로 나뉜다. 첫째는 문법을 인지하기(Intake: noticing grammar)이다. 입력을 위하여 단지 목표 언어에 노출되어 있는 것만으로는 충분하지 않으며 입력 중 일부를 수용으로 전환하는 것이 필요한데, 이는 입력에 주의를 기울이는 것을 통하여 새로운 형식들을 인지해야만 한다는 것을 의미한다. 둘째는 문법을 구조화 하기이다. 구조화(Sorting grammar out: structuring)란 상호 연관된 언어 단위들의 조직을 말하는데, 구조화를 통해 문법을 구별해내는 것은 본질적으로 학습자 중심의 일이다. 실제로 많은 학습자들은 일종의 발달 멈춤인 화석화를 겪게 되는데, 이를 방지하려면 스스로 문법을 구조화하는 노력이 필요하다. 셋째, 절차화된 지식(proceduralized knowledge)을 만드는 것이다. 언어에서의 많은 표현들은 전체로 저장되어 있어서 이것을 분석하려는 노력이 요구되지 않으며, 덩어리 그대로 쉽게 막힘없이 말하게 된다. 이러한 표현들은 같은 형태로 몇 번이고 반복해서 사용되어 온 상투적인 표현으로 사용을 위해 준비를 갖춘(ready-to-use) 형태의 지식인데, 이러한 지식의 종류를 '절차상의 지식'이라고 부른다. 절차상의 지식은 전체가 고정된 관용구와 속담과 같은 표현뿐만 아니라, 상투적인 문법 항목들도 포함한다. 이러한 절차상의 지식의 발전은 교사에 의해 학생들에게 제공되는 것이 아니라, 학습자에 의해 성취된다고 본다.

1.2 문법에 대한 의사소통적 접근

의사소통적 접근법을 따르면서 새롭게 고안되는 이론들이 증가하고 있다. 아래는 의사소통 교수법과 연계된 몇 가지 새로운 교수 이론들이다. 큰틀에서는 의사소통 교수법과 연계되는데, 의사소통 교수법 내에서의 문법에 대한 새로운 관점들을 제시한다.

<문법 인지를 통한 의식 고양>

많은 교사와 연구자들은 문법 교수를 "의식 고양(Consciousness Raising)" 과정으로 보고 있는데[13], 의식 고양이란 학습자들이 문법의 특징을 즉시 사용할 수 없더라도, 해당 문법의 특정한 특징을 인지하는 것이다. 이렇듯 특정한 문법 형태(forms)의 교수를 통해서 인지가 이루어질 뿐만 아니라 입력을 강화하게 된다고 본다. 입력 강화란 목표 특징을 학습자들에게 노출시키는 방식으로 의미 중심의 입력을 하는 것이며, 문법 학습은 이러한 노출을 통해 문법 규칙을 내면화될 수 있다고 본다. 목표어의 의사소통 노출이 부족한 외국어 학습 상황에서는 특히 목표 문법 형태의 노출과 인지가 중요한데, 형식 교수를 통해 얻은 지식이 학습자들에게 더 쉽게 내면화될 수 있다. 형식 교수나 의사소통 노출을 통해

---

13) Schmidt, 1990, 1993; Sharwood Smith 1981,1993; Skehan, 1998

학습자의 목표 문법 인식이 일단 상향되면 학습자는 뒤이어 일어나는 입력으로 문법 형태를 인지하게 되는데, 이를 통해 학습자들은 내재적 또는 무의식적으로 언어를 이해하는 체계를 재구조화할 수 있게 된다고 본다. 이 모델에 따르면 명시적 교수든지 형태들을 잘 인식할 수 있게 하는 의사소통적인 노출을 통해서든지, 학습자의 문법 형태들에 대한 인식을 적극 증대시키는 활동들이 언어 습득에 기여한다고 본다.

<문법 학습을 위한 출력 중심 교수>

순수 의사소통 방법 안에서, 언어는 이해 가능한 입력에 의해 습득되는 것으로 생각되었기 때문에 출력(혹은 생산)은 입력만큼 중요해 보이지는 않았다. 하지만 실제로 의사소통에서는 상대방이 자신의 발화에 대해 이해를 할 수 있어야 한다는 점에서, 이해 가능한 출력은 성공적인 의사소통을 위해서 필수적이다. 대부분 출력은 학습자의 언어적 기술과 의사소통 기술과 관련이 있는데, 언어의 사용은 목표어 규범에 합치되는 이해 가능한 출력을 생산해 내는 것을 포함하기 때문이다.

따라서 효율적인 출력을 위해서는 학습자의 제2언어 문법에 대한 내재적 이해가 중요하다. 그러나 언어 체계는 상당히 복잡하고 의미적, 어휘적, 구문, 실용적, 음성적, 사회문화적인 특징을 수반하고 있으므로 성공적인 출력은 쉽지 않다. 출력의 시점과 내용은 숙달도별로 달리 접근할 필요가 있는데, 초급 학습자들에게는 즉각적인 출력을 요구받기보다는 자연스럽게 습득된 목표어의 이해만으로도 충분하다. 그러나 중급과 고급 수준의 사회언어학적 기술을 얻기 위해서는 학습자들은 제2언어의 상호작용적 노출을 증대할 수 있는 언어를 출력할 수 있어야 한다. 제2언어 생산은 학습자에게 자신의 언어 지식을 가설적인 방법을 통해 시도해 봄으로써 더 세련된 산출 능력을 만들 수 있는 기회를 제공하게 된다. 따라서 출력을 증대시키는 효과를 불러오는 상호작용과 활동에 참여하는 활동 자체가 학습자가 제2언어 이해를 내면화하는 것에 도움이 된다고 보는 관점이다.

<코퍼스에 기반한 담화적 접근법>

다양한 종류의 학습자들에게 적합한 효율적인 의사소통 방안을 마련하기 위해, 실제성 있는 사용(use)과 문법을 결합시키는 시도들이 활발하다. 이들 중 하나는 실제성 있는

언어의 사용과 담화에서의 구조와 의미를 다루는 담화적 접근법이다. 그간 L2 문법 교수에서 말뭉치 연구는 큰 성과가 있었으며, 모국어 화자에 의해 사용된 실제적인 언어에 대해서도 많은 자료들을 제공해 준 바 있다. 의사소통에서의 문법 연구는 구어와 문어의 담화 분석, 구어와 문어 말뭉치 분석, 실물 자료 분석, 실험 연구 분야 등에서 이루어져 왔다. 담화분석은 언어 구조의 맥락 사용을 연구하고 화자가 다양한 상호작용 환경에서 의미를 어떻게 표현하는지를 연구하는데, 여러 종류의 구어와 문어 텍스트에서 어떻게 의미를 전달하는지를 파악하는 데에 기여해 왔다. 문어 담화와 구어 담화 분석은 문법 교수와 학습을 위한 실제적인 방법을 제공하며, 학습자들이 어떻게 문법과 의미에 영향을 미치고 사회언어학적 상호작용의 특징과 관련 지어 언어적 구조를 어떻게 다양화시키는가를 알 수 있게 한다는 점에서 시사점이 크다. 구어 코퍼스는 실제 통용되는 이야기, 일반적 서비스 상황, 직업 상황, 협상, 가족이나 동료와 의견을 나누는 상황, 논쟁 등에서 사용되는 다양한 언어적 특징을 분석하며, 문어 코퍼스는 신문 기사, 사설과 같은 장르의 공식 문서와 화학, 생물, 사회학, 공학 분야 등의 학문적 글, 전문 서류 등의 분석을 가능하게 하여 언어 사용의 패턴을 파악할 수 있게 한다. 문법에 대한 실제 담화 기반의 접근은 제2언어 문법 교수의 방법들을 개발하고 의사소통 활동에 사용될 수 있는 자료를 구축한다는 점에서 의미를 가지며, 구체적인 학습자의 특정 집단의 요구에 유용한 문법 자료를 제공하여 교사, 교육과정 개발자, 교재 저자들에게 큰 도움을 줄 수 있다.

이상으로 그간의 외국어 교수에서 문법에 대한 논의를 살펴보았다. 이들은 크게 두 가지의 쟁점, 즉 문법 요목을 중심으로 문법 용어나 규칙을 사용하여 외현적으로 가르칠 것이냐, 경험적 학습과 상호 의사전달 목표에 중점을 두고 내재적으로 가르칠 것이냐에 대한 관점의 문제였다고 볼 수 있다. 여러 교수법이 변화되어 왔지만, 각 교수법마다 여전히 문법 교수의 중요성은 간과할 수 없는 것임이 확인된다. 교수법의 흐름을 통해, 문법 교육 자체의 효용성에 대한 논쟁이 아니라 의사소통 언어교육에서 문법을 어떻게 가르칠 것인가 하는 구체적인 방법 개발에 대한 관심이 변화하고 있음을 알 수 있다. 아래는 각 교수법에서 문법 교수의 명시성 여부와 특징을 정리한 것이다.

- 문법 번역식 교수법 : 명시적, 연역적
- 직접식 교수법 : 명시적 문법의 거부
- 청각구두식 교수법 : 문형 연습, 반복 연습
- 인지적 접근법 : 명시적, 연역적
- 의사소통적 접근법 : 의미 중시, 비명시적
- 후기 의사소통적 접근법 : 의미·인지·산출 중시, 명시적

2. 문법 이론과 언어교육

앞선 절에서는 외국어 교수 이론의 흐름에 따른 문법 교수에 대한 시각을 살펴보았다. 그런데 문법 교수의 이론은 언어학의 문법 이론과 크게 유리되지 않으며 밀집하게 연계되어 있다. 이에 문법 이론의 흐름을 살펴봄으로 해서 문법 교수 이론의 바탕을 파악할 수 있게 된다. 결국 문법의 이론의 변화는 언어교육에도 많은 영향을 미치게 되기 때문이다.

문법에 대한 관점은 크게 형식적 접근과 기능적 접근으로 구분할 수 있다. 문법에 대한 형식적 접근에서는 문법을 '언어의 가능한 모든 문법적 구조의 뚜렷한 규칙의 세트'로 본다. 문법적인 문장과 비문법적 문장을 대부분 명확하게 구분하며, 주요한 관심사는 그것의 의미나 다른 문맥에서의 사용보다는 문법적 구조의 형식의 관계이다.

기능적인 접근에서는 언어를 의사소통의 체계로 본다. 화자나 필자가 어떻게 의미를 조직하고 교환하는지를 발견하기 위해서 문법을 분석하며, 문법적인 것과 비문법적인 것의 명확한 구분을 주장하기보다는 보통 개개의 문맥에서 각각의 의사소통 목적을 위해서 어떤 형태가 적합한지에 초점을 둔다. 주요한 관심사는 문법 구조의 기능과 그것의 구성 성분, 문맥에서의 의미이다. 문법의 이론은 형식적 접근에서 점차 기능적 접근으로 이어지고 있는데, 각 이론의 특성을 살피면서 언어 교육에의 적용 가능성을 생각해 볼 수 있다.

<생성 문법>

생성 문법(Generative grammar)은 촘스키에 의한 것으로 문법 분류를 언어학적 관계로 정의한다. 문법 기술에 있어 데이터를 관찰하여 설명하는 관점을 거부하고, 언어 사용에서 '발생하는 것'이 아니라 언어 사용에서 '가능한 것'에 관심을 두었다. 생성 문법의 관심사는 언어 자질들 간의 관계와 언어를 습득하기 시작하는 인간의 선천적인 능력이다. 인간의 언어는 아주 복잡하기 때문에 언어를 배운다는 것은 인간에게 선천적으로 내재된 규칙 체계(문법)가 존재한다고 가정한다. 언어의 규칙들은 어떤 것은 모든 인간이 가지고 있는 보편적(universal)인 것이고, 또 다른 것들은 언어별로 특수한 것이다. 이 관점에서는 구어 자료는 선천적인 지식의 증거로 적당하지 않다고 보았는데, 화자들이 발화한 모든 언어가 그들이 가지고 있는 언어 지식이 반영된 것은 아니며, 잘못된 기억, 거짓 등과 같은 언어 수행의 요인들 때문에 구어 데이터는 완전하지 않은 형태로 본다. 촘스키의 견해는 문법은 자동적이고 의미로부터 독립적이라고 보았다. 따라서 문법의 필수적인 부분이 되는 의미를 고려하기는 하였지만 실제 언어의 사용에 대한 고려는 제외하게 된다.

<발생 문법>

발생 문법(emergent grammar)은 상호작용 언어학의 일종으로 Hopper에 의한 제안되었다. 발생 문법 이전의 문법에서는 문법 체계가 먼저 존재하고 그 문법 체계가 의사소통에서 전개되는 것이라고 가정했다.[14] 즉, 문법을 이미 존재하는 규칙의 조합으로 구성된 추상적인 체계로 보며, 문법은 사용되는 시간과 상황에서 떨어져 있으며 의미도 문맥 밖에 존재한다고 본다. 이에 효과적으로 의사소통을 완수하기 위해서는 담화 참여자들은 이 체계의 지식을 공유하고 있어야 한다고 가정하며, 단어와 같은 언어의 요소들이 구나 문장과 같은 더 큰 요소에서 작동하는 원리를 다루고자 했다. 이런 이유로 불변하는 인간의 사고의 특징과 문법 특징을 관련시키고자 하는 노력들이 많았다.

이에 반해 발생 문법은 이러한 관점과 반대 순서를 취한다. 즉, 문법이 먼저 존재하는 것이 아니라 담화 상에서 문법이 발현되는 것으로 본다. 문법의 출발점은 의사소통이며, 비슷한

---

14) 문법은 불완전하고 잠정적인 성격을 가진 것으로서 담화 상에서 발생하는 것으로 본다.

문맥에서 담화는 관례적이거나 반복된 패턴을 포함하고 있는데 이것들이 문법을 구성하는 규칙성들의 범주가 된다고 보는 것이다. 이 때, 문법은 상호작용으로 나타난 발생적인 문법으로, 이들 관점에서는 언어를 의사소통 경험을 바탕으로 한 공식적 또는 관례화된 구조의 집합체로 보는 것이다.

이렇게 문법을 의사소통 목적과 문맥에서 비롯된 것으로 보는 관점은 여러 측면에서 전통 문법을 다시 바라보게 한다. 관례화 된 것을 범주화 한 것이 문법이라면, 이 관점에서의 문법은 전통 문법에서 문법 단위로 인식되는 것과 일치하지 않을 수도 있다. 이전의 많은 문법 기술들은 문법 체계 전체를 종합적으로 기술하려고 하였지만, 발생 문법에서의 기술은 문맥의 변화 정도만을 설명하며 종합적으로 다루지 않는다는 차이가 있다. 즉, 발생 문법에서는 화자에 의해서 공유되는 형식적이고 추상적인 체계로서 문법이 아니라, 문법은 개인에게 내재적인 것이며 다양한 의사소통 문맥이 증가함에 따라 개인의 담화에 대한 경험도 변하고 이에 따라 문법도 계속적으로 변하는 것으로 보는 것이다. 문법은 이미 존재하는 추상적인 체계가 아니라 관찰된 반복의 범주를 나타내는 것이라면 문법 설명을 직관적인 자료에 의존하기 보다는 코퍼스를 기반으로 하여 문맥에 나타난 언어를 기초로 해야 한다는 것을 의미한다. 이러한 시각은 교육문법에도 시사하는 점이 많다.

<패턴 문법>

패턴 문법(pattern grammar)은 Sinclair(1991)의 작업을 기초로 하여 Gill Francis and Susan Hunston이 용어를 만들었다. Sinclair(1991)에서는 많은 수의 반구조화(semi-preconstructed)된 항목[15]을 언어 사용자들이 이용하는 것을 제안한 바 있다.

이들 연구자들은 구어와 문어 텍스트의 대용량 코퍼스들을 통해서 자주 나타나는 문법 패턴들이 특정한 단어들과 결합되는 것을 확인하였다. 이에 담화가 진행될 때 특정 단어들의 뒤에 따라올 패턴이 예측되며, 독자나 청자는 다음에 오는 것을 예측할 수 있다고 보았다. 즉,

---

15) 반구조화 항목의 일부는 고정적이며 일부는 변이형을 허용하기도 한다. 단어와 구의 사용은 특정 문법 선택과 함께 일어나는 경향이 있다.

단어는 언어의 특정 패턴과 결합되고 이 패턴들은 대용량 코퍼스 연구를 통해서 관찰된다는 가정을 기본으로 한다. 표면적으로는 오히려 어휘가 이 접근법의 핵심인 것처럼 보이지만 핵심은 문맥이라고 할 수 있다. 코퍼스가 사용된 언어들을 나타낸다는 것이라고 생각해 볼 때, 특정한 패턴이 자주 나타나는 것은 이 패턴이 의사소통 욕구를 충족시키기 때문이라는 것을 알 수 있다. 반대로 어떤 패턴이 자주 나타나지 않는다면 문맥에서 그러한 패턴 형성이 안 되고 있다는 것을 의미한다. 이들 문법이 제2언어 교육에 주는 시사점은 문법이나 단어 교수에서 부분적으로 초점을 맞추는 것보다 자주 나타나는 패턴들이 특정 단어들과 결합되는 것을 학습자들이 잘 인식할 수 있도록 도와야 한다는 점이다. 그러면 학습자는 실제 텍스트에서 전형적으로 특정 동사나 명사 뒤에 오는 단어를 예측하거나 알아차릴 수 있다.

<체계기능 문법>

체계기능문법(systemic functional grammar)은 Michael Halliday에 의한 것으로, 사회적인 맥락의 언어 분석에 중점을 둔다. 언어가 어떻게 사용되고 이 사용을 위해서 어떻게 구조화 되는지를 연구한다. Halliday는 절의 문법 단위들은 세 가지 다른 종류의 의미들이 조합되어 있다고 생각한다. 내용과 사고와 관련된 경험적인 것(experiential), 상호작용 속에서 참여자들 간의 관계, 내용에 대한 화자/작가의 태도와 관련된 대인적인 것(interpersonal), 언어가 텍스트를 어떻게 조직하는지와 관련된 문맥적인 것(textual)으로 구분된다고 보았다. 경험적인 기능을 표현하기 위한 가장 주된 문법 수단은 타동성이며, 분석 초점은 이야기하고 있는 과정의 종류와 참여자들의 복잡함이다. 대인적인 기능을 표현하기 위한 가장 주된 문법 수단은 평서법, 의문법, 명령법 등과 같은 법(mood)이며, 분석 초점은 주어와 동사 요소의 순서이다. 문맥적 기능을 표현하기 위한 가장 주된 문법 수단은 정보 구조이며, 분석 초점은 절에서 처음 오는 것이 어떤 항목인가이다. 첫머리에 있는 요소인 주제는 다음 요소인 논평(서술)에서 정보를 더 얻을 수 있으며, 응집성을 더 다지게 된다. 절의 전체적인 메시지는 세 가지 기능에서 만들어진 선택에 의해서 표현된 의미의 결합으로 이루어진다고 본다.

체계기능문법의 특징은 문장보다 대등 관계나 종속 관계로 연결된 두 개 이상의 복문절을 분석한다. 체계기능문법의 기술은 복잡한 절들을 분석하는 수준을 넘어서 텍스트를 연결하는 데 사용되는 부분까지 확대된다. 텍스트를 연결하는 데 사용되는 응집 장치에는 아래의 네가지가 있다.

① 대명사로 받는 것(reference)
② 대치(substitution)
③ 생략(ellipsis)
④ 어휘적 응집

　텍스트 분석은 체계적 기능 문법에서는 일반적인 것인데, 텍스트 분석의 주요 목적은 어떤 것을 일으킨 사회적인 맥락이 텍스트에 어떻게 반영되는지를 찾는 것이다. 문맥은 체계적 기능 문법의 핵심이며, 구어나 문어의 모든 것은 문맥 안에서 발생하는 것으로 본다. 그리고 오랜 시간의 언어 사용이 문맥을 공식적인 체계로 만드는 것으로 보는데, 언어와 문맥 사이의 상호작용은 제계기능문법의 가장 중요한 점이다. 언어는 언어가 사용되는 문맥에 영향을 받을 뿐만 아니라 문맥에 영향을 준다고 생각된다. 체계기능문법의 문맥과 연계된 의사소통의 해석은 언어 교육에의 중요한 시사점이 된다.

3. 문법 교수 이론의 적용

　전통적인 문법적인 교수요목은 기능 또는 과업에 기반한 의사소통식 교수요목에 의해 많은 변화를 겪어 왔다. 문법 자체에 기반한 방법론들(Presentation- Practice- Production)은 기능과 기술 기반 교수로 대체되었고, 정확성을 중시하는 활동들(반복 훈련과 문법 연습)은 상호 소그룹 활동에 기초한 유창성을 위한 활동들로 대체되었다.
　이에 교실에서는 정보를 공유하기 위한 기회를 우선적으로 제공하고 교실 내에서의 의미의 협상에 중심을 둔다. 또한 학습자 주도적 문법 학습은 학습자들의 유창성 증진을 위한 과업에 기반하여 결정되는 유창성 우선 교수를 이끌어내고 있다. 최근 활발하게 논의되고 있는 몇 가지 문법 교수 이론의 적용에 대한 쟁점들을 차례로 살펴보기로 하자.

<과업중심 문법 교수의 적용>

유창성에 기반하는 교수법을 구성하는 핵심 요소는 과업 활동이다. Nunan(1989)은 의사소통적인 과업은 형식보다는 의미에 집중하며 학습자의 이해·조정·생산·상호작용을 포함하는 교실 활동의 일부라고 보았다. 즉, 의사소통적인 과업을 수행하는 동안 학습자는 이해가능한 입력을 받아 수정된 생산을 하게 되는데, 이러한 일련의 과정들은 제2언어의 습득을 위한 절차로서 중시되며 결과적으로 언어학적·의사소통 능력의 향상으로 이어질 수 있다고 본다. 과업은 언어 교수에서 교수 자료를 구축하는 것과 관련이 있는데, 토론·의사소통 게임·상황극·역할극·짝 활동 등이 해당된다.

문법 중심과 과제 중심 활동	
<문법 중심 활동>	<과제 중심 활동>
• 전형적인 교실 언어의 사용을 반영 • 정확한 형식의 예문들의 구성에 집중 • 드러내기 위한 언어의 생산 • 명시적인 지식을 요구 • 통제된 수행을 반영 • 담화적 문맥을 벗어난 연습 • 제한된 예들로 이루어진 연습 • 실제적인 의사소통을 요구하지 않음	• 자연스러운 언어의 사용을 반영 • 암시적인 지식을 요구 • 자연스러운 화행 스타일의 도출 • 자동적인 수행을 반영 • 즉각적으로 만들어내기, 바꾸어 말하기, 정정하기, 재조직화하기 등을 요구 • 학습자의 사용 언어의 선택을 허락 • 실제적인 의사소통을 요구

문법 중심 활동들은 점차 목표 문형 제시와 기계적 연습을 넘어 유의미한 연습과 실생활에의 적용에 노력을 기울이는 의사소통 활동 중심으로 전환해 가고 있다. 대화문에서의 문법 제시, 연습, 활동에의 적용이라는 변형된 P-P-P의 틀에서 크게 벗어나 과제 중심 활동이 제시된 진정한 의미의 과업 혹은 기능을 기반으로 대체되었다.

<형태초점 문법 교수의 적용>

순수 의사소통 방법론이 가지는 한계 때문에 형식 교수와 의사소통 언어 사용을 결합시키는 문법 지도에 대한 새로운 접근법이 등장했다. 형태 초점 교수(focus on form)는

학습자들이 인지해야 하고 학습자 인지가 이루어진 다음에야 목표 문법 구조를 진정한 의사소통과정에 입력하는 방식을 취하고자 한다.

이 접근법은 이전의 문법 형태들의 명시적인 교수와 형태나 의미 중심의 문법 교수와의 차이를 바탕으로 하고 있다. 우선, 일련의 특정 문법 형태들만을 가르치는 전통적인 구조주의 교수요목은 의사소통 능력을 생산해 내지 못하고, 문법의 형식적 지식만을 생산해 낸다고 본다. 또한 의미 중심의 의사소통적 교수요목은 화석화와 교실의 혼성어를 생산해 낸다는 점에서 부적절하고 정확성이 낮은 문제가 있다고 설명한다. 이에 학습자들이 문맥에서 목표 구조의 특징을 찾아내고 사용하면서, 정확성을 발전시켜 나갈 수 있는 방법으로 의사소통 언어 학습과 문법 지도를 통합하는 새로운 접근이 필요하다고 본 것이다.

형태초점 교수법이란 학습자의 주의를 언어 형태로 유도하기 위해 사용되는 교수학적 활동으로 볼 수 있다.[16] 의사소통 능력 제고를 위한 과제나 기능 중심의 언어 교육은 과거의 전통적 문법 교수가 가지는 문제점을 극복하고자 시작되었으나, 이 역시 정확성의 부재라는 문제점을 가진다고 보고 이에 대한 개선책으로 제안되었다. 이 교수 이론 역시 큰 틀은 의사소통 능력 제고라는 맥을 잇는 교수법이나, 아래의 몇 가지 배경에서 다른 의사소통 교수법과 구별된다.

첫째, 언어 습득의 측면에서 문법 교수의 필요성을 인정한다. 의사소통 중심의 교수법이 도입된 이래로 많은 학습자들은 고급 단계의 문법 능력을 성취하는 데 실패하고 있다고 보았다. 대부분의 경우 의사소통 중심 활동들은 질 높은 상호작용의 기회를 제공하지 못하며, 의미 있는 생성의 기회를 제한하게 되어 충분하고 의미 있는 의사소통 능력이 제고되기는 어렵다. 또한 언어 습득에 대한 결정적 시기(critical period)는 모든 언어 능력에 적용되는 것은 아니어서, 문법의 교수는 이러한 시기의 제약을 받지 않을 가능성이 높아서 성인 대상의 교수에 적용할 수 있다고 보았다. 특히 '자연스럽게' 습득되기 어려운 문법 구조는 부정적 피드백(negative feedback)을 통해 명확히 교수될 필요가 있다고 본다.

둘째, 중간언어 발달(interlanguage development)에서 형태초점 교수의 효과와 타당성이

---

16) R. Ellis는 형태 초점 교수의 세 가지 유형(FoF, 계획된 FoF, 우연적인 FoF)을 구분하였다.

인정된다. 형태 초점 교수는 제2언어습득을 더욱 빠르게 증진시키고 고급 수준까지 성취할 수 있도록 하는데, 비교적 간단한 문법 규칙을 가르치는 것은 암시적 지식을 향상시키는 데 효과적이라고 본다. 물론 학습자들에게 특정 문법 규칙을 가르치는 것이 곧 학습으로 이루어진다고 보기는 어려운 측면이 있으므로, 형태 교수는 자연스러운 의사소통의 기회와 연결되었을 때 가장 효용성이 있을 것이다.

셋째, 성인 학습자는 외국어 학습에서 문법을 중심 요소로 여기며, 외국어 학습에 성공한 사람들 중 다수는 형태 교수에 중점을 두어왔다. 이는 문법에 대한 학습자의 요구와 학습의 효용성 모두 이 방법의 타당성을 지지한다고 해석할 수 있다.

넷째, 그간에 사용되던 개념/기능 교수요목(notional/functional syllabus), 과업 기반 교수요목(task based syllabus), 주제 기반 교수요목(thematically based syllabus)등의 교수요목들은 언어의 체계적 범주를 설명하는 데에 충분하지 못했으므로, 구조적 교수요목(structural syllabus)과 의미 기반 교수요목(meaning-based syllabus)을 통합하는 형태초점 교수가 목표어 문법의 범위를 체계적으로 익히게 하는 의미 있는 수단이 될 수 있다.

흔히 모국어 습득은 암시적이고 경험적이어서, 언어 입력에 노출시키는 것만으로 충분하며 명시적인 교수는 필요하지 않다고 본다. 이에 반해 제2언어 습득의 경우, 의사소통 상황에서 암시적으로 습득될 수 있는 것은 (모국어 화자와 비교해) 제한적이며 특히 정확성 습득은 의식적·명시적 학습의 부가적인 자원을 반드시 필요로 한다. 또한 외국인 학습자가 가지게 되는 모국어 전이나 이미 학습한 내용이 다음 학습에 미치는 영향 등은 제2언어 습득에서 암시적 학습의 성취를 제한할 수 있으므로, 이러한 결점에 대한 교육학적 대응으로 문법의 명시적 교수를 도입할 필요가 있다고 보았다. 다만, 이러한 형태초점 교수법을 적용한 사례가 많지 않으며, 실제 교육현장에서의 적용 여부와 적용의 효용성에 대한 논의는 부족하다는 한계가 있다.

---

1 계획된 FoF(Planned FoF)는 학습자의 주된 초점이 의미를 처리하는 데 있는 동안(예를 들어, 형태를 포함하는 의사소통 입력, 문맥 강화, 또는 형태를 사용하는 의사소통 과제)에 발생하는 차이들과 함께 미리 선정된 형태를 다룬다.

2 우연적인 FoF(Incidental FoF)는 형태가 미리 선정되지 않고, 학습자의 주된 집중이 의미에 있는 동안(예를 들어, 의사소통적 상호작용을 하는 동안에 의미협상과 반응)에 문법에 대한 주의가 우연히, 부수적으로 발생한다는 점에서 계획된 FoF와 다르다.

<담화 기반 문법 교수의 적용>

　현행 문법 교수에 있어서 문법 항목에 대한 형태 제시와 그에 따른 통사적 제약 그리고 해당 문법의 의미에 대한 교수는 비교적 잘 이루어지고 있는 것으로 보인다. 하지만, 해당 문법 항목이 언제, 어떤 의도로, 어떤 상황에서 사용될 수 있는가 하는 문법 항목의 사용 맥락에 대한 교수는 충분하지 않다. 이러한 문법 항목의 화용적 특성에 대한 교수 여부는 전적으로 교사의 몫이거나 학습자의 경험에 의해 부차적으로 습득해야 하는 경우가 많다.

　어린아이의 자국어 습득은 충분히 노출된 다양한 언어 상황에서 오랜 기간에 걸쳐서 이루어지게 되므로, 이러한 화용적 양상에 대해 스스로 시행착오를 반복하며 꾸준히 학습하게 된다. 하지만 주로 교실 교육에만 한정되는 외국어교육 현장이나, 제한된 언어 사용 환경에 놓이게 되는 제2언어 습득 현장에서는 자국어 습득에서의 과정처럼 충분한 입력을 받을 수도 없으며, 학습자가 화용적 적절성에 대한 검증을 혼자의 힘으로 해 내기에도 쉽지 않다. 따라서 언어 교수 현장에서 문법 항목의 화용적 특성에 대한 인식과 교수법 개발은 반드시 필요한 영역이다.

　Larsen-Freeman(1991)에서는 문법을 구성하는 세 가지 요소를 그림으로 제시한 바 있는데, 형태와 의미, 그리고 사용이 그것이다.

세 가지 차원의 문법 구성 요소
(Larsen-Freeman, 1991)

　맥락이 배제된 분석적인 문법 교수로 회귀하지 않기 위해서는 형태를 사용 중심 또는 의사소통적 접근법 안에서 강조하여 가르치는 것이 중요하다. 적절한 맥락에서의 사용은 화용적인 측면을 고려한 것으로 대화 상대자와의 관계, 대화 상황과 같은 사회적 맥락과 담화의 장르나 의미, 구조 등을 포함한 담화 맥락을 전제로 한다. 학습자가 특정 맥락에 맞는 구조나 형태를 선택하는 데에 어려움을 느끼지 않도록 사용 맥락과 연계된 문법 요소가 교수되어야 한다. 아래는 문법 항목이 얼마나 담화의 상황 맥락과 밀접하게 연계되어 있는지를 보이는 사례들이다.

Diane Larsen-Freeman(2002)에서는 문법구조의 선택에서의 변인으로 아래와 같은 것들을 제시했다. 아래의 요소들이 맥락에 적절한 문법 항목을 선택하는 데에 주요한 요소가 된다고 보았다.

문법 구조의 선택

태도 (Attitude)	심리적 거리(Psychological Distance), 평가(Assessment), 공손성(Politeness), 완곡(Moderation), 요령(Tact), 존중(Deference)
힘 (Power)	중요성(Importance), 성별(Gender), 단언성(Assertiveness), 무례함(Presumptuousness), 확신(Conviction)
정체성 (Identity)	성격(Personality), 연령(Age), 출신(Origin), 지위(Status), 집단 구성원과 담화 공동체(Group Membership and Discourse Communities)

즉, 문법의 사용이란 다양한 문법 항목 중에서 화자의 의도나 화청자와의 관계, 혹은 화자의 정체성에 따라 적절하게 선택되는 것이며, 이러한 선택의 의미를 이해하는 것은 목표 언어 화자와의 의사소통 성공에 있어 아주 중요하다. 이는 결국 '다양한 맥락에서 적절하면서도 효과를 낳는 문법을 익히고 산출하는 것의 중요함'을 드러내는 것이다.

위의 도표에 기술된 문법 선택의 변인들을 한국어 교육에서 활용 가능한 사례를 통해 살펴보자. 교실 현장에서 문법 항목이라고 생각했던 많은 요소들은 문맥에서의 화자의 태도를 나타내는 담화적 표지인 경우임에 주목할 필요가 있다.

첫째, 태도는 심리적인 친밀감뿐만 아니라 '심리적인 거리'도 나타낸다.

(1) 가. 요즘 젊은 세대들은 게임 마니아들이다.
　　나. 요즘 젊은 세대들은 게임 마니아들이라고 본다./보여진다./볼 수 있다./볼 수도 있다./볼 가능성도 있다./볼 가능성이 없는 것은 아니다.

(1가)에 비해 (1나)와 같은 표현의 차이는 해당 사실에 대한 화자나 필자의 심리적 거리를

드러내는 표지라고 볼 수 있는데, 다양한 문법 형식으로 나타난다.

서로 다른 시제 표현을 사용하여 필자의 '평가'에 대한 태도를 표현하기도 한다. 학술 논문에서의 선행 연구들을 살펴보면, 선행 연구에 대한 필자의 태도에 따라 다양한 서술어와 시제를 사용하고 있다. 예를 들어, "홍길동(2009)에서는 __라고 주장했다, 설명했다, 제안했다, 증명했다, 밝혔다"등과 같은 문장에서, 각각의 서술어의 선택은 필자의 선행 연구자들에 대한 평가 표지로 사용된다. 또한 "홍길동(2009)에서는 __라고 주장했다, 주장한다, 주장하고 있다, 주장해 왔다."등과 같이 같은 서술어에 대한 다양한 시제가 사용되기도 하는데, 이러한 시제의 선택은 화자의 선행 연구에 대한 긍정적 혹은 부정적, 중립적 태도를 드러낼 수 있다. 이렇듯 같은 논문의 선행 연구 기술에 있어서도 필자의 태도에 따라 선행 연구의 서술이 시제가 달라지기도 하는데, 이러한 서술어 선택이나 서술어의 시제 선택은 필자의 평가와 관련됨을 알 수 있다.

때로는 '공손성'을 드러내기 위해 과거 시제가 사용되기도 한다. 과거 시제는 일정한 거리감을 표현하기 위하여 덜 직접적인 제안을 위하여 사용되므로 더 공손한 표현으로 해석된다. 예를 들어, '겠'이나 '-을 것'은 단순히 시제의 표현이라기보다는 공손성을 드러내기 위해 사용되기도 하는데, 추측 표현의 경우에는 단정적인 서술을 피함으로 해서 필자의 공손성의 태도를 드러내기도 한다.

'완곡'은 면대면 발화에서의 간접 표현 전략, 부정 의문 등을 사용한 명령 등은 체면 손상을 완화하기 위해 매우 활발히 사용된다.

(2) ㄱ. 주말에 영화 보러 가자.
ㄴ. 주말에 좋은 영화 하던데⋯⋯약속 있니?
ㄷ. 주말에 영화 보러 가지 않을래?

또한 비교를 할 때 부정 표현을 사용하면 더 '요령' 있게 보이기도 한다. 이때, ㄱ보다 ㄴ의 사용은 간접적이고 덜 무례하게 느껴지게 하는 요령을 보이고 있다고 할 수 있다.

(3) ㄱ. 현화는 승규보다 머리가 나쁘다.
ㄴ. 현화는 승규처럼 머리가 좋지는 않다.

때로는 화자의 태도가 더 '존중'을 나타내기 위해 다양한 표현을 사용하기도 한다. 이들 표현에는 상대방의 '자유 선택'을 존중함을 드러내는 미세한 표현의 차이가 느껴진다.

(4) ㄱ. 네가 와.
ㄴ. 네가 오지 그래.
ㄷ. 네가 왔으면 해.
ㄹ. 네가 왔으면 좋겠어.
ㅁ. 네가 왔으면 좋겠다고 생각해/했어.
ㅂ. 네가 온다면야 난 정말 좋지.

화자의 태도와 관련되는 요소들은(일상생활이나 업무 등에 있어서의) 목표 언어 화자와의 의사소통의 성공을 목표로 두는 학습자에게는 매우 중요한 요소가 될 수 있다. 단순히 언어적 유창성을 넘어, 적절하고 효과적인 소통을 원하는 고급 학습자들에게 적절한 상황에서 발화 의도에 부합하는 적절한 문법 항목을 선택할 수 있는 능력은 매우 중요하다.

둘째는, 힘이라는 관계로 드러나는 다양한 문법 선택의 문제이다. 먼저, 대칭을 이루는 두 가지 표현의 순서는 명사구의 '중요성'에 의해 하나의 형태가 다른 것보다 선호될 수 있다. 아래의 예문은 공동 논문이었다고 할지라도, 사람에게 논문의 기여도를 더 느끼게 하는 효과를 가질 수 있기 때문이다.

(5) ㄱ. 현화는 승규와 함께 논문을 썼다.
ㄴ. 승규는 현화와 함께 논문을 썼다.

또한 언어 사용에 있어 성별적 차이에 따른 차이도 있다. Sargent(1997)에서는 여성이 남성보다 강조어를 더 많이 사용하는 경향이 있음을 지적했는데, 이는 여성이 남성보다 설득을 위해서는 더 많은 언어적 도구들을 사용하고 있음을 의미한다. 한국어에서의 남성과 여성 화자의 발화의 특성을 분석한 결과가 있어 교육에서 적용된다면, 외국인 학습자들이 한국어 화자의 성별에 따른 발화의 습성을 이해하는 데에 큰 도움이 될 것이다.

　단언성이란 부정적인 명제를 단정적으로 말하는 것으로, 화자의 태도에 따라 때로는 외현적으로 함축하여 주장을 보다 약하게 나타낼 수도 있다. 아래의 예문에서 ㄱ보다는 ㄴ이 주장의 약화가 이루어져 있음을 알 수 있다. 이는 대화 상대자와 화자와의 권력 관계에 따라 동일한 사안에 대한 화자의 발화가 선택적으로 이루어질 수 있음을 의미한다.

> (6) ㄱ. 나는 네가 옳지 않다고 생각해.
> 　　ㄴ. 저는 김 선생님이 꼭 옳다고 생각하지 않습니다.

　확신의 정도는 화자와 청자와의 관계에 따라 달라질 수 있다. 동일한 대체 표현이 있을 수 있지만, 대체 표현의 화용적 가치는 달라질 수 있다. 아래 예문에서 ㄱ에 비해 ㄴ은 확신의 정도가 매우 강함을 알 수 있다.

> (7) ㄱ. 그 사람이 유명한 과학자라는 것을 압니다/알기는 하죠.
> 　　ㄴ. 그 사람이 유명한 과학자임을 압니다.

　화청자 간의 힘의 관계를 나타내는 문법의 선택은 사회언어학적 요소와도 깊은 관련을 가지고 있다. 한국어는 다른 언어에 비해 상대적으로 사회언어학적 요소가 언어에 많이 반영되는 언어라고 본다. 존대법의 발달 자체가 그러하며, 대화 상대자에 따라 다양한 언어 표현이 존재한다는 점도 그렇다. 이것은 문장 내 문법으로는 결코 파악할 수 없는 부분이며, '그런 장소에서 혹은 누구에게 그렇게 말해서는 안 된다' 등의 대화 상대자에 따른 제약이 존재한다면 이러한 요소의 상황에 대한 고려가 매우 중요함을 알 수 있다.

　셋째는, 화자나 필자의 정체성과 관련된 언어 표현이다. 먼저 '성격'은 언어 사용의 중요한 변수로, 화자의 성격에 따라 언어 선택은 매우 달라질 수 있다. Widowson(1996)은 "개개인마다 관습화된 기호와 그것의 사용에 의해 제약을 받지만, 서로 다른 목적으로, 각각의 경우에 다르게 잠재력을 개발한다. …… 사람들의 언어 사용 패턴은 지문만큼이나 태생적으로 다르다"고 지적한 바 있다. 언어 사용의 개인 차는 분명히 존재하므로, 성격에 따른 차이를 인지하고 상대방의 발화를 이해하는 것도 중요한 일이다.

다음으로 한국어에는 사람들의 '나이'를 드러내는 다양한 언어적 표지가 있으며, 이러한 것들이 존대법과 같은 문법적 표지로도 드러나므로, 이에 대한 주의도 필요하다. 또한 한국어 화자의 출신 지역은 다양해서, 많은 수의 화자들은 이중 방언 화자이며, 그들이 누구와 상호작용하며, 어떤 목적을 가졌느냐에 따라 두 가지 방언을 바꾸어 사용하기도 한다. 아울러 특정한 '발화 규범'은 다른 것들보다 더 높은 사회적 지위나 계층에서 사용되며, 때로는 이러한 규범들이 특정 문법 형태의 사용과 관련되기도 하므로, 특정 문법 항목이 계층의 특성과 연계되는지에 대한 주의도 필요하다.

모든 화자들은 서로 다른 집단과 '담화 공동체'에 쉽게 들어가기 위하여, 각각 새로운 정체성을 갖게 된다. 각자가 속한 담화 공동체의 일원으로서 말하는 방법을 배우게 되는데, 각각의 담화 공동체는 적절한 말하기 또는 쓰기의 방법을 구성하기 위한 규범이 있으므로, 공동체 안에서는 발화 방식에도 주목할 필요가 있다. 이상으로 살펴본 바와 같이 문법의 선택을 이해하는 것은 외국인이 대화를 해야 할 대상들의 특성과 그에 연계된 언어 표현을 파악함으로써, 해당 화자들의 발화를 이해하는 일이다. 나아가 학습자 자신이 그러한 대상에 속하게 될 때 그에 가장 적절한 발화를 구현할 수 있게 하는 토대가 될 수 있다.

문법의 선택이 담화의 맥락에 기반해야 한다는 점을 고려할 때, 자국어 습득과는 달리, 외국인 학습자의 성공적인 문법 학습을 위해서는 해당 문법의 화용적 특성을 명시적으로 교수할 필요가 있다. 이러한 측면에서 볼 때, 기존의 문법 범주 접근적 교육의 내용들(시제, 부정, 존대, 간접화법, 피동과 사동 등)의 교수는 해당 문법 범주의 기본적 형태 교수와 의미 교수를 넘어서서 보다 다양한 담화적 기능에 대한 인식과 교수에의 적용 노력이 필요하다.

II. 문법 교육 항목에 따른 문법 교육의 내용

4강. 품사별 문법 교수

5강. 문법 요소별 교수 방안

6강. 조사 교수의 내용과 방법

7강. 문장 구성과 문법 교수

8강. 문법 항목별 문법 교수

품사별 문법 교수 4강

1. 품사별 교수의 의미

한국어 교수에서 품사별 접근이 가지는 의미는 무엇일까? 언어교육에서의 품사 측면의 접근은 학습자 대상의 직접 교수에서는 아래의 문제를 가질 수도 있다.

- 모국어 학습자라도 품사나 세부 품사의 용어에 대해 익숙지 않은 경우가 많다. 품사는 대부분 언어 전공자들의 전문용어이기 때문이다. 일반 학습자들은 '관형사', '조사'와 같은 용어의 사용은 개념에 대한 이해가 부족할 수 있다는 점에서 실상은 큰 도움이 되지 않을 수 있다.
- 언어 간 품사의 체계는 동일하지 않으므로 목표어의 품사 체계는 낯설거나 혼동을 일으킬 수 있다. 목표어의 품사가 학습자의 모국어에는 체계적으로 존재하지 않거나 유사한 품사라도 구체적 특성에는 차이를 보이는 경우가 있기 때문이다. 예를 들어, 활용을 하지 않는 인구어의 형용사와 활용을 하는 한국어의 형용사는 그 특성이 동일하지 않으므로, 같은 품사로 인식한다고 해도 혼동이 있을 수 있다.
- 학교 문법에서의 품사 분류가 한국어의 이해에 완전한 도움을 주지 못하는 경우도 있다. 학교 문법에서는 '이다'를 조사로 보지만 다른 조사와는 변별되는 차이가 있으며, 의존 명사, 보조 용언, 불구 용언 등은 일반적인 명사, 용언과 그 특성을 달리하기 때문이다.

- 품사의 분류는 언어를 형태와 기능을 중심으로 분류한 단위라는 점에서 단어 간의 구조 습득에는 도움을 주지만, 발화 의도와 연계되는 문장 전체의 의미 구조를 파악하는 데에는 한계를 가진다. 문장의 구조적 의미를 파악하기 위해서는 품사적 접근보다는 문장 성분별 접근이 오히려 유용할 수 있는데, 예를 들면 명사를 수식하는 관형사보다는 명사를 수식할 수 있는 관형어(명사, 명사+조사, 관형절, 용언의 관형형 등)를 아는 것이 더 효과적일 수 있다.

이러한 문제점에도 불구하고 한국어교육에서의 품사에 대한 인식은 학습의 초기부터 중요하다. 개별 품사에 대한 지식은 어휘학습에 가깝지만, 품사는 결국 단어 간의 관계에 따른 단어의 기능에 초점을 둔 분류이므로 문장의 구조 파악에 필수적이기 때문이다.

- 단어 간의 통합 관계는 결국 품사 간의 관계를 의미하므로 이에 대한 인식 없이는 문장을 구성하기 어렵다.
- 명시적인 용어를 사용하지 않더라도 문장을 구성하는 데에 필수적인 품사에 대한 인식은 문법 이해에 기초가 된다.
- 특정 연결 어미는 동사만을 허용하거나 형용사만을 허용하는 등의 품사별 제약을 가지게 되므로, 이에 대한 인식이 필요하게 된다. 학습자들에게도 어느 정도의 품사 인식은 문법 학습에 도움을 준다.
- 용언의 불규칙 활용이나 불구 용언의 교수 등의 특정 품사에 대한 지식은 언어의 초기 교수에 필수적인 지식이 된다.

2. 품사의 정의 및 분류 기준

2.1 품사란?

품사란 단어를 문법적 성질에 따라 나눈 부류이다. 문법적 성질이란 형태(혹은 형식)와 기능(혹은 직능)을 의미하며, 의미에 따라 구분되기도 한다. 결국 품사란 한국어의 모든 단어들을 대상으로 하여, 대조되는 성격에 따라 단어의 유형을 분류하여 그 유형을 체계화한 것이라고 하겠다. 언어마다 품사 체계가 동일한 것은 아니므로, 학습자들이 한국어의 품사를 인식하고 모국어와의 차이를 아는 것은 중요한 일이다.

그런데 학자에 따라 품사 분류의 기준은 다양할 수 있다. 다양한 분류가 가능한 이유는 조사나 어미를 한 단어로 볼 것인가의 문제와 특정 단어를 독립된 품사로 볼 것인가의 문제와 관련을 가진다. 품사 분류의 기준은 아래와 같이 학자에 따라 상이하다.

- 분석적 체계 (주시경) : 9품사(-대명사, 수사, + 접속사, 종결사)
- 절충적 체계 (최현배): 10품사(+지정사)
- 종합적 체계 (정렬모): 5품사 (명사, 동사, 관형사, 부사, 감동사)

학교 문법에서는 절충적 체계를 선택하여 조사는 단어로 보지만 어미는 단어로 보지 않는다. 한국어 교재의 문법 항목은 분석적 체계에 가까운데, 붙여 쓰는 조사는 물론 '-었-', '-습니다'와 같은 어미를 별개의 항목으로 제시하여 가르치고 있기 때문이다.

이밖에도 단어의 구분에 어려움을 가지게 되는 다양한 요소들이 있다. 띄어쓰기에서 허용 규정을 가지고 있는 것들, 예를 들어 보조 용언이나 전문용어 등은 별개의 단어들이지만 하나의 의미 단위로 인식되기 쉽다. 아울러 한 덩어리처럼 붙어서 사용되는 '구 단위 표현'들도 한 단위로 인식되기 쉽다. 이런 이유로 흔히 언어교육에서는 단어 단위보다는 의미 단위인 '어휘 항목' 단위를 교수의 대상으로 삼는다. 이에 교수 단위가 되는 문법 항목은 단어보다 작은 형태소 단위인 어미를 포함하여, 단어보다 큰 단위인 굳어진 구도 포함하게 된다.

> (1) 가. 밥을 다 먹어 간다. / 밥을 다 먹어간다. (보조동사)
> 나. 급성 감염 후 여러 신경 염 / 급성감염후여러신경염 (전문용어)
> 다. 자전거 전용 도로 / 자전거^전용^도로 (구 단위 등재어)[17]

아울러, '이다', '있다'를 어떤 품사로 볼 것인가도 쟁점이 된다. 학교 문법에서는 '이다'가 명사에 붙어 사용된다는 점에서 조사(서술격 조사)로 보지만, 동사나 형용사와 같이 활용한다는 점에서는 서술어와 유사하다. 하지만 외국인 학습자들에게 '이다'를 조사로 설명하기에는 어려움이 있는데, 학습자들에게 조사는 낯선 품사이며 흔히 'Be 동사'와 가깝게 인식하기 때문이다. 또한 '있다' 역시 '나에게 돈이 있다'와 '내일은 집에 있는다'의 예시와 같이 동사와 형용사의 양면의 성질을 가지기도 한다. 이러한 명확한 경계를 설정하기 어려운 품사 분류의 문제들은 고스란히 학습자의 의문으로 연결될 수 있다. 따라서 논란이 되는 개별 단어의 설명은 해당 항목의 범언어적 특성에 기반하여 학습자의 이해를 돕는 방식으로 별도로 설명될 필요가 있다.

2.2 품사 분류의 기준

학교 문법에서의 품사 체계는 9품사로 한정하는데, 체언(명사, 수사, 대명사), 용언(동사, 형용사), 수식언(관형사, 부사), 독립언(감탄사), 관계언(조사)로 구분된다. 학교 문법에서 품사를 분류하는 기준은 크게 [형식], [기능], [의미]의 세 가지로 나뉜다. 첫째는 형식에 따라 형태 변화를 하는 부류와 그렇지 않은 부류를 구분하는 것이다.

- 형태 변화를 하는 부류 : 동사, 형용사
- 형태 변화를 하지 않는 부류 : 그 외

---

17) 표준국어대사전에서는 구 단위 표제어를 '^'를 사용해서 등재소로 삼고 있다.

둘째는 기능에 의한 구분으로 체언, 관계언, 용언, 수식언, 독립언으로 나뉘며, 다시 하위 품사로 세분된다. 이러한 구분은 문장에서의 역할과 관계가 있으므로 문법 교수에서 중요하다.

- 체언: 문장의 주어나 목적어 등 뼈대가 되는 자리에 많이 쓰임. (명사, 대명사, 수사)
- 관계언: 자립성이 있는 말에 붙어 그 말과 다른 말의 관계를 나타냄. (조사)
- 용언: 주체를 서술하는 기능을 가짐.(동사, 형용사)
- 수식언: 다른 말을 꾸며 주는 기능을 함. (관형사, 부사)
- 독립언: 기능상, 문장의 다른 성분과 직접 관련을 맺지 않음. (감탄사)

셋째는 의미에 의한 구분인데, 기능과 형식적 특성이 보조될 수 있다. 동사나 형용사, 명사, 수사, 대명사 등은 각각 차별되는 문법적 제약이 존재하기 때문이다.

- 동사: 사물의 동작이나 작용을 나타내는 품사.
- 형용사: 사물의 성질이나 상태를 나타내는 품사.
- 명사: 사물의 이름을 나타내는 품사.
- 수사: 사물의 수량이나 순서를 나타내는 품사.
- 대명사: 사람이나 사물의 이름을 대신 나타내는 말. 또는 그런 말들을 지칭하는 품사.

2.3 품사 교수에서 고려할 사항

품사 분류와 관련해서 한국어 교사가 몇 가지 고려해야 할 사항이 있다. 첫째, 품사와 사전 등재어는 동일하지 않다는 점이다. 사전의 등재소가 모두 품사가 되지는 않는데, 사전에는 단어 외에도 '접사', '어미'와 같은 형태소 단위도 오른다.

둘째는 품사는 세부 특성에 따라 더 분류될 수도 있다. 예를 들면 명사에는 결합 제약을 가지는 '의존 명사'군이 따로 존재하며, 동사도 필요에 따라 '인식 동사, 이동 동사'와 같이 세부 유형을 구분할 수도 있다. 일부 품사는 하위 품사의 특성을 파악하고 이를 교수에 활용할 필요가 있다.[18]

셋째는 품사 통용어가 존재한다는 점이다. 아래와 같이 하나 이상의 문법적 성질을 함께 가지고 있는 단어들도 있다.

---

(2) **열(수사, 관형사)**: 다섯에 다섯을 더하면 열이다. (수사)
 열 명의 학생이 모여 있다. (관형사)

(3) **밝다(형용사, 동사)**: 전구의 빛이 너무 밝다.(형용사)
 아침이 서서히 밝고 있다.(동사)

(4) **사실(명사, 부사)**: 사실, 어제 우연히 그 사람을 보게 됐다.(부사)
 그 사람이 범인임이 사실로 드러났다.(명사)

이러한 품사 통용어는 통용되는 품사 간의 의미의 연관성에 초점을 두어 가르치는 게 좋다. 우선, 의미 차이가 없는 것들은 한 단어로 연계하고 문장 내에서의 사용 기능만을 구분하여 주는 것이 좋다.

---

(5) 가. 할아버지(명사, 감탄사)
 나. 나(대명사, 명사), 언제(대명사, 부사)
 다. 다섯(수사, 관형사), 적극적(명사, 관형사)
 라. 지금(부사, 명사) 등

다만, 같은 형태라도 의미의 연계를 찾아보기 어려운 경우에는 별개의 단어로 구분하여 교수하는 것이 바람직하다. 이들은 학습자들이 다른 단어로 인식할 가능성이 높다. 즉, 교사는 품사가 통용되는 개별 단어의 특성에 맞추어 교수의 방법을 고민해야 한다.

---

18) '-(으)려고'와는 달리 '-(으)러'는 주로 '가다, 오다, 나가다, 들어가다' 등의 이동 동사와만 어울린다.

> (6) 가. <u>어디</u>에 가니? (대명사)
>
> 가'. <u>어디</u>, 한번 봅시다.(감탄사),
>
> 나. <u>참</u>과 거짓을 구분하자.(명사)
>
> 나'. 이 사과 <u>참</u> 크다.(부사)
>
> 나". 이것 <u>참</u>, 야단났네(감탄사)

넷째는 언어 유형론적 시각에서의 한국어 품사와의 대조적 특성을 고려할 필요가 있다. 예를 들어 한국어의 형용사는 인구어를 모국어로 하는 학습자들에게는 활용의 방식이 낯설게 느껴질 수 있다. 왜냐하면 인구어의 형용사는 형태 변화를 하지 않으므로, 한국어의 동사처럼 인식될 수도 있기 때문이다. 이런 이유로 한국어교육 현장에서는 형용사를 '상태 동사'라는 용어로 교수하기도 한다. 아울러 학습자의 모국어에 한국어의 특정 품사가 존재하지 않는 경우도 있으므로, 대조적 시각에서 볼 때 품사의 차이가 존재한다면 해당 품사의 기능에 대해서도 암묵적으로 교수해야 할 것이다.

3. 품사별 교수 방안

3.1 명사 교수

<명사의 특성>

명사는 사물의 이름을 나타내는 품사로 동사와 함께 가장 기본적이고 보편적인 품사이다. 따라서 언어 학습자에게 명사의 습득은 그리 어렵지 않다고 추측할 수 있다. 다만, 양적인 규모가 매우 크므로 학습 부담 면에서 어려움을 겪을 가능성이 높다. 한국어의 명사는 다음의 특성을 가지는데, ①의 관형어 수식의 특성은 대부분의 언어에서 나타나는 현상이다.

① 주어나 목적어의 기능을 하며 관형어의 수식을 받을 수 있다.
② 조사와 결합하는 특성을 지닌다.[19]
③ 한국어 명사의 성, 인칭에 따른 관형사나 서술어와의 일치 현상이 없다.
④ 한국어에도 복수 표지 '-들'이 있지만 복수의 실현에 결코 필수적이지 않다.
⑤ '종이 두장, 자동차 세대…'와 같이 분류사가 발달했다.

이에 반해, ②의 조사 결합에 대한 습득은 학습자들에게 낯선 특성이 될 수 있다. 학습자들은 문장에 대한 이해를 기반으로 적절한 조사를 선택해야 하며, 조사의 생략이나 구어에서의 축약 환경에 대한 지식도 필요하다. 조사는 앞선 명사와 붙여 쓰므로 학습자들에게는 독립적인 형태의 구별이 어려울 수도 있으며, 명사의 받침 여부에 따라 이형태를 가지므로 초급에서는 이에 대한 어려움을 겪는다. ③과 ④는 학습자의 언어권에 따라 모국어의 습성으로 인한 침입적 오류를 보일 수 있다. 예를 들어, 학습자들은 아래의 예에서처럼 복수 표지 '들'이 필수적이지 않은 담화의 어색함을 잘 인지하지 못한다.

(7)   저기, 사과가/??사과들이 있지. 그 중 제일 큰 거를 가져와

⑤의 특성은 한국어 학습 시, 개별 분류사를 암기하여야 하는 학습 부담이 있다. 분류사의 단순화가 많이 이루어지고 있음에도 불구하고 여전히 한국어의 분류사 사용은 활발하다. '명, 인, 사람' 등과 같이 사람을 세는 분류사에 대해, 상황에 따라 무엇이 적절한지 대한 변별적 지식을 얻기가 쉽지 않아 어려움을 겪으므로 이를 구분하여 설명해 주어야 한다.

(8)   남자 다섯 명 / 남자 오 인 / 남자 다섯 사람

---

19) 모든 명사가 조사를 자유롭게 취하는 것은 아니다. '국제, 중요, 열심, 원시, 가전' 등은 명사로 분류되지만 조사 결합이 자유롭지 못하고, 주로 파생어나 구를 이룬다.

<명사 유형에 따른 교수>

　명사는 두루 쓰이는지 여부와 자립성 여부에 따라 다시 세분된다. 먼저 두루 쓰이는지 여부에 따라 보통 명사와 고유명사로 구분할 수 있는데, 보통명사는 같은 종류의 사물에 두루 쓰이는 명사를 말한다. 보통 명사는 다시 구체 명사(자연물과 인조물)와 추상 명사(시간, 공간, 정신, 행동 등)로 구분되기도 하는데, 대부분의 언어에서 이러한 구분이 존재하므로 학습에 크게 어려움을 겪지는 않는다. 다만, 구체 명사에서 유정 명사와 무정 명사의 구분은 문법 교수와 연계될 수 있다. 유정 명사와 무정 명사에 따라 조사 선택이 달라지므로 유의할 필요가 있다. 예를 들어 '사람, 고양이 등'과 같은 유정 명사와 '집, 배 등'과 같은 무정 명사로 구분되며, 아래와 같이 조사 선택에 제약을 보인다.

(9) 　가. 철수는 친구에게/*에 책을 주었다.
　　　나. 나는 고양이에게/*에 유유를 주었다.
　　　다. 나는 꽃에/*에게 물을 주었다.

　고유명사는 인명, 지명을 비롯해 기관의 이름, 상표 이름 등 고유한 이름을 나타내는 명사를 말한다. 고유명사는 '한, 어느' 관형사의 수식에 제약이 있고, 복수 표지 '들'과도 어울리기 어려운 제약이 있다.

◎ **고유 명사의 제약**
- '어느, 이, 그, 여러, 많은' 등의 관형어의 어울림의 제약을 받는다.
　예 *어느 한라산이 유명하니?　* 여러 홍길동이
- 복수를 나타내는 '들'과의 결합이 어렵다
　예 *설악산들　*여러 이순신들이
- 수량사 구의 구성에 제약이 있다.
　예 *이순신 셋이

한편, 명사는 어울리는 용언과의 관계에 초점을 두어 연어 단위로 교수되는 경우가 많다. 특정 명사는 주로 특정 서술어와만 습관적으로 결합할 수 있으므로 이러한 연어 관계를 교수할 필요가 있다. 또한 학습자와의 모국어와의 비교가 필요한데, 언어 간 오류의 많은 부분이 이러한 연어에서 발생하는 경우가 많으므로 이에 주목하여 교수할 필요가 있다.

다음으로 명사는 자립성 여부에 따라 자립명사와 의존 명사로 구분된다. 자립명사는 다른 말의 도움을 받지 않고 단독으로 쓰일 수 있는 명사를 말하며, 의존 명사는 자립성이 없어 관형어의 꾸밈을 받아야 쓰일 수 있는 명사를 말한다. 아래와 같이 개별 의존 명사는 수식하는 관형어나 어울리는 조사, 후행하는 용언이 제한되는 경우가 많으므로 이에 주의해야 한다.

◎ **의존 명사의 유형**
- 보편성 의존 명사 : 것, 데, 바
- 주어성 의존 명사 : 나위, 리, 수, 지, 법, 턱
- 목적어성 의존 명사 : 줄, 체, 척
- 부사어성 의존 명사 : 김, 바람, 통
- 서술어성 의존 명사 : 따름, 뿐, 나름
- 기타 : 만(하다), 뻔(하다), 성(싶다), 듯(싶다), 만큼, 대로, 양, 겸

예를 들어, 의존 명사 '줄'은 주로 '-을 줄 알다/모르다'의 꼴로 사용된다. 이들 의존 명사가 이루는 결합 구성은 어휘적으로 보면 덩어리 단위로 볼 수 있지만, 문법적으로 보면 연결 어미를 대체하거나 종결 어미와 결합하여 새로운 문법적 의미를 드러내어 교수할 문법 항목을 구성하기도 한다. 많은 의존 명사들은 선행 수식어나 후행 용언의 제약이 고정된 덩어리 형태로 나타나 담화 기능을 수행하는 경우가 많기 때문에 이들은 한국어 문법 교수에서 매우 중요한 의미를 가진다. 한국어 교육에서 다루어지는 '표현 문형' 중 많은 목록이 의존 명사가 이루는 구 단위 표현이 많기 때문이다. 아울러 이러한 의존 명사는 쓰임에 제약을 가지므로 이에 초점을 두어 덩어리로 제시하는 것이 중요하다.

◎ 의존 명사의 제약
- 반드시 그 앞에 관형어가 오며, 문장의 첫머리에서나 단독으로 쓰일 수 없다.
- 주로 용언의 관형사형인 '-은, -는, -을, -던' 등의 수식을 받는다.
- 의존 명사의 의미는 형식적이고 추상적이다.
- 특정 의존 명사는 대체로 제한된 격조사와만 결합하거나 앞의 관형사형 어미가 제한되거나 뒤에 오는 서술어가 제한되는 경우가 많다.
  예) 그 애가 이 일을 {알, *아는, *안, *알던} 턱이 없다.

3.2 대명사

대명사는 명사가 쓰일 자리에 대신하여 쓰이는 것으로 대체될 수 있는 명사를 전제로 의미가 파악된다. 한국어는 대명사기 발달하지 않은 언어로, 대명사의 쓰임이 발달하지 못한 채 제한되어 있는 언어로 알려져 있다.

◎ 대명사의 쓰임
- 1인칭 대명사는 '나, 우리(복수)'가 일반적으로 사용되며, 공식적인 자리나 윗사람에게는 겸양칭인 '저, 저희(복수)'가 사용된다.
- 2인칭 대명사는 '너, 자네, 당신, 댁, 그대, 귀하' 등이 사용되나, 활발히 사용되지 못한다.
- 3인칭 대명사로는 단일어는 거의 없고, 명사와 결합한 합성어나 구(이애, 이이, 이분, 이어른, 이 사람)의 형태로 사용된다.
- 복수형 '우리, 저희, 너희'에 다시 복수의 의미를 가진 '들'이 붙기도 한다.
- 미지칭에는 '누구', 부정칭에는 '아무, 아무개'가 사용된다.

대명사가 구어나 문어(그대, 귀하)에서만 한정적으로 사용되는 경우는 이를 구별하여 가르치는 게 좋다. 초급 교수에서 지시대명사로서의 '이, 그, 저'의 쓰임은 다른 언어와 다른 삼분 체계라는 점에서 학습자들에게 낯설 수 있다. 근칭, 중칭, 원칭으로 구분되는 한국어와는 달리 인구어에서는 'this, that'의 이분 체계로 나타나므로, 이를 구분하여 교수하는 것은 초급부터 중요한 문제가 된다. '여기'는 화자에게 가까운 쪽, '거기'는 청자에게 가까운 쪽, '저기'는 화자와 청자에게 모두 떨어져 있으면서 눈에 보이는 곳을 의미한다. 한편, 화자와 청자가 함께 갔던 장소나 눈에 보이지 않는 곳을 지칭할 때는 '거기'가 사용된다.

◎ 지시대명사
- 사물 표시: 지시(이것, 저것, 그것), 미지(무엇, 어느 것), 부정(아무것)
- 처소 표시: 지시(여기, 저기, 거기), 미지(어디), 부정(아무데)

한국어의 대명사는 기본적으로 상황 의존적이며 대용성을 가진다. 특히 화계에 따라 대명사를 선택하는 일은 어렵고 화자와 청자의 관계에 의해 쉽게 알 수 있는 지칭은 생략될 수 있어서, 대명사의 학습은 매우 어렵다. 또한 대화 상황에 따른 적절한 대명사를 맥락에 맞게 찾아 사용해야 한다는 점에서 쉽지 않다. 따라서 대명사 교수는 주로 어휘 교수나 담화 교수의 차원에도 이루어지며, 특정 장르에서의 대명사 사용 등에 초점을 두어 장르 교수와의 연계가 가능하다.

3.3 수사

수사는 사물의 수량이나 순서를 나타내는 단어이다. 명사와 유사하지만 실질 개념을 나타내지 못하고 상황에 따라 특정한 명사의 수를 대신해서 나타낸다. 또한 관형어의 수식이 자유롭지 못한 특성이 있다. 수사는 접미사나 접두사가 붙어 다양한 수사 범주를 구성한다. '제-, 수-' 등의 접두사가 붙어 '제일, 수백' 등의 수사를 만들기도 하고 접미사 '-이'가 붙어 '둘이, 셋이' 등의 인수사를 만들어내기도 한다. 이해 어휘로서 주로 구어에서 자주 사용하는 부정수를 가르치는 것도 고려해 볼 만한데, 명확한 수를 한정하기 보다는 '두서너 개, 여남은'과 같은 어림잡은 수로 말하는 경우도 많기 때문에 이를 이해할 수 있어야 한다.

◎ 수사의 유형
- 양수사: 하나, 둘, 셋 넷, 다섯.../ 일, 이, 삼, 사, 오...
  서수사: 첫째, 둘째, 셋째, 넷째, 다섯째.. / 제일, 제이, 제삼, 제사, 제오....
- 부정수: 한둘, 두셋, 여럿, 몇...'
- 인수사: 혼자, 둘이, 셋이, 여럿이...

양수사의 경우에는 고유어계와 한자어계가 구분되어 있어, 외국인 학습자에게는 학습에 부담과 혼동을 초래할 수 있다. 일반적으로 고유어계 수사는 수를 셀 때, 한자어 수사는 수를 읽을 때 사용된다.

- 고유어 계: 하나, 둘, 셋 모두 셋입니다
  한자어 계: 이(2)에 삼(3)을 더하면 오(5)이다.

한자어와 고유어 수사의 사용은 수량 단위 분류사와 관련이 있는데, 이들을 구분하는 일도 쉽지 않다. 대체로 한자어 간이나 고유어 간의 결합이 자연스럽다. 예를 들면 고유어 수사는 '한 가마니, 한 잔, 한 접시' 등과 같이 고유어 간 결합으로 나타나며, 한자어 수사는 '일 원, 일 분, 일 회' 등과 같이 한자어 간 결합으로 나타난다. 아울러 일반 명사 중에 셈의 단위로 사용될 수 있는 구체 어휘들(예 사람, 잔, 병, 그릇, 접시 등)의 범위를 고려하여 교수에 활용하는 것이 좋다.

- 고유어 분류사: 평, 가마니, 되, 잔, 병, 접시, 그릇, 돈, 시, 꾸러미, 단, 다발, 그루, 포기, 자루, 켤레, 벌, 개, 대, 장, 권, 송이, 건, 짝, 명, 분, 사람, 마리, 살 등
- 한자어 분류사: 원, 분, 초, 월, 년, 차, 회, 세, 쪽, 층, 인, 명 등

학습자들이 가장 많은 오류를 보이는 것은 소위 수량사구이다. 인구어 학습자들은 '한 개의 침대'와 같은 표현을 만들어내기 쉬운데, '침대 한 개'와 같은 표현이 더 적절한 표현임을 인지시켜야 한다.

> (10) 가. 방에는 <u>침대 한 개</u>/ ??한 개의 침대가 놓여 있다.
> 나. <u>장미꽃 열 송이</u>/??열 송이의 장미를 샀어요.

3.4 동사

동사는 사물의 움직임을 과정적으로 나타내는 단어로, 동사와 형용사는 용언의 하위 부류로 구분된다. 하지만 인구어가 모국어인 학습자의 경우, 형용사의 활용에 익숙지 않아서 용언을 동사로 칭하고, 동작 동사(동사), 상태 동사(형용사)와 같이 구분하여 설명하기도 한다. 서술격 조사인 '이다' 역시 동사로 설명되기도 한다.

용언은 어간과 어미의 결합으로 이루어지며, 어미가 활용되어 형태가 고정적이지 않다. 용언의 활용은 학습자들에게 큰 부담을 주게 되며, 더구나 고빈도 불규칙 용언들은 학습 초기부터 학습자에게 또 다른 부담을 얹게 된다. 학습자에게 복잡하게 느껴질 수 있는 불규칙 용언의 활용의 경우에도 숙달도별로 위계화를 통해 순차적으로 제시될 필요가 있다.

> ◎ **용언의 불규칙 활용**
> - '—' 탈락 동사: 쓰다, 따르다, 다다르다 등
> - 'ㄹ' 탈락 동사: 알다, 살다, 울다 등
> - 어간 바뀜
>   ㅅ변칙(짓다→지어): 긋다, 낫다, 붓다, 잇다 등
>   ㄷ변칙(싣다→실어): 걷다, 듣다, 길을 묻다, 싣다 등
>   ㅂ변칙(줍다→주워): 굽다, 눕다, 돕다, 줍다 등
>   르변칙(부르다→불러): 가르다, 고르다, 기르다, 모르다, 오르다 등

- 어미 바뀜
    여변칙(하다→하여): 하다, 생각하다 등
    러변칙(이르다→이르러): (어디에) 이르다
    거라변칙(가다→가거라): 가다, 올라가다 등
    너라변칙(오다→오너라): 오다, 내려오다 등
- 어간, 어미 모두 바뀜
    ㅎ변칙(파랗다→파래): 노랗다, 하얗다 등

학습자들은 기본형이 같은 동사가 활용에서 달라지는 경우, 일일이 의미별로 암기해야 하는 부담이 있어 어려움을 겪는다. 예를 들면 '걷다'는 의미에 따라 활용형이 달라진다.

(11) 가. 길을 <u>걷는</u> 사람
      가'. 세 시간을 <u>걸었어요</u>.
      나. 소매를 <u>걷는</u> 행동
      나'. 더워서 소매를 <u>걷었어요</u>.

또한 일부 단어들은 동사의 기본형은 다르지만, 활용형이 같아 혼동을 주기도 한다.

(12) 가. 전화를 <u>걸어요</u>. (걸다)
      나. 학교까지 한 시간을 <u>걸어요</u>. (걷다)

한국어 동사는 문장의 핵심 성분으로 동사에 따라서 주어, 보어, 목적어 등에 쓰이는 명사의 유형과 격조사가 제약되고 결정되므로, 학습자들에게는 매우 중요한 학습 요소가 된다. 아울러 한 문장의 문법적 특성(존대법, 부정법, 서법 등) 역시 동사의 활용에 나타난다. 동사는 흔히 자동사와 타동사로 구분하는데, 자동사는 목적어를 가지지 않는 동사임에 반해,

타동사는 목적어를 가지는 동사이다.[20] 이밖에도 동사는 피동 동사, 사동 동사, 이동 동사, 감정 동사, 지시 동사 등과 같이 세부 유형으로 분류되기도 한다.

또한 한국어의 동사는 보조동사와 함께 동사 연결 구성으로 나타나는 경우가 많아서 문법적 요소와 밀접하게 연계된다. 보조동사란 다른 동사 뒤에 쓰여 문법적인 의미를 더해 주는 것으로 단독으로 쓰일 때와 의미가 달라진다. 보조동사를 가르칠 때는 단순히 해당 보조동사의 의미뿐만 아니라, 사용 맥락에서의 화자의 의도와 연계하여 설명하는 것이 필요하다.

(13) 가. 저녁에는 늘 텔레비전을 <u>봐요</u>.
　　　나. 이 음식 좀 먹어 <u>보세요</u>. ('시도'의 의미)

아울러 일부 동사는 활용이 자유롭지 못하고 제한된 활용으로 제약되는 경우가 있는데, 이렇게 극소수의 활용형밖에 없는 용언을 불구 동사라 부르기도 한다. '데리다, 달다, 가로다, 대하다, 비롯하다, 관하다, 위하다, 의하다, 말미암다, 머나멀다, 크나크다…' 등의 동사들이 여기에 속한다. 이들은 대부분은 고정되어 나타나, 교육 현장에서 표현 문형이라는 이름으로 덩어리째 교수되는 문법 항목들이다. 또한 불구 동사의 경우 함께 나타나는 조사와 활용형의 제약을 제시하고, 해당 구 전체가 가지는 의미와 문법적 기능을 설명하는 게 중요하다.

(14) 와 더불어, 에 대해, 에 관해, 을 두고, 을 삼아, 와 같이, 와(는) 달리, 와 다름없이

3.5 형용사

형용사는 사물의 성질이나 상태를 표시하는 단어로 동사와 더불어 용언의 하위 부류를 이룬다. 실제 말뭉치 상에서 사용되는 한국어의 형용사는 동사에 비해 그 수가 적다.

---

[20] 하지만 동사에 따라, 같은 형태가 자동사와 타동사로 모두 쓰이는 경우도 있다.
　예) 돌이 움직였다.(자동사) / 산 아래로 돌을 움직였다.(타동사)

인구어(인도-유럽어)와 달리 한국어에서는 형용사 범주가 뚜렷해서 명사 범주와는 명확하게 구분되지만 동사 범주와 잘 구분되지 않아, 한국어의 형용사는 동사형 형용사라고 할 수 있다. 형용사는 의미 면에서도 동사와 구분되지만, 명령형과 청유형이 이루어지지 않는 통사적 차이도 보인다. 또한 동사에 결합하는 현재형 종결 어미의 형태는 '-는다' 또는 '-ㄴ다'인데, 형용사에 결합하는 형태는 '-다'로 구분된다.

(15) 가. *피곤해라, *배고프자
      나. 오늘은 날씨가 좋다./*좋는다

형용사는 인구어와는 다른 한국어 형용사의 특성에 근거한 활용에 초점을 두고 교수할 필요가 있다. 아울러 이들의 동사와는 변별되는 활용에 대한 연습에 초점을 두어 활용 연습을 하는 것도 필요하다. 아울러 '크다'와 같이 의미에 따라 형용사와 동사의 활용을 모두 하는 고빈도 용언에 대한 설명도 필요히다.

(16) 가. 지용이는 키가 <u>크다</u>.
      나. 마당에 심은 나무가 잘도 <u>큰다</u>.

3.6 관형사

관형사는 부사와 더불어 수식언에 속하며 형태 변화가 없이 체언을 수식하는 기능을 하는 품사를 말한다.

(17) <u>새</u> 신발을 샀다.

관형사는 아래와 같이 분류할 수 있다.

- 성상관형사: 성질이나 상태 예 새 책, 헌 옷
- 지시관형사: 사물이나 사태를 한정하여 지시함 예 이 사람, 다른 건물
- 수관형사: 세는 말 예 한 사람, 열두 그루, 여러, 갖은 분야

이중, 수관형사인 '한, 두, 세, 네, 스무'는 수사인 '하나, 둘, 셋, 넷'과 구별되는 형태이고, '다섯, 여섯…' 등은 수사와 수관형사의 형태가 같아서 문맥을 살피지 않으면 품사 구별이 어렵다. 또한 한국어의 수관형사에는 '한두' '두어(두세)' '서너' '네댓' '대여섯' '예닐곱' '여남은' 등의 어림하는 수관형사가 쓰이기도 한다.

관형사는 여러 유형의 관형사가 겹칠 때, 지시-수-성상 관형사의 순서로 나타나므로 이를 교수에 활용할 수 있다.

(18) 가. 이 두 헌 옷을 이번 기회에 내다 버립시다.
나. 그 모든 비난을 감수하고라도 싸웁시다.

학습자가 관형사와 접두사의 구분을 어려워하여, 띄어쓰기에 오류를 보이는 경우도 있는데, 아래와 같은 방법으로 구분한다. 우선 관형사는 거의 모든 피수식어와 연결될 수 있으나 접두사는 몇몇 어근과만 결합한다. 아래와 같이 관형사인 (19가)의 '새'는 후행어의 연결이 자유로우나, 접두사인 (19나, 다)의 '맨'과 '덧'은 특정 어근과만 결합하므로, 관형사의 폭넓은 결합 가능성을 교수할 수 있다. 또한 (20가)의 관형사+피수식어의 사이에는 새로운 관형사가 끼어들 수 있으나, (20나)의 접두사+어근의 사이에는 끼어들 수 없으므로 이러한 특성을 통해 변별을 유도할 수 있다.

(19) 가. 새 옷, 새 집, 새 책상
나. 맨손 *맨코, *맨귀
다. 덧신, *덧집

(20) 가. 새 작은 신,
    나. *덧 작은 신, *맨 작은 손

한편 접미사, '적(的)'은 명사, 관형사로 사용되어 구분이 어려운 경우가 있다. 아래의 (21가)의 '역사적'은 조사 '이다'와 결합하였으므로 명사이고, (21나)의 '역사적'은 명사인 '사명'을 꾸미고 있어 관형사가 된다. 하지만 의미의 유사성으로 전문가가 아닌 한 모어 화자가 구분이 어려우므로, 굳이 품사 자체를 지나치게 강조하여 교수할 필요는 없다.

(21) 가. 역사적인 사명
    나. 역사적 사명

3.7 부사

부사는 형태의 변화 없이 용언과 다른 부사를 수식하는 품사이다. 따라서 부사에 따른 용언의 제약에 주의하여 교수할 필요가 있다.

부사는 크게 성분 부사와 문장 부사로 나뉜다. 성분 부사에는 용언을 꾸며 주는 성상 부사, 그리고 가리킴을 나타내는 지시 부사, 그리고 부정어 구를 만드는 부정 부사, 그리고 의성어와 의태어를 나타내는 상징 부사로 구분될 수 있다. 성상 부사 (22가)는 모양이나 상태 등을 꾸며 주는 부사로 가장 일반적인 부사이다. 지시 부사 (22나)는 방향이나 장소 및 시간 등을 가리키는 부사이고, 부정 부사 (22다)는 용언의 앞에 붙어서 부정어 구를 만드는 부사이다. 상징 부사(22라)는 의성어와 의태어로 소리나 모양을 상징한다.

(22) 가. 기차가 빨리 달린다.
    나. 그리 앉으세요.
    다. 그 강아지는 안 크다.
    라. 귀뚜라미가 귀뚤귀뚤 운다.

문장 부사는 문장 전체를 꾸며 주는 부사인데, 양태 부사와 접속 부사가 있다. 양태 부사 (23가)는 화자의 태도를 나타내 주는 부사이고, 접속 부사 (23나)는 문장과 문장을 이어 주는 부사이다.

(23) 가. 솔직히 나는 네놈을 믿고 싶지 않다.
나. 아침에 늦게 일어났다. 그래서 나는 서둘렀다.

부사는 문장 속에서 용언을 꾸며 주나, 때로는 (24가)처럼 다른 부사를 수식하거나 (24나)처럼 명사를 수식하는 경우도 있다. (24다)처럼 접미사 '적(的)'은 부사를 수식하는 부사가 되기도 한다.

(24) 가. 기차가 아주 빨리 달린다. (부사 수식 부사)
나. 내가 사랑하는 사람은 바로 너다. (명사 수식 부사)
다. 가급적 빨리 와라. (부사 수식 부사)

부사는 문장에서 필수적 요소는 아니나 유창성에 도움을 주는 품사이다. 특히 의성어와 의태어는 외국인 학습자들이 흥미를 보이는 부사이다. 이들은 함께 나타나는 주어와 용언이 연어 관계를 보이는 경우가 많으므로 이에 주목하여 교수할 필요가 있다.

(25) 개가 멍멍 짖는다.

3.8 감탄사

감탄사는 독립언에 속하며, 화자가 자신의 느낌이나 의지를 특별한 단어에 의지함이 없이 직접적으로 표시하는 품사이다. 감탄사에는 감정, 의지, 입버릇, 호응 등을 나타내는 감탄사가 있다.

- 감정 감탄사(놀람, 느낌)   예 하하, 아이고, 후유, 에구머니…
- 의지 감탄사(화자의 의지)   예 아서라, 여보, 암, 글쎄…
- 입버릇 및 더듬거림   예 어, 에, 거시기, 음, 에헴…
- 호응 감탄사(부름과 대답)   예 야

감탄사는 개별 항목이 가지는 담화적 기능에 주목하여 교수할 필요가 있으며, 감탄사를 활용한 유창성 증진 방안에 주목할 필요가 있다. 감탄사 중 일부는 다른 품사와 형태가 동일한 것도 있으므로 이때 감탄사로서의 담화 기능에 주목해야 한다. 예를 들어 '어디'는 지시대명사이지만 감탄사로도 쓰인다. '어디 (두고) 보자'와 같이 벼르거나 다짐할 때, 되물어 강조할 대, 남의 주의를 끌 때 등의 다양한 상황에서 사용될 수 있으므로, 담화 상황별로 가지는 의미를 가르쳐야 한다.

3.9 조사

한국어의 조사는 관계언에 속하며, 자립형태소에 붙어 그 말과 다른 말과의 문법적 관계를 나타내거나 뜻을 더해주는 품사이다. 조사는 외국인 학습자들에게 익숙하지 않은 품사로 다양한 조사들의 각각의 의미와 용법을 익히는 일은 학습에 부담이 될 수 있다.

우선, 개별 조사의 의미와 기능에 대한 학습이 필요하다. 조사에는 격조사, 보조사, 접속조사가 있다. 격조사는 서술어와 선행 명사구가 가지는 문법적 관계를 나타내고,[21] 보조사는 문장 안에서 다른 명사구와의 관계나 화자의 발화 의도를 나타낸다. 또 접속조사는 둘 이상의 명사구를 접속하는 기능을 한다. 한국어 조사는 약 100여 개가 있다고 알려져 있다.

---

21) 관형격 조사 '의'는 서술어와의 관계를 나타내지 않고, 선행명사와 후행명사 간의 관계를 나타낸다.

- **격조사**: 체언이 서술어나 다른 체언과 관련하여 가지는 관계를 표시해 주는 조사
  - 예) 주격(께서,에서, 서), 서술격(이다), 목적격(을), 보격(가), 관형격(의), 부사격(에, 에서, 로, 로써, 과, 라고, 고), 호격(야)
- **보조사**: 단어에 뜻을 더해준다. 체언뿐 아니라 격조사 아래, 부사와 연결 어미 아래에도 붙을 수 있다.
  - 예) 는, 도, 만, 부터, 까지, 조차, 마다, (이)나, (이)든지…
- **접속조사**: 두 단어를 같은 자격으로 이어 주는 구실을 한다.
  - 예) 와, 하고, 이며, 에다, 랑

우선, 격조사를 살펴보자. 한국어의 격조사는 크게 문법격 조사와 의미격 조사로 나누는데, 문법격 조사는 문법적인 관계를 표시하고 의미격 조사는 위치, 도구와 같은 의미적 관계를 표시한다. 이런 이유로 문법격 조사는 생략 용인성이 더 크다. 한국어의 문법격 조사로는 주격 조사, 목적격 조사, 관형격 조사, 호격 조사를 들 수 있으며, 의미격 조사로는 처소격 조사(장소, 시간적, 공간적 범위), 도구격 조사(수단, 도구, 방향, 자격), 공동격 조사가 있다.

- **문법격조사**: 이/가, 을/를, 의
- **의미격 조사**: 에/에게, 에서, 으로/로, 와/과

다음으로 보조사를 살펴보자. 보조사는 선행어가 문장의 다른 명사구들이나 전제되는 상황 맥락과 가지는 의미 관계를 나타낸다. 보조사는 통사적으로 출현 위치가 고정되어 있지 않으며, 선행어가 명사구로 제한되지 않고 부사나 다른 성분에도 붙어 사용된다. 다른 조사에 붙는 후치사와 뒤에 다른 조사를 붙지 않고 문법격 조사와 함께 나타나지 않는 첨사가 있다. 이밖에 대부분의 문장 성분 뒤에 붙을 수 있는 '요'가 있다.

> 후치사: '만, 까지, 다가, 밖에, 부터, 조차, 처럼, 같이, 보다, 만큼, 뿐, 대로'
> 첨사: '은/는, 이야/야, 도, 이나/나, 이라도/라도'

마지막으로, 접속조사는 둘 이상의 명사구를 연결하는 기능을 하는 조사이며, '이나/나, 이며/며, 이다/다, 이니/니, 이랑/랑, 하고, 와/과'가 이에 속한다.[22] 접속조사는 (26가)처럼 반복이 가능한 경우와 (26나)의 '와'와 같이 마지막 용언 앞에서는 반복할 수 없는 것이 있다.

> (26) 가. 떡이다/이며/이랑 과일이다/이며/이랑 모두 사 가자.
> 　　　나. 떡과 과일/*과 샀다.

학습자들은 유사한 조사의 사용에 있어 어려움을 겪을 수 있다. 아래와 같이 유사한 의미를 가지는 보조사 군은 변별적 사용이 힘들기 때문에, 이들의 구체적인 용법을 변별적으로 사용하는 일은 쉽지 않다.

> [은/는, 이야/야]
> [만, 뿐, 밖에]
> [도, 까지, 조차, 마저]
> [이나/나, 이나마/나마]
> [처럼, 만큼, 보다]

조사의 결합 가능성이나 결합 순서도 학습의 어려운 점이 될 수 있다. 우선 (27가)처럼 문법격 조사와 문법격 조사는 서로 결합하여 나타나지 않는 것이 일반적이다. 또한 (27나)와

---

22) '와/과'는 공동격 조사와 접속 조사의 형태가 같으나, 용법이 구분된다.
　　예) 나는 과일과 떡을 샀다.(접속 조사), 영희는 철수와 결혼하였다.(공동격 조사)

같이 문법격 조사와 의미격 조사는 함께 쓰이지 않는다. 다만, (27다)처럼 '과의, 에의, 에서의'와 같이 일부 결합에서 의미격 조사와 문법격 조사의 결합이 허용된다. 또한 (27라)와 같이 문법격 조사는 뒤에 후치사나 첨사와 결합하면 생략되며, 함께 쓰이지 않는다.

(27) 가. *내가를, *너를의
     나. *학생이에게, *학생에게이
     다. 학생과의 약속, 운동장에서의 연습
     라. 마이클 씨는 사과(*를)도 좋아해요.

보조사와 격조사가 함께 쓰일 때에는, 보조사에 따라 격조사가 생략되기도 하고 생략되지 않기도 한다. 예를 들어, (28가)와 같이 '도'는 주어나 목적어에 붙으면 '은/는', '이/가', '을/를'을 반드시 탈락시켜야 한다. 이에 반해 (28나)의 보조사 '만'은 다른 격조사가 생략되기도 한다. 하지만 (28다)처럼 보조사 '도'를 생략할 수 없는 경우도 있으므로, 조사마다 그 특성을 가르쳐야 한다. 이에 반해, (28라)의 의미격 조사는 뒤에 후치사나 첨사가 결합해도 생략되지 않는다.

(28) 가. 유미 씨는 한국어를 배워요. 중국어(*를)도 배워요.
     나. 유미 씨만(이) 한국어를 배워요.
     다. 유미 씨는 수잔과 친합니다. 유미는 {마이클과도, *마이클도} 친합니다.
     라. 유미는 나에게만 잘해 준다.

조사 간의 결합의 순서는 의미격 조사가 앞서고 후치사, 첨사의 순이다. 학습자들은 조사의 순서에 어려움을 겪을 수 있으므로, 각각의 조사를 학습한 후에 조사간 결합 순서의 원리를 익히게 하는 것도 도움이 될 수 있을 것이다.

- 의미격+후치사+문법격   예) 학생+에게+만+이
- 의미격+후치사+첨사   예) 학생+에게+만+은

문법 요소별 교수 방안 5강

1. 대우 표현 교수

　대우법(존대법)이란 말하는 사람과 듣는 사람, 또는 문장의 주어나 목적어로 등장하는 사람의 나이, 지위, 신분, 상황의 격식성의 정도에 따라 높임의 표현이 달라지는 것을 말한다. 언어마다 존대의 표지는 존재하지만 한국어에서는 문법 표지로 드러나므로 학습자들은 이를 문법으로 학습하게 된다. 존대는 엄밀히 말하면 언어 요소 간의 문법 문제라기보다는 화자와 청자와의 관계에서 드러나는 담화적 상황의 문제이다. 따라서 담화상황에 따른 적절한 대우 표지를 익히고 사용하는 게 핵심이 된다.

　존대는 크게 세 가지 환경에서 나타나게 되는데, 대화의 주체와 듣는 상대, 그리고 두 사람이 아닌 다른 사람(객체)에 대해 말하고 있다면, 그에 대한 표현이 존대가 된다. 말하는 사람(화자)이 듣는 사람(청자)에 대해 존대를 하는 것을 '상대 존대'라고 하며, 자신을 낮추어 말하는 것을 '겸양'이라고 한다.[23]

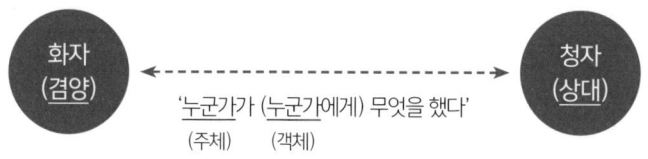

---

23) 화자와 관련된 것을 낮추어 표현하여 상대에 대한 존대를 드러내기도 한다.
　　예) 저(나), 저희(우리), 졸고(자신의 원고), 말씀(자신의 말)

화자가 발화문에서의 주체를 존대하는 것을 '주체 존대'라고 하며, 주체는 화자나 청자, 제삼자일 수도 있다. 주체가 화자이면 자신을 낮추거나(겸양) 높이지 않게 된다. 청자에 따라 높임이 달라지는 것을 '상대 존대'라고 말하며, 발화 중의 객체를 높이게 되면 '객체 존대'라고 한다. 학습자들은 이러한 상대에 따라 서로 달리 나타나는 대우의 체계에 익숙하지 않으므로 한국 문화와 연계하여 화청자 관계에 따른 대우법을 학습해야 한다.

- **주체존대법** ☞ 화자가 서술의 주체를 높임
- **상대존대법** ☞ 청자에 따라 높이거나 낮춤
- **객체존대법** ☞ 서술의 객체(목적어) 혹은 부사어를 높임

대우법의 사용은 대화 상황에서 다양한 조건들을 고려하게 되는데, 주로 '나이, 사회적 지위, 계층적 서열, 친밀도, 격식, 성별' 등이 조건이 된다. 같은 대상에 대해서도 격식적 환경과 비격식적 환경에 따라 존대의 선택이 달라지기도 한다. 존대를 드러내는 방법은 다양한데, 문법적인 표지로는 용언에 의한 것이 대부분이며, 조사나 명사, 감탄사 등의 어휘에 나타나기도 한다.

주체존대법	선어말 어미 '-(으)시-', 조사 '께서'
상대존대법	종결 어미
객체존대법	'드리다, 모시다…' 등의 특수 어휘, 조사 '께'

상대 존대는 높임의 정도에 따라, 사용 환경에 따라 다음과 같이 세분화된다.

	높임 표현		낮춤 표현	
격식체	하십시오 (아주높임)	하오 (예사높임)	하게 (예사낮춤)	해라 (아주낮춤)
비격식체	해요(두루높임)		해(두루낮춤)	

특정 어휘의 존대형이 따로 존재하는 경우도 있다.

- **존대 명사:** 밥-진지, 나이-연세, 이-치아, 말-말씀, 이름-성함, 집-댁, 생일-생신 딸-따님, 아들-아드님, 자식-자제분, 술-약주
- **존대 동사:** 자다-주무시다, 먹다-잡수시다/드시다[24], 있다-계시다, 죽다-돌아가시다, 아프다-편찮으시다

존대를 드러낼 때는 존대의 대상이 되는 청자나 주체에 관련된 어휘를 높이기도 한다. 예를 들면 존대할 대상의 신체나 소유물, 가족 등을 높여 간접적으로 존대를 표시한다. 하지만 간접 존대의 범위에 있어서는 허용 여부가 다르다.

(1) 가. 김 선생님은 손이 매우 크시다. / ? 김 선생님의 가방이 크시다.
　　나. 김 선생님의 따님은 미인이시다./ ? 김 선생님의 아가가 예쁘시다.
　　다. 김 선생님의 댁이 매우 머시다./ ? 김 선생님의 사는 동네가 번화하시다.

한편, 부르는 말에 높임이 나타나는 때도 있다. '씨, 님' 등을 사용하는데, 처음 만났거나 직장 등에서 사람을 부를 때는 '김민수 씨'와 같이 성과 이름 뒤에 씨를 붙이는 것이 일반적이며, 친한 사이에서는 '수미 씨'와 같이 이름 뒤에만 씨를 붙이기도 한다. 하지만 '김민수 씨'와 같은 호칭은 동료나 아래 사람에게만 주로 사용되므로, 상황에 따른 허용 여부에 유의해야 한다. 또한 '김 씨'와 같이 성 뒤에만 씨를 붙이는 경우에는 주로 일터에서 남자 동료 간에 부르거나 좀 낮추어 부르는 느낌이 있으므로 조심해야 한다.

존대법을 교수하는 데에 몇 가지 고려할 사항이 있다. 우선 존대는 다른 언어와 구별되는

---

[24] '드시다'는 '들다'에 '-시-'를 결합한 것이므로 특수 어휘는 아니나, '들다' 보다는 '드시다'의 꼴로 자주 사용되어, 학습자에게는 '드시다'가 '먹다'의 특수한 높임으로 인식될 가능성이 높다.

한국어의 특성 중의 하나이다. 다른 나라 언어에도 상대방을 높이거나 배려하는 표현들이 있지만, 한국어처럼 그것이 문법적인 체계를 갖추어 변별되는 문법 형태로 나타나는 예는 많지 않으므로 자칫 존대의 문법적 사용에 미흡할 수 있다. 하지만 한국인과의 대화에서는 존댓말 사용의 미숙함으로 대화상의 오해를 겪을 수 있으며 특정 상황에서 존대를 적절하게 사용하지 않으면 듣는 이가 불쾌하거나 사회적 관계에서 문제를 낳을 수도 있으므로, 학습자가 존대의 상황과 적절한 표현에 높임 표현을 익히는 것은 매우 중요하다.

다양한 상황에서의 높임을 가르치는 일은 쉽지 않다. 높임의 조건이 변화하는 상황이 매우 다양하고, 일반적인 규칙만으로는 설명할 수 없는 다양한 높임의 관습들이 존재하기 때문이다. 나이가 많더라도 가족같이 아주 가까운 사람이면 높임 표현을 쓰지 않는 경우도 있고, 처음에는 높임 표현을 쓰다가도 친근하게 되면 높임 표현을 쓰지 않기도 한다. 또 공식적인 자리나 많은 사람들 앞에서는 높임말을 쓰다가도 사적인 자리나 개인적으로 만나면 높임 표현을 사용하지 않는 경우도 있다. 따라서 교사들은 사회생활에서 필요한 '최소한의 높임법 사용'을 반드시 교수해야 하며, 이와는 반대로 '과잉 높임' 사용으로 인해 어색한 한국어를 구사하지 않도록 주의를 기울여야 한다. 이렇게 대화 상대자와 따라 달라지거나 상대자와의 친근도에 따라서 변화하는 존대법의 사용에 대해서는 구체적인 상황을 중심으로 하여, 존대의 정도를 가늠하게 하는 적절한 사용에 초점을 둘 필요가 있다.

2. 사동, 피동 표현 교수

<사동 표현>

한국어의 사동 표현은 매우 활발하게 활용되며 비교적 학습의 초기에 등장한다. 사동은 주어가 스스로 동작하는 것을 주동이라고 하며, 반면에 주어가 직접 동작을 하는 것이 아니라, 주어가 남에게 동작을 하도록 시키는 것을 사동이라고 한다.

(2) 가. 아이가 우유를 먹는다.
→ 나. 어머니가 아이에게 우유를 먹였다.

사동의 표현은 대부분의 언어에 존재하므로 의미를 익히는 데에는 큰 무리가 없다. 다만, 사동이 어휘의 형태인지 문법의 형태인지 여부는 다를 수 있다. 한국어의 사동법은 문법으로 다루기는 하지만 어휘와 문법의 경계에 있다고 볼 수 있다. 사동 표현은 접미사를 사용하여 사동사로 표현하는 방법과 '-게 하다'와 같은 문법적 표현을 사용하는 통사적 방법이 있다. 통사적 사동은 대부분의 동사에 모두 사용되나, 접미사에 의한 것은 일부 동사에만 제한된다.

형성 방법에 따라	길이에 따라
접미사 사동 통사적 사동	단형사동(이, 히, 기, 리, 우, 구 추…) 장형사동(-게 하다)

우선, 접미사에 의한 사동사는 주동사인 자동사나 타동사, 혹은 일부 형용사에 '-이-,-히-,-리-,-기-,-우-,-구-,-추-' 등이 붙어서 이루어진 타동사인데, 사동사에 붙는 접미사는 용언마다 달리 나타나며 규칙화하기 힘들다. 각 용언마다 붙는 접미사는 일정하지 않아 일일이 암기해야 하므로 학습자들에게는 부담이 된다. 접미사 사동 중 일부 동사는 아래와 같이 접미사를 겹쳐서 사용하기도 한다. 이들은 접사를 분석하여 교수하기보다는 한 단어로 통째로 제시하는 게 이해에 쉽다.

● 자동사 → 사동사

-이-: 죽다→죽이다	속다→속이다	줄다→줄이다	녹다→녹이다
-히-: 앉다→앉히다	익다→익히다		
-리-: 울다→울리다	살다→살리다	얼다→얼리다	날다→날리다
-기-: 웃다→웃기다	남다→남기다	숨다→숨기다	
-우-: 깨다→깨우다	자다→재우다	타다→태우다	서다→세우다

- **타동사 → 사동사**
  - -이-: 먹다→먹이다   보다→보이다
  - -히-: 읽다→읽히다   입다→입히다   잡다→잡히다   업다→업히다
  - -리-: 알다→알리다   물다→물리다   듣다→들리다   들다→들리다
  - -기-: 맡다→맡기다   안다→안기다   벗다→벗기다   뜯다→뜯기다
  - -우-: 지다→지우다   차다→채우다

- **형용사 → 타동사**
  - -이-: 높다→높이다
  - -히-: 좁다→좁히다   넓다→넓히다   밝다→밝히다
  - -추-: 낮다→낮추다   늦다→늦추다

형용사에 사동 접미사가 붙어서 된 타동사는 사동사가 아니라고 볼 수 있지만 '무엇을 어떻게 되게 한다'라는 사동의 의미를 가지고 있어 함께 다룬다. 사실 사동법이란 통사적 관계라기보다는 개별 단어의 파생이므로 독립적인 단어로 볼 수 있다.

그런데, 사동사에 의한 사동문을 언제나 만들 수 있는 것은 아니므로 학습자들이 이를 인지할 필요가 있다. 모든 동사에 어휘적 사동이 존재하지는 않는다.

- 가다, 주다, 만들다, 만나다, 보내다, 열다, 닫다, 밀다, 치다, 쉬다, 뛰다, 다치다…
- '-하다' 동사 류

사동문을 형성하는 두 번째 방법에는 '-게 하다'에 의한 통사적 사동법이 있는데 대부분의 동사에 광범위하게 사용되는 생산적인 용법이다. 통사적 사동문은 사동문이 될 때, 주동문의 주어는 그대로 쓰이기도 하고 목적격 조사 '를'이나 '에게, 한테'를 취하기도 한다. 이중 '에게'나 '한테'가 쓰이는 것이 가장 자연스럽다.

(3) 선생님이 아이들에게/한테 그림을 그리게 했다.

시제를 나타내는 표현은 모두 '하다' 동사에만 나타나지만, 주체 존대를 나타내는 '-시-'는 누구를 높이느냐에 따라 달리 나타나므로, 오류가 생기지 않도록 주의를 기울이도록 한다.

(4) 가. 우리는 할머니를 빈자리에 앉으시게 했어요.
　　가'. 아버지/동생은 할머니를 빈자리에 앉으시게 하셨어요/했어요.

통사적 사동문은 복문이므로 부사의 수식 범위가 달라지므로 학습자들은 이러한 차이를 인식하여야 한다. 예문에서 (5가)는 선생님이 책을 읽히는 행위를 하지 못했다는 의미이나, (5가')는 학생들이 책을 읽지 못하게 했다는 의미가 된다. (5나)는 어머니의 우유를 먹이는 동작이 빠름을 나타내고 (5나')는 '빨리'가 아이가 우유를 먹는 동작을 수식하고 있다.

(5) 가. 선생님은 (너무 바빠서) 학생들에게 책을 못 읽혔다.
　　가'. 선생님은 (좋지 않은 책이어서) 학생들에게 책을 못 읽게 했다.
　　나. 어머니는 아이를 우유를 빨리 먹였다.
　　나'. 어머니는 아이를 우유를 빨리 먹게 했다.

<피동 표현>

한국어의 피동 표현도 비교적 학습의 초기에 등장한다. 남의 힘에 의한 어떤 동작이 행해지는 것을 피동이라고 하며, 이것을 드러내는 표현을 문법적으로 나타낸 것을 피동문이라고 한다. 즉, 주어가 스스로 어떤 동작을 하는 것이 아니라 주어가 다른 사람의 힘에 의해 어떤 동작을 당하는 것이다. 주어가 어떤 동작을 자기 스스로의 힘으로 하는 것을 능동이라고 하며, 이를 드러내는 표현을 능동문이라고 한다. 능동문은 피동문에 대응되는 개념이며, 사동문에 대응되는 개념인 주동문과 같은 문장이다.

(6) 가. 경찰이 도둑을 잡았다.
→ 나. 도둑이 경찰에게 잡혔다.

피동 표현도 대부분의 언어에 존재하므로 의미를 익히는 데에는 큰 무리가 없다. 피동 표현은 접미사를 사용하여 피동사로 표현하는 방법과 '-어지다'와 같은 문법적 표현을 사용하는 통사적 피동법이 있다. 통사적 피동은 대부분의 동사에 모두 사용되나, 접미사에 의한 것은 일부 동사에만 제한된다.

형성 방법에 따라	길이에 따라
접미사 피동 통사적 피동	단형피동(이, 히, 기, 리) 장형피동(-어지다)

우선, 접미사에 의한 피동사는 능동사인 타동사에 '-이-,-히-,-리-,-기-' 등이 붙어서 이루어진 자동사인데, 각 용언마다 붙는 접미사는 일정하지 않다. 각 접미사에 의한 피동사를 보이면 아래와 같다. 접미사적 피동 중 일부 동사는 접미사 피동과 통사적 피동이 겹쳐서 사용되기도 하고 피동사는 '보이다, 잡히다, 끌리다, 업히다' 처럼 사동사와 모양이 같은 것도 있다.

● 자동사 → 피동사

-이-:	보다→보이다	나누다→나뉘다	바꾸다→바뀌다	쓰다→쓰이다
	놓다→놓이다	파다→파이다	섞다→섞이다	
-히-:	닫다→닫히다	먹다→먹히다	읽다→읽히다	찍다→찍히다
	잡다→잡히다	밟다→밟히다	묻다→묻히다	박다→박히다
-리-:	듣다→들리다	떨다→떨리다	열다→열리다	팔다→팔리다
	풀다→풀리다	누르다→눌리다	물다→물리다	
-기-:	감다→감기다	안다→안기다	쫓다→쫓기다	빼앗다→빼앗기다

피동사에 의한 피동문을 언제나 만들 수 있는 것은 아니므로 학습자들이 이를 인지할 필요가 있다. 모든 동사에 어휘적 피동이 존재하지는 않으며, '-이다'는 피동이 불가능하며, 동사 어간이 'ㅣ' 모음으로 끝나는 동사(던지다, 지키다, 때리다, 만지다 등)나 아래의 동사들이 어휘적 피동사를 사용하지 못한다.

- 가다, 주다, 만들다, 받다, 그리다, 얻다, 돕다, 알다, 배우다, 만나다, 찾다 …
- '-하다' 동사 류
- 사동사 류

'-하다' 동사류는 아래의 접미사를 붙여 피동의 의미를 가지는 동사가 된다. 주로 '-되다'이고 '-당하다'나 '-받다'도 종종 쓰이는데, 학습자들은 각각을 학습해야 한다.

- 건설하다-건설되다, 결정하다-결정되다, 반복하다-반복되다, 발표하다-발표되다 설치하다-설치되다, 정복하다-정복되다, 증명하다-증명되다, 포함하다-포함되다
- 교육하다-교육받다, 사랑하다-사랑받다, 주문하다-주문받다, 전화하다-전화받다 훈련하다-훈련받다
- 고문하다-고문당하다, 공격하다-공격당하다, 납치하다-납치당하다, 모욕하다-모욕당하다, 살해하다-살해당하다, 해고하다-해고당하다

능동문에 대응되는 피동문이 없거나, 피동문만 있고 능동문은 없는 경우도 많다. 피동문만 있고 능동문이 없는 구 표현에는 '기가 막히다, 말이 안 먹히다, 법에 걸리다, 일이 밀리다, 차가 밀리다, 마음에 걸리다, 속이 보이다, 맥이 풀리다, 일이 손에 안 잡히다…' 등이 있는데, 주로 관용적으로 쓰이는 표현들이다.

(7) 가. 철수가 칭찬을 들었다.
　　 가'. *(철수에게) 칭찬이 들렸다.
　　 나. 날씨가 풀렸다.
　　 나'. *(누가) 날씨를 풀었다.

피동문을 형성하는 두 번째 방법에는 '-어지다' 에 의한 통사적 피동법이 있는데, 모든 동사에 사용되지는 않으므로 주의를 기울여야 한다. 학교 문법에서는 '-어지다'를 보조 용언으로 본다. '믿어지다, 느껴지다'처럼 동사 뒤에서 앞말이 뜻하는 대로 하게 됨을 나타내기도 하고, '따뜻해지다, 고와지다'처럼 형용사 뒤에서 앞말이 뜻하는 상태로 됨을 나타내기도 한다.

(8) 가. 약속 시간이 1시간 늦어졌다.
　　 나. 새로운 말이 만들어졌다.

능동문의 주어는 피동문에서 보통 조사 '에게'가 붙어 나타나지만 예외도 많다. 어떤 경우에 '에게'를 쓸 수 없는지는 규칙화하기는 어렵지만, 원래의 능동문에서 '에게, 에'나 처소의 '에'가 결합된 명사구가 있으면 '에게' 형태를 쓸 수 없으므로 이를 주의해서 교수할 필요가 있다.

(9) 가. 김치가 {*어머니에게, 어머니에 의해} 땅속에 묻혔다.
　　 나. 종이가 {*수미에게, 수미에 의해} 찢겼다.

3. 시제 표현 교수

시제(tense)란 발화시를 중심으로 앞뒤의 시간을 제한하는 문법 범주를 말한다. 한국어에는 과거 시제, 현재 시제, 미래 시제가 있으며 각각의 표지를 가진다. 과거 시제란 사건시가 발화시에 선행하는 시간 표현을 의미한다. 과거 시제는 사건시가 발화시보다 선행하는 표현이다. 모든 언어에 시제 표현이 존재하므로 학습에는 큰 어려움이 없다. 문법적인 표지 없이 시간부사로만 시제를 나타내기도 한다.

			과거	현재	미래
문법 표지	종결형		-았/었-, -았었/었었-, -더-	∅	-겠-, -(으)ㄹ 것이다
	연결형	동사	-(은)ㄴ, -던, -았던/었던	-는/-ㄴ	-(으)ㄹ
		형용사	-던, -았던/었던	-(으)ㄴ	-(으)ㄹ
시간부사			어제, 작년	오늘, 올해	내일, 내년

다만, 시제와 표지가 늘 일치하는 것은 아니므로 이에 유의할 필요가 있다. 예를 들어, '-었-'이 쓰였다고 해서 모두 과거를 나타내는 것은 아니며 문맥에 따라 완료상이나 확실성을 나타낼 수도 있다. 시제 표지에 따라 사용이 제약이 있기도 한데, '더'는 화자가 어떤 사건을 직접 지각했음을 표시하므로 일인칭과는 어울리기 어렵다.

(10) 가. 꽃이 피었다. (완료)
　　　나. (꽃병을 깨뜨렸으니) 너는 이제 죽었다. (확실성)
　　　다. ? 내가 어제 학교에 가더라.

현재 시제는 사건시가 발화시와 일치되는 시간 표현이다. 현재 시제의 표지는 미래의 일을 표현하거나(가), 진리와 같은 사실 표현(나), 소설 등에서 과거의 사건이나 생태를 생생하게 표현할 때도 사용되기도 한다.(다)

(11) 가. 나는 내일 비행기로 간다.
　　　나. 지구는 태양을 돈다.
　　　다. 그는 눈을 부릅떴다. 그의 다리가 덜덜 떨린다.

미래시제는 사건시가 발화시에 후행하는 시간 표현이다. '-겠-'은 미래 시제 외에 추측, 화자의 능력, 의지 등을 나타내기도 한다. '능력, 의지'는 일인칭과 어울린다. 또한 단순히 완곡한 태도를 나타내기도 한다. 문맥에 따른 다양한 용법을 교수할 필요가 있다.

> (12) 가. 서울은 눈이 많이 오니 춥겠어요.(추측)
> 나. 이제 저도 충분히 하겠어요.(능력)
> 다. 나는 통역사가 되겠다.(의지)
> 라. 처음 뵙겠습니다. 들어가도 되겠습니까? (완곡)

4. 부정 표현 교수

부정을 나타내는 표현은 언어마다 존재하므로, 이를 학습하는 데에 큰 어려움은 없다. 한국어에서는 부정을 나타내는 부사 '안, 못'이나 부정의 의미를 가진 용언 '아니다, 않다, 못하다, 말다'를 써서 부정문을 만드는 방법을 부정법이라고 한다. 부정문은 아래의 세 가지로 나뉜다.

'안'부정법	☞ '아니(안), 아니다, 아니하다(않다)'를 써서 만든 부정문
'못'부정법	☞ '못, 못하다'를 써서 만든 부정문
'말다'부정법	☞ '말다'를 써서 만든 부정문

<'안' 부정>

'안' 부정법은 단순부정법이라고도 한다. 동작주의 능력을 전제로 하는 행위와 관련되는 서술어를 가진 문장에서는 성립하지 않는다.

> (13) 가. 오늘은 날씨가 덥지 <u>않아요</u>.
> 나. 저는 아르바이트를 하지 <u>않아요</u>.

'안' 부정은 길이에 따라 단형 부정(짧은 부정)과 장형 부정(긴 부정)으로 구분하기도 한다. 장형 부정문의 '않다(아니하다)'는 앞선 용언이 동사이면 (14가)처럼 동사 활용을 하고, 형용사이면 (14나)처럼 형용사 활용을 한다. '-았-, -겠-, -더-' 등의 시간 표현 어미는 (14다)처럼 '않다(아니하다)'에 붙는다.[25]

> (14) 가. 철수는 오늘 학교에 안 간다./가지 않는다.
> 나. 철수는 키가 안 크다/크지 않다.
> 다. 철수는 오늘 학교에 안 갔다./가지 않았다.

'안' 부정문은 (15가)처럼 화자의 인지를 나타내는 동사를 부정하지 못한다. (15나)와 같이 선어말 어미 제약 주체높임 어미 '-으시-'는 모두 허용되며, '-았-','-겠-과 결합할 수 있다. '안' 부정문은 (15다)처럼 청유문, 명령문에 사용할 수 없으며 청유문과 명령문에서는 '말다' 부정문으로 대체한다.

> (15) 가. 나는 그 사실을 *안 안다/*알지 않는다.
> 나. 할아버지는 오늘 경로당에 나가시지 않으셨다.
> 다. *오늘 학교에 가지 않자/가지 않아라

합성어나 파생어는 단형부정문을 만들지 않으며, (16가)처럼 용언의 음절이 긴 경우에도

---

25) 확인의문문으로 사용된 경우에는 '-았-, -았었-'이 선행 용언에 붙을 수 있다.
    예 민수가 미국에 갔지 않니? 너도 거기 있었지 않니?

단형 부정을 허용하지 않는다. 하지만 음절이 길더라도 '돌아가다, 들어가다, 나가다, 나오다, 내려오다, 잡아먹다…'와 같은 합성어나 '전하다, 상하다, 독하다…'와 같이 일음절 어근에 '-하다'가 붙은 파생동사들, 사동사, 피동사와 같은 파생동사들은 단형부정을 만들 수 있다.

하지만 (16나)와 같이 접두사 파생어는 '안'에 비해 '-지 않다'가 자연스럽다. (16다)처럼 앞의 어근과 분리될 때는, '안 N하다'는 어색하며 'N 안 하다'와 같이 부정문을 만들거나 장형 부정으로 표현한다.

(16) 가. 그 꽃은 ??안 아름답다./아름답지 않다.
      나. 그 꽃은 안 샛노랗다/샛노랗지 않다.
      다. 철수는 ??안 공부한다./공부 안 한다./공부하지 않는다.

부정이 미치는 범위에 따라 다양하게 해석될 수 있는데, 아래 문장에서 '유미', '빵', '먹다'를 각각 부정할 수 있으며, 이 때 의미의 차이는 구어에서는 강세로 드러난다.

(17) <u>유미</u>는 빵을 <u>먹지</u> 않았다.

문어나 격식적인 상황에서는 '-지 않다'를 사용하는 것이 보다 자연스럽다.

(18) 그 사건의 범인은 아직 잡히지 않은/?안 잡힌 것으로 알려졌습니다.

<'못' 부정>

'못' 부정법은 능력 부정법이라고도 하며, 주체의 의지가 아닌 능력이나 다른 원인으로 인해 그 행위가 일어나지 못했을 때 사용한다. 어떤 것을 하려는 의도나 마음은 있으나 주변 상황이나 능력 부족으로 인해 이루어지지 않음을 드러내고자 할 때 사용한다. 대부분의 언어에 '못' 부정이 존재하므로 학습에 어려움은 없으나, 사용되는 환경에는 차이가 있을 수

있으므로 한국인이 자주 사용하는 '못' 부정을 활용한 완곡 표현에 대해 주목할 필요가 있다.

(19) 가. 미안해, 가고 싶었는데 일이 생겨서 가지 <u>못</u>했어.
      나. 시간이 부족해서 시험 문제를 끝까지 풀지 <u>못</u>했습니다.

'못' 단형 부정과 '-지 못하다'의 장형 부정의 꼴이 있다. (20가) 선행 용언과 결합할 때 '-었-', '-겠-'이 결합되기 어렵다.(20나)

(20) 가. 유미는 오늘 학교에 돼지고기를 못 먹는다./먹지 못한다.
      나. 수업 중이라서 전화를 (??받았지/받겠지) 못해요.

동사만 부정이 가능하며(21가), '이다'와 형용사는 불가능하다(22나). 또한 (21다)의 인지 동사는 '-지 않다'는 쓸 수 없지만 (21라)처럼 '-지 못하다'는 가능하다. '지' 뒤에는 조사 '를'이나 '도'가 결합하여 의미를 강하게 나타낼 수 있다. 한편, '고민하다, 염려하다, 걱정하다, 후회하다, 망하다, 실패하다, 잃다, 당하다, 변하다…'등의 동사는 의미상 '못' 부정문과 함께 쓰이지 않는다.

(21) 가. 너는 왜 네 생각도 말하지를 못하니?
      나. ?? 날씨가 따뜻하지 못하다.
      다. 저는 그 일을 알지 (*않았어요/못했어요).
      라. 그건 정말 생각하지도 못한 일이에요.

'-하다' 파생 동사들의 경우는 체언과 '-하다'가 분리될 때 (22가)처럼 '하다' 앞에 '못'을 넣어 단형 부정문을 만들 수 있다. (22나)와 같이 장형 부정에서 '-았-, -겠-, -더-' 등의 시간 표현 어미는 '못하다'에 붙는다. 합성어나 파생어는 단형 부정문을 만드는 것이 어색하며 동사의 음절이 긴 경우에도 단형 부정은 어색하다. 아울러 (22다)와 같이 '못' 단형 부정문은 의도 및 목적을 나타내는 '-려고, -고자, -고 싶다, -러' 구성이 사용된 문장에서는 쓰일 수 없다. 접두사가 붙은 파생 동사나 '명사+접사'의 파생어인 경우도 '-지 못하다' 부정문이 더 자연스럽다.

(22) 가. 유미는 혼자서 *못 공부한다./공부하지 못 한다./공부 못 한다.
나. 유미는 어제 숙제를 하지 못했다.
다. 나는 내일 학교에 *못 가려고 한다.

'못' 부정문은 말하는 이의 기대에 못 미친다는 의미로 일부 형용사에 쓰일 수 있는데, 이를 상태 부정이라고 한다. 앞의 말이 나타내는 상태에 이를 수 없음을 나타낸다. 다만, 화자의 기대를 부정하는 용법에서는 '못'을 쓸 수 없고 '-지 못하다'만이 가능하다.

(23) 가. 아이가 내 생각만큼 그렇게 똑똑하지 못해.
나. 옛날 카메라로 찍어서 사진이 깨끗하지 못하다.
다. 철수는 (*못 대담해/대담하지 못해).

'-지 못하다'는 일부 형용사와 결합하면 화자의 기대에 미치지 못했음을 나타내지만, '-지 않다'에는 이러한 의미가 없다.

(24) 가. 이 상품은 색상이 다양하지 않아요. ☞ 색깔의 종류가 적다.
나. 이 상품은 색상이 다양하지 못하다. ☞ 색깔이 더 많았으면 좋겠는데 그렇지 않다.

문어나 격식적인 상황에서는 '못' 부정보다는 '-지 못하다'를 사용하는 것이 보다 자연스럽다.

(25) 그 선수는 부상으로 오랫동안 경기에 나가지 못했다.

<'말다' 부정>

 '말다' 부정문은 금지부정법이라고도 불린다. 어떤 일을 그만두게 하거나 못 하게 함을 나타낸다.

---

(26) 가. 여기에서 담배를 피우지 마세요.
   나. 화내지 말고 일단 전후 사정을 들어 보세요.
   다. 우리 헤어진 후에 서로 연락하거나 하지 말자.
   라. 영화관에서는 앞 의자를 발로 차지 말아 주세요.

 '이다'나 형용사에 사용하지 못하며 동사에만 사용된다. 명령문과 청유문에만 사용되며, 장형 부정으로만 사용된다. '-지 말다'는 명령형 어미 '-아/어라'와 결합하면 '-지 마라'가 된다. 다만, 일상 회화에서는 '-지 말아라'의 꼴로 자주 사용되기도 한다.

---

(27) 가. *큰 소리를 내지 맙니다.
   나. 큰 소리를 내지 마세요./마라
   다. 너무 늦게 다니지 말아라.

 선행 용언과 결합할 때 '-었-', '-겠-'이 결합되기 어렵다.

---

(28) *후회할 행동을 (했지/하겠지) 마세요.

 명령문이나 청유문이 아니더라도 서술어가 '바라다, 원하다, 기대하다…'와 같은 바람을 나타내는 동사이거나 '기원'의 의미를 가지는 문장에서는 '말다'가 사용될 수 있으며 평서문이나 의문문으로도 쓰인다. 이때는 형용사와도 결합하는데, 그런 상황이 없기를 바란다는 것을 나타낸다.

(29) 가. 나는 네가 늦지 않기/말기를 바란다.
　　　나. 너무 오래 기다리지 않기/말기를 원해.
　　　다. 내일 날씨가 너무 춥지만 말기를….
　　　라. 새해에는 아프지 말고 건강하세요.

　직접적인 명령이므로 가족이나 친한 친구 사이에 주로 사용된다. 여러 사람을 대상으로 할 때에는 '-지 말아 주다'를 사용하여 어떤 행동을 금지할 것을 공손하게 요청하기도 한다.

(30) 가. 언니, 나 잘 거니까 시끄럽게 하지 마.
　　　나. 국민 여러분, 부디 이번 사건을 잊지 말아 주십시오.

　금지를 나타낼 때, '-지 말다'보다 완곡한 금지 표현으로 '-(으)면 안 되다'를 사용하기도 한다. 상대적으로 완곡한 금지를 나타낸다.

(31) 가. 손님, 여기에서는 담배 피우시면 안 돼요.
　　　나. 여기에서는 담배 피우지 마세요. (☞ 강하고 직접적인 금지)

조사 교수의 내용과 방법   6강

1. 조사 교수의 의미

한국어의 조사는 매우 낯선 품사이다. 학습자들에게는 자신의 모국어에서 때로는 어순으로, 때로는 전치사로, 때로는 부사로도 해석될 수 있는 요소이기 때문이다. 유사한 품사를 가진 일본어의 조사도 한국어와 완전히 같은 용법으로 사용되지는 않는다. 또한 한국어의 조사는 그 수가 많고, 한 조사가 다양한 의미를 가지므로 학습자에게는 학습 부담이 크다. 조사가 생략되는 조건이나 조사 결합의 순서 역시 어렵다. 조사 결합이 다시 하나의 조사처럼 사용되는 경우도 있고, 유사한 의미의 조사도 많아서 고급에 이르기까지 오류가 발생하는 품사이다.

우선, 한국어의 조사는 '이/가, 을/를, 으로/로, 와/과'와 같이 이형태를 가지는 경우가 있어 학습의 초기에 어려움을 준다. 예를 들어 주격 조사의 경우, 선행명사의 받침 여부에 따라 '이/가'가 선택된다.

(1) 책상이, 의자가

이렇듯 조사는 단어이기는 하나 다른 단어와는 달리 선행 단어에 종속적으로 붙여 쓰므로, 학습자들은 굳이 독립된 단어로 인식하지 않는다. 이로 인행 일부 한국어 교재에서는 '-가'와 같이 접사 표지를 사용해서 조사를 제시하기도 한다. 또한, 한국어는 격조사를 통해 분명한 관계를 드러내므로 어순을 통해 그 관계를 드러내는 인구어와는 달리 어순을 교체할 수 있는 특징을 가진다.

(2) 가. 지훈이 지수를 사랑한다.
    나. 지수를 지훈이 사랑한다.

그런데, 한국어의 격조사는 맥락에 따라 생략이 가능한데, (3)과 같이 구어에서 특히 생략에 대한 용인성이 높다. 하지만 (3나)와 같이 생략의 조건은 규칙적이라기보다는 화자의 의도나 용인성의 문제여서 학습자들에게 언제 생략되는지 여부를 가르치기는 쉽지 않다. 한국어의 격조사는 서술어와 이에 의존적인 명사(구)에 대한 문법적 관계를 나타내는데, (4)처럼 단어마다 격이 표시되지 않고 구 전체에 격이 표시되는 것으로 볼 수 있다.

(3) 가. 나 너 사랑해
    나. 내가 널 사랑해(다른 사람이 아닌 '나'임을 강조할 때)
(4) [머리가 긴 여자]가 방으로 들어섰다.

조사 교육은 문장의 틀을 이루는 격조사와 의미를 가지는 고빈도 보조사를 초기 단계에서 제시하여 해당 조사의 의미와 기능을 익히는 것에서 출발하며, 이들 조사의 제시는 학교 문법에 준하는 것이 일반적이다. 하지만 조사 교육이 학교 문법의 틀에 전적으로 따를 것인가에는 고민할 요소가 있다. 예를 들어, 주격 조사 '서'는 독립적인 조사로 다루는 것보다는 '혼자서', '둘이서'와 같이 하나의 어휘적인 표현으로 제시하는 편이 훨씬 효과적일 수 있다. 또한 자주 결합하는 조사 역시 복합 조사의 형태로 제시하는 게 효율적일 수 있다. 이들의 제시 형태를 결정하는 기준은 각 조사의 빈도, 조사의 결합 제약 등 다양한 요인을 고려해 볼 수 있을 것이다. 아울러, '이다'나 '요'와 같은 것을 조사의 영역에서 다룰 것인가 하는 것도 쟁점이 될 수 있다. 특히, 학교 문법에서 서술격 조사로 구분되어 온 '이다'는 그동안 한국어 교재에서는 독립적인 조사로 다루는 일이 거의 없었으며, 용언처럼 다루어져 왔기 때문이다.

학습자들이 학습의 초기부터 조사에 대한 인식과 용법, 그리고 나름의 규칙을 파악하지 못한다면 한국어 습득 자체에 어려움을 겪게 된다. 그만큼 문장의 이해에 조사가 미치는 영향은 크기 때문이다. 조사의 수를 고려한다면 모든 조사를 목표 문법 항목으로 삼기는 어렵다. 따라서 학습자가 반드시 알아야 할 조사의 목록과 조사 제시의 순서는 교수자들에게는 관심의 대상이 된다.

2. 조사에 대한 언어 정보

2.1 개별 조사의 지식 정보

개별 조사의 용법은 형태, 문법, 담화의 측면에서의 구분될 수 있는데, 해당 조사와 연계되는 관련 표현에 대한 지식도 중요하다. 먼저 이형태나 준말 등의 형태 정보와 더불어, 문장 내 다른 요소와의 공기나 특정 문상 유형의 제약 등에 대한 문법 정보, 다의적 의미 항목 정보, 사용 장르나 격식적 여부, 구어/문어 정보, 화자의 전략과 연계된 태도 등에 관련된 담화 정보에 대한 지식이 필요하다. 아울러 목표 조사와 혼동을 일으킬 수 있는 유사 항목에 대한 용법 비교나 조사 결합형 혹은 해당 조사가 확장된 구 단위 문법 항목 등에 대한 지식도 필요하다. 실제 교수에서는 조사의 세부 의미 항목별로 단계적으로 제시되는 것이 일반적이며, 관련 정보의 확장성 여부도 학습자의 이해도나 교수 환경을 고려하여 적정하게 선택된다. 조사에 관련된 지식 정보를 차례로 살펴보자.

첫째는 조사의 형태 정보이다. 조사에 따라 이형태를 가지는 경우 이에 대한 정보가 제공될 필요가 있으며 축약에 대한 정보도 필요하다. 예를 들어 목적격 조사는 받침 뒤에는 '을'과 받침이 없으면 '를'의 이형태를 가지며, '를'은 구어에서는 'ㄹ'로 축약되기도 한다.

(5) 책상을, 의자를, 의잘 옮겼다.

둘째는 조사의 문법 정보이다. 예를 들면 '에게'는 앞선 명사가 살아 있는 유정물이며, 존대의 대상에게 사용될 때 '께'를 사용한다는 등의 선행 명사와의 결합 정보가 필요하다. 혹은 조사 뒤에 후행하는 용언에 대한 정보도 제공될 수 있다. '에게'는 특정한 용언과 함께 쓰이며, 특정한 용언이나 명사와 같이 사용된다.

(6) 가. 누구에게 (무엇을) *주다, 말하다, 보내다* 등
     나. 누구에게 *호감/관심/흥미를 가지다*

셋째는 조사의 담화 정보이다. 예를 들면 '(이)랑'은 대부분 구어에서 주로 사용되는데, 사용되는 장르에 대한 정보도 중요하다. 예를 들면, '하고'는 편지, 이메일 등에서는 쓸 수 있으나 나머지 문어에서의 사용이 어렵고, 특히 보고서나 회의 자료 등 격식적인 글쓰기에서는 잘 사용하지 않는다. 또한 격식적인 상황에서 주로 사용되는지 혹은 비격식적인 상황에서 주로 사용되는지에 대한 정보도 필요한데, '더러'는 구어 중에서도 일상대화와 같은 비격식적인 상황에서 주로 사용된다. 화자나 청자의 나이, 사회적 지위, 성별, 친소 관계 등에 따른 조사 사용도 있는데, '요'는 청자가 화자보다 나이가 많거나 윗사람인 경우, 처음 만난 사이에서 주로 사용된다. 대화를 할 때 온전한 문장을 발화하지 않고 주어나 부사어 뒤에 계속해서 '요'를 붙이면 매우 귀엽게 이야기하는 듯한 느낌을 주게 되는데, 주로 어린아이나 젊은 여성층에서 '요'를 반복적으로 사용하는 일이 잦다.

(7) 가. (아이가 엄마에게) 엄마, 저는요, 엄마가요, 세상에서요, 제일요, 좋아요.
     나. (여대생이 선배에게) 선배, 선배는요, 졸업하면요, 앞으로요, 뭐 하실 거예요?

구어 또는 문어에서의 구체적으로 실현되는 형태에 대한 정보도 필요한데, 구어에서는 '도'를 '두'로 발음하기도 한다. 한편 '에서'는 구어나 신문 기사 제목에서는 '서'로 줄여서

쓰기도 한다. '하고'는 주로 구어에서 사용하는 데 비해 '와/과'는 주로 문어에서 사용한다는 등의 정보의 제공도 필요하다.

(8) 가. 나도 가고 싶어.
    나. 우리 어디서 만날까?, 한국서 세계 정상 회의 개최

화자의 감정이나 태도에서 따라 조사의 선택이 이루어지기도 하는데, 예를 들어 (9)의 '도'는 발화 상황에 따라서 '감탄', '비아냥', '놀람'의 태도를 나타내는 데에 역할을 한다. '(이)나'는 (10)처럼 특정 맥락에서 다른 사람의 말에 대한 부정적인 태도를 나타낼 수 있는데, 화자가 다른 사람에게서 들은 말을 옮기면서 그것에 무관심하거나 불만이 있음을 나타내기도 한다. (11)처럼 후행어로는 '뭐라나, 어떻다나, 어쩐다나'과 같은 말이 함께 쓰인다.

(9) 가. 닌 진짜 부시런하게도 산다. (☞ '감탄')
(10) 가: 내가 옆에 있으니까 도움이 되지?
     나: 하루 종일 불평만 하면서 그런 말을 잘도 한다. (☞ '비아냥')
(11) 연정이가 내일 소개팅을 한다나 뭐라나.

화자의 발화 전략과 관련된 정보도 있는데, '(이)나' 가 제안하는 상황에서 화자가 생각하기에 최선의 것을 제안하여도 '(이)나'를 사용하는 경우가 있는데 이것은 청자의 부담을 덜어주기 위한 것이다. 제안할 때 '(이)나'를 사용하면 진지한 제안이라기보다는 '가벼운 제안'이라는 느낌을 줄 수 있기 때문이다. '(이)나'를 사용함으로써 '커피' 혹은 '커피를 마시는 일' 외에 다른 것도 괜찮다는 의도를 드러낼 수 있다.[26]

---

26) 이밖에 호격 조사 '아, 야'는 친근성을 드러낸다. 다만, 홍길동아처럼 성까지 함께 부를 때는 사용하지 않는다. 외국 이름에는 '아, 야'를 잘 사용하지 않는 경향이 있어, '수잔아, 마이클아'라고 부르기보다는 '수잔, 마이클'과 같이 호격 조사를 결합하지 않고 이름만 부르는 게 일반적이다.

(12) 커피나 마시러 갈래?

    넷째는 조사의 공기 정보이다. 특정 조사가 반복되거나 다른 조사와 함께 어울려 쓰는지에 관한 정보도 필요하다.

(13) 가. 치킨이니 피자니 해도 역시 밥이 최고예요
       나. 저희 식당은 2인분 이상이라야만 배달해 드립니다.

    이밖에, 개별 조사의 언어적 정보를 넘어 조사 간의 혼동에 대한 정보도 제공될 필요가 있다. 학습자들은 유사 조사의 혼동을 겪는 일이 흔하기 때문이다. 예를 들면, '부터'와 '에서'를 비교해 보면 '에서'는 주로 장소 명사와 사용되어 출발지의 의미를 나타내는 데 반해, '부터'는 장소 명사, 시간 명사, 유정 명사 등 다양한 명사와 어울려 어떤 일의 시작이나 순서상의 처음을 나타낸다.

(14) 가. 학교(에서/부터) 집까지 걸어서 왔어요.
       나. 서울역(에서/*부터) 출발했어요.

2.2 조사의 제약 정보 제시

    개별 조사의 구체적인 교수는 제약의 환경을 비교하여 제시하게 된다. 한국어 교재에서는 아래와 같은 도표를 활용하여 환경별 제약 정보를 구분한다.
    우선, 받침 여부와 관계되어 이형태를 가지게 되는 경우가 있다. 예를 들어 조사 '와/과'를 교수할 때, '과'는 받침 있는 단어 뒤에, '와'는 받침 없는 단어 뒤에 결합한다는 제약을 가르치는 것이다. 이에 비해 '하고'는 받침의 유무에 상관없이 단어 뒤에 결합한다.

받침 O ⇒ 과	받침 × ⇒ 와	하고
선생님 ⇒ 선생님과 책상 ⇒ 책상과	친구 ⇒ 친구와 커피 ⇒ 커피와	선생님 ⇒ 선생님하고 커피 ⇒ 커피하고

하지만 '(으)로'는 받침 있는 단어 뒤에는 '으로', 받침 없는 단어 뒤에는 '로'가 쓰이지만, 받침이 있더라도 'ㄹ'받침의 경우는 예외적으로 '로'가 사용된다.

받침 O ⇒ 으로	받침 ×, 받침 ㄹ ⇒ 로
볼펜 ⇒ 볼펜으로 젓가락 ⇒ 젓가락으로	버스 ⇒ 버스로 지하철 ⇒ 지하철로

한편, 받침 여부에 따른 이형태말고도 준말로 나타나는 경우도 있다. 사실 'ㄹ'은 '를'의 준말인 셈인데, 구어에서는 줄임 표현이 활발하므로 이에 대한 인지도 필요하다.

대표형	음성적 이형태	준말
을	을/를	ㄹ

3. 조사 교수 시 고려사항

한국어의 조사와 어미는 개별 문법 항목으로 다루어지며, 한국어 문법 교수에서 아주 중요한 비중을 차지한다. 교사는 개별 조사의 의미, 형태적 제약, 통사적 기능 및 제약에 대해서 알아야만 보다 효율적으로 문법 교수를 할 수 있다. 학습자들은 활용도가 높은 조사부터 배우게 되는데, 초급에서는 격조사와 접속조사가 주로 제시되며, 보조사는 중급 이상에 제시되는 것이 보통이다. 조사 교수에서 고려할 점을 몇 가지 사례를 통해 알아보자.

첫째, 조사에는 존대의 용법이 존재하는데, 이는 존대 교수와 연계된다. '-이/가'는 일반적인 주어를 나타냄에 반해, '-께서'는 주어를 높이는 표현이다. 이러한 존대의 용법은 '에게'와 '께'에서도 나타난다. 하지만 '-께서'는 제약을 가지는데, '아니다, 되다' 앞이나 이중 주어문의 두 번째 주어 자리에는 쓰이지 못한다. 단체나 기관을 나타내는 명사가 오면 '에서'가 주격 조사로 사용되는 경우에도 존대 표현은 불가능하다.

(15) 가. 친구/할아버지{가, 께서} 오늘 오신다고 합니다.
 나. 저분은 저의 친구/할아버지{가, *께서} 아닙니다.
 다. 저는 친구/할아버지{가, *께서} 좋습니다.
 라. 대학교에서 외국인 유학생을 모집합니다.

둘째, 조사는 후행 동사의 의미에 따라 선택된다. 일반적으로 동사 '보다'는 일반적으로 '1이 2를 보다'로 사용되지만, '판단하다'라는 의미인 경우에는 '1이 2를 3으로/3다고 보다'의 격틀로 사용된다.

(16) 가. 아버지가 먼 산을 보신다.
 나. 나는 그 사람을 바보로/라고 본다.

셋째, 조사는 그 생략형이 동일하여 혼동이 생기는 경우가 있다. '한테서'가 '한테(서)', '에게서'가 '에게(서)'로 사용되기도 하므로, 원래의 '한테'나 '에게'와 구분해야 한다. '에서'는 '서'만으로 줄여 쓰기도 한다.

(17) 가. 친구에게서/친구에게 전화가 왔다.
 나. 이 집은 서울에서/서 제일 유명한 식당이다.

넷째, 조사 '의'는 맥락에 따라 생략 여부가 달라지기도 한다. 생략이 가능한 것과 생략하면 의미가 달라지는 것, 그리고 생략이 안 되는 경우가 있다.

(18) 가. 지수의 가방, 지수 가방 (생략 가능)
　　　나. 중국의 요리, 중국 요리 (중국 나라의 요리, 중국식 요리)
　　　다. 계절의 여왕, * 계절 여왕

다섯째, 한 조사가 다의적 용법을 가지는 경우가 있다. 학습자들의 모국어로 번역하면 전혀 다른 의미로 파악될 수 있어 다의적 용법에 대한 교수가 필요한 조사이다. 예를 들어, '으로' 방향, 재료 및 수단을 나타내기도 하고, 이유나 자격을 나타내기도 한다. 보통 숙달도별로 순차적으로 다른 용법으로 독립적으로 제공되는 사례가 많다.

(19) 가. 이 기차는 서울로 갑니다.(방향)
　　　나. 배추로 김치를 담가요.(재료)
　　　다. 학교까지 버스로 왔어요.(수단)
　　　라. 폭풍으로 나무가 쓰러졌어요.(이유)
　　　마. 수를 반장으로 뽑았다. (자격)

한국어 교재를 보면, 다소의 차이는 있지만 의미항목별로 숙달도 단계에 따라 제시되고 있다.

	A교재	B교재	C교재	D교재	E교재
방향	1급	1급	2급	1급	1급
수단, 도구		2급	1급	1급	1급
경로					2급
약속, 결정	2급		2급	2급	2급
자격			3급		
원인, 이유	3급	3급	4급		4급
변화 결과		4급		2급	

재료, 원료	3급	5급		
방법, 방식		5급		

여섯째, 이와는 달리 서로 다른 조사이지만 특정 맥락에서 유사한 의미로 사용되는 경우도 있다. 방향을 나타내는 조사에는 '에'와 '(으)로', '을'이 있다. '에'는 도달점을 목표로, '를'은 도달점 자체를 중시하여 표현하며, '(으)로'는 도달점으로의 방향으로 파악할 때 중요시할 때 쓰인다.[27] 하지만 모국어 화자에게도 의미가 언제나 세분되는 것은 아니므로, 지나치게 분화해서 가르칠 필요는 없다.

(20) 가. 산에 가요. (도달점이 목표)
　　　나. 산으로 가요. (방향)
　　　다. 산을 가요. (도달점 자체)

일곱째, 조사 간의 의미가 유사해서 변별이 어려운 경우가 있다. 주로 보조사의 경우에 그러한데, 예를 들어 '조차, 마저, 까지'는 세밀한 맥락을 고려하지 않으면 그 의미를 알 수 없다.

(21) 가. 너{까지, 마저, 조차} 나를 배반하다니…
　　　나. 개미 소리{조차, ?마저, *까지} 들리지 않았다.
　　　다. 밥에다가 떡{까지, *조차, *마저} 먹었더니, 배가 부르다.

이러한 유사 보조사는 통사적 제약에서 차이를 보이기도 하는데, '만, 밖에, 뿐' 역시 모두 유사한 의미이나, '밖에'는 부정어와 어울리며, '뿐'은 서술격 조사 '이다'와 만 함께 사용된다는 점에서 다르므로 이를 활용하여 교수할 수 있다.

---

27) '으로'에는 경유의 용법도 있다. 예 그곳까지 산으로 (해서) 가요.

(22) 가. 지수는 고기만 좋아한다.
　　　나. 지수는 고기밖에 안 좋아한다.
　　　다. 지수가 좋아하는 음식은 고기뿐이다.

여덟째, 목표어인 한국어에서는 변별적인 의미를 가졌으나, 학습자의 모국에서는 유사 의미로 파악되는 예도 있다. 예를 들어, '에서'와 '에'는 모두 앞에 장소 명사가 올 수 있어서 학습자들이 혼동하기 쉽다. '에서'는 어떤 행위가 일정한 범위의 장소에서 이루어질 때, '에'는 어떤 행위가 일정한 위치를 향해 이루어질 때 쓰일 수 있으므로 이를 변별해서 교수할 필요가 있다.

(23) 가. 아이들이 운동장에서 놉니다.
　　　나. 마이클 씨, 고향에 가면 꼭 편지를 보내 주세요.
　　　다. 의자에 앉으십시오.

조사 간의 변별을 위해서는 특정 서술어와의 공기 제약을 통해 이들의 용법을 변별하기도 하는데, '있다, 없다, 많다, 적다, 흔하다, 드물다, 희귀하다, 나다' 등의 용언이나 시간 표현 등에서는 '에'만 쓰일 수 있다. 하지만 '살다, 머무르다'와 같이 둘 다 사용할 수 있는 동사도 있다.

(24) 가. 지수가 학교{에, *에서} 있다/없다
　　　나. 그 가게{에, *에서} 좋은 물건이 많다/적다/드물다.
　　　다. 지수는 서울{에, 에서} 삽니다.
　　　라. 지수는 서울{에, 에서} 10년 동안 머무르고 있습니다.

아홉째, 선행 명사의 의미적 특성에 따라 선택 제약이 달라지는 경우도 있다. '-에게'는 '-에'는 선행 명사가 유정명사인지 무정명사인지에 따라 달라지므로, 이러한 제약에 주의해야 한다.

> (25)　가. 꽃에 물을 줍니다.
> 　　　나. 아기{에게/한테} 우유를 줍니다.

한편 같은 의미를 가진 조사라도 장르에 따라 적절함이 달라지는 경우도 있다. 한테는 주로 구어(입말)에서 사용하나, '에게'는 주로 문어(글말)에서 사용한다.

> (26)　가. 그 옷 나한테 줘.(입말)
> 　　　나. 그 옷을 저에게 주십시오.(글말)

또한 표준적 형태와 구어 형태가 상이한 경우도 있다. 예를 들어 '도'를 '두'로 발화하거나, '이든지'를 '이든'으로 줄어 말하는 것은 구어에서 흔한 현상이다. 말하기, 듣기에 치중하는 회화 교수에서는 이들 형태에 대한 주의도 기울여야 한다.

열째, 조사가 명사에만 붙는 것이 아니라 보조적 연결 어미에 붙기도 한다. 아래에서 보듯이 부정의 보조적 연결 어미 '-지' 뒤에 '-가'가 결합될 수 있는데, 이는 기본 용법을 학습한 후에 중급 이후에나 간단하게 설명할 필요가 있다

> (27)　가. 오징어가 질겨서 잘 잘라지지가 않아요.
> 　　　나. 요즘 아버님 건강이 좋지가 않으십니다.

4. 주요 조사의 교수 방안

주요 조사 중 주격 조사 '이/가', 목적격 조사 '을/를', 의미격 조사 '에', 보조사 '은/는'의 주요 특성에 대해 간단히 살펴보기로 하겠다.[28]

<주격 조사 '이/가'>

주격 조사는 학습의 초기에 도입되는 조사이다. 우선 형태는 앞 음절의 받침 여부에 따라 '학생이, 의자가'와 같이 '이/가'로 달라지며, 대명사 '나', '저', '너', '누구'는 '가'가 붙으면 형태가 달라진다. 한편 문어에서와는 달리 구어에서 달라지는 것도 있는데, '것+이'는 구어에서 '게'로 줄여 발화되기도 한다.

- 나 + 가 → 내가 (나가 ×)
- 너 + 가 → 네가 (너가 ×)
- 저 + 가 → 제가 (저가 ×)
- 누구 + 가 → 누가 (누구가 ×)

개별 조사는 형태가 동일하더라고 문맥에 따라 다양한 의미 항목별 용법을 가지므로, 이를 구분하여 의미 정보를 제공해야 한다. 첫째, '이/가'는 어떤 상태나 상황의 대상이나 동작의 주체를 나타낸다. 대화를 할 때에는 '이/가'가 생략되기도 한다. 그러나 글을 쓰거나 격식적인 상황에서는 '이/가'를 생략하지 않는다(가). 또한 '무엇, 어디, 누가' 등과 같은 의문사에 대한 대답이나, 안긴문장에서는 '이/가'를 생략하지 않는다(나). '이/가'가 상승 억양으로 실현되면 '다른 것이 아니라 바로 그것'이라는 의미를 갖는다(다).

(28) 가. (뉴스에서) 최근 지하철을 이용하는 사람들(이/*∅) 늘고 있습니다.
    나. 저는 민수(가/*∅) 누구인지 몰랐어요.
    다. 이 옥수수 빵이(↗) 맛있네요.

---

28) 이 절은 강현화 외(2016)을 참고하였다.

둘째, '이/가'는 부정의 대상, 심리 상태의 대상을 나타낸다.[29] 후행 서술어는 '되다', '아니다'가 오며, '좋다, 싫다, 무섭다' 등의 심리형용사, '싶다'와 같은 보조 형용사가 주로 온다. 대화를 할 때에는 '이/가'가 생략되기도 하지만, 대상을 강조할 때는 생략하지 않는다. 또한 글을 쓰거나 격식적인 상황에서도 '이/가'를 생략하지 않는다.

(29) 가. 저는 가수가 되고 싶어요.
    나. 이 가방은 제 가방이 아닙니다.
    다. 나는 강아지(가/∅) 좋아.
    라. 나중에 크면 선생님(이/*∅) 되고 싶다.

셋째, '이/가'는 강조의 뜻을 나타내며, 명사가 아닌 문법 요소에도 결합할 수 있다. 주로 '-지 않다', '-지 못하다'에서의 어미 '-지'나 의존 명사 '수'에 결합한다. 구어에서 '도대체', '그대로', '거의', '다' 등과 결합하여 강조를 나타내기도 한다.

(30) 가. 교실이 따뜻하지가 않아요.
    나. 도대체가 알 수가 없다.

그런데, '이/가'는 '은/는'과 혼동될 수 있다. 은/는'은 주격 조사는 아니나, 주어 위치에서 나타나 행위 및 상태의 주체를 나타낼 수 있기 때문에 혼동하기 쉽다. 하지만 (31)에서 보듯이 '은/는'에는 '대조'의 의미가 있음에 반해, '이/가'에는 이러한 대조의 의미가 없다(가). 또한 '은/는'이 대조의 의미를 가질 때 주어 외의 목적어나 다른 성분에 결합할 수 있음에 반해 '이/가'는 그렇지 않다(나). 또한 '누구, 어디, 무엇, 언제'과 같은 의문사에는 '이/가'와만 결합한다(다). '이/가'는 청자에게 새로운 정보를 나타낼 때 사용하며 '은/는'은 주로 두 사람에게 공유된 정보를 말할 때 쓴다(라). 이런 이유로 '은/는'은 처음으로 자기소개를 하는 상황에서 쓸

---

29) 학교 문법에서는 이것을 보격 조사라고 부르며, '되다, 아니다'앞에서의 것만을 보격 조사로 본다.

수 있지만(마), '이/가'는 쓸 수 없다. 또한 안긴문장에서는 '은/는'을 쓰지 않고 '이/가'를 쓴다(바).

(31) 가. 저는 한국에 왔지만 친구(는/*가) 미국에 갔어요.
      나. 아침은 먹었는데, 점심은 못 먹었어요.
      다. 어디(*는/가) 아파요?
      라. 저기요. 여기 화장실(*은/이) 어디예요? / 화장실(은/*이) 2층에 있어요.
      마. 저는 홍길동이라고 합니다.
      바. 이 가방은 오빠(*는/가) 사 준 거예요.

<목적격 조사 '을/를'>

목적격 조사 역시 학습의 초기에 도입되는 조사이다. 우선 형태는 앞 음절의 받침 여부에 따라 '학생을, 의자를'와 같이 '을/를'로 달라지며, 모음으로 끝나는 선행어가 모음으로 끝나는 경우, 구어에서는 'ㄹ'로 축약되기도 한다.

(32) 날 오라는 게 아니라 널 오라는 거였어.

조사 '을/를'은 문맥에 따라 다양한 의미 항목별 용법을 가지므로, 이를 구분하여 의미 정보를 제공해야 한다. 첫째, '을/를'은 어떤 행위에 직접적 혹은 간접적으로 영향을 받는 대상을 나타낸다(가). 후행 용언으로는 주로 타동사가 오며, 상태를 나타내는 말과 쓸 수 없다(나).

(32) 가. 아침에 빵을 먹어요.
      나. *저는 책을 많아요.

둘째, 주어가 목적을 가지고 이동하는 장소, 즉 목적지를 나타낸다(가). 주로 장소를 나타내는 명사와 결합하며, '가다, 오다, 다니다' 등 이동의 의미를 나타내는 동사와 주로 어울린다. 한편, '을/를'을 쓰지 않고 생략하는 것이 자연스러운 경우가 있다(나).

> (33) 가. 동생은 학교를 다녀요.
> 나. 지금 편의점(을/∅) 가요.

셋째는 주체가 이동을 시작하는 장소, 이동의 출발점을 나타낸다(가). 선행어는 장소를 나타내는 명사와 주로 오며, '나오다, 나가다, 나서다, 그만두다, 떠나다, 거치다, 출발하다' 등의 이동 동사와 주로 어울린다(나).

> (34) 가. 요즘은 대학을 나와도 취직하기가 힘들다.
> 나. 집(을/∅) 나가도 갈 데가 없어.

넷째, 이동이 진행되는 장소를 나타낸다(가). 선행어는 장소를 나타내는 명사와 주로 오며, '가다, 걷다, 건너다, 날다, 다니다, 달리다, 오르다' 등의 이동 동사와 주로 어울린다(나).

> (35) 가. 비행기가 하늘을 날고 있다.
> 나. 정문 앞 횡단보도(를/∅) 건너면 곧바로 보여요.

다섯째는 이동을 하는 목적을 나타낸다(가). 선행어는 목적을 나타내는 명사가 주로 온다. '다니다, 가다, 오다, 떠나다' 등 이동의 의미를 나타내는 동사가 주로 온다(나).

> (36) 가. 동생이 영국으로 유학을 갔다.
> 나. 이번 금요일에 서울을 떠나, 제주로 갈 생각이다.

여섯째, 강조의 의미를 나타낸다. 선행어는 '한참', '꼼짝'과 같은 일부 부사나 '-지 않다', '-지 못하다', '-지 말다'와 같은 부정 표현에 쓰이는 어미 '-지'와 결합하며(가). 주로 구어에서 사용하는 경향이 있다. 이밖에 '을/를'은 주로 '거치다, 지나다' 등의 서술어와 함께 쓰이면,

'경유지'의 의미를 갖기도 한다(나).

> (37) 가. 우리 아이는 집에 오면 공부를 하지를 않아.
> 나. 이 비행기는 도쿄를 거쳐 미국으로 간다.

목적격 조사 '을/를'는 유사한 맥락에서 다른 조사와 혼동될 수 있으므로 이에 대한 변별 정보를 제공할 필요가 있다(가). 첫째, '을/를'은 장소를 나타내는 '에'와 큰 의미 차이 없이 바꿔 쓸 수 있다. 다만, '을/를'은 '에'와 달리 화자가 장소 전체를 하나의 대상으로 인식하고 있음을 나타낸다(나). 또한 '에'도 이동 동사와 함께 어울리지만, '을/를'과 달리 행위의 목적을 나타내는 의미는 없다(다).

> (38) 가. 화장실(에/을) 가요.
> 나. 나는 버스 뒷자리(에/*를) 가서 앉았다.
> 다. 주말에는 쇼핑(*에/을) 갈 거예요.

둘째, '을/를'은 이동의 출발의 의미를 나타내는 '에서'와 큰 의미 차이 없이 바꿔 쓸 수 있다. 다만, '을/를'이 주로 이동 동사와 결합하는 반면, '에서'는 이러한 제약이 없다(가). 또한 '에서'는 이동이 진행되는 장소를 나타내므로 '을/를'과 큰 의미 차이 없이 바꿔 쓸 수 있다. 그러나 '을/를'이 이동이 진행되는 장소를 나타낸다면 '에서'는 행위의 장소를 나타낸다(나). 또한 '을/를'은 '에서'와 달리 화자가 장소를 전체로 인식하고 있음을 나타낸다. 따라서 '온 N'는 '을/를'과 어울리며, '에서'와는 어울리지 않는다(다).

> (39) 가. 집(에서/*을) 학교까지 멀어요.
> 나. 나는 아침마다 운동장(에서/을) 달린다.
> 다. 잃어버린 지갑을 찾으려고 온 교실(*에서/을) 찾아다녔다.

<의미격 조사 '에'>

의미격 조사 '에'도 학습의 초기에 도입되는 조사로 선행어에 따른 형태의 변화는 없다. 문맥에 따라 다양한 의미를 가진다. 첫째, 사물이나 사람이 존재하는 위치 및 장소를 나타낸다(가). 선행어는 '앞, 뒤, 위, 아래, 옆' 등 위치는 나타내는 말이나 '식당, 집' 등의 장소를 나타내는 말과 결합한다. 후행 용언은 '있다, 없다, 많다'와 같이 존재를 나타내는 말이나 '넣다, 놓다, 두다, 앉다' 등의 말이 주로 온다(나).

(40) 가. 은행은 정문 앞에 있어요.
　　　나. 의자에 앉으세요. 가방은 의자 밑에 놓으시면 됩니다.

둘째, 목표가 되는 도착지 및 목적지를 나타낸다. 선행어는 장소 및 위치를 나타내는 말과 주로 결합하며, 후행 용언으로는 '가다, 오다, 다니다'와 같은 이동 동사나 '도착하다, 닿다, 이르다'처럼 이동의 결과를 나타내는 동사가 온다.

(41) 우리 오빠는 회사에 다니고 있어요.

셋째, 행위나 감정의 대상임을 나타낸다(가). 선행어에 사람이나 동물을 나타내는 유정명사는 올 수 없다(나). 대상을 나타내는 경우, 굳어진 구나 문형의 형태로 사용되는 경우가 많다(다). 예를 들면 '에 대해/대한'이나 '에 좋다/효과가 있다' 등의 표현이 있다. '에 의해/의한/의하면'이나 '에 따라/따른/따르면'도 활발히 사용된다.

(42) 가. 나는 매일 아침 꽃에 물을 준다.
　　　나. 나는 친구에게/*에 돈을 주었다.
　　　다. 이 영화는 젊은이들의 사랑에 대한 것이다.

넷째, 행위나 상태의 시간을 나타낸다. 선행어는 시간을 나타내는 말과 주로 결합하지만(가), 시간 명사 중에서 '오늘', '어제', '내일', '그제', '모레' 등과는 결합할 수 없다(나).

(43) 가. 저는 매일 아침 7시에 일어나요.
      나. 저는 *내일에 휴가를 떠납니다.

다섯째, 어떤 것에 뒤의 것이 더해짐을 나타낸다.

(44) 1(일)에 2(이)를 더하면 3(삼)이 된다.

여섯째, 앞 말이 셈의 기준이나 단위가 됨을 나타낸다. 선행어에는 주로 기간이나 수량을 나타내는 말이 오며, 후행어로는 '번, 회, 개, 원, 권' 등의 단위를 나타내는 말이 온다.

(45) 이 약은 하루에 세 번 드셔야 합니다.

일곱째, 앞 말이 비교의 기준이 됨을 나타낸다(가). 선행어는 주로 감정을 나타낼 수 없는 사물이나 추상 명사와 주로 결합하고, 후행 용언은 '비교하다, 비하다, 걸맞다, 가깝다, 어울리다, 어긋나다' 등과 함께 쓴다(나). 비교의 기준을 나타내는 경우, 굳어진 구나 문형의 형태로 사용되는 경우가 많다. 예를 들면 '에 비해(서), 에 비하면' 등의 표현이 사용된다(다).

(46) 가. 월급에 비하면 일이 많은 셈이다.
      나. 학생은 학교 규칙에 맞는 행동을 해야 한다.
      다. 형에 비해(서) 동생은 키가 작은 편이다.

여덟째는 앞의 말이 뒤의 원인이 됨을 나타낸다(가). '에'는 주어의 적극적이며 능동적인 행동의 원인으로는 사용될 수 없으므로, 후행하는 용언으로는 주로 상태성을 갖는 용언이 온다. 능동적인 행동이 이루어지는 경우에는 '로'를 쓴다(나).

(47) 가. 나는 오랜 자취 생활에 지쳐 있었다.
　　　나. 그 아이는 어려운 가정 형편(*에/으로) 학교를 그만두었다.

아홉째, 앞 말이 자격이나 신분을 나타낸다. 선행어로는 '회장, 사장' 등 사회적인 지위를 나타내는 말이 주로 오며, 후행 용언으로는 '선출되다, 임명되다, 취임하다, 선택되다' 등, 자격이나 지위를 갖게 되는 근거나 절차와 관련된 의미의 용언이 온다.

(48) 아나운서 출신 정치가가 여성부 장관에 취임하였다.

이밖에 '~에 ~에'의 꼴로 쓰여 나열의 의미를 나타낼 수 있으며, '(장소 명사)에'는 후행 동사가 생략되어 도구나 수단, 방법을 나타내기도 한다. '에까지, 에나, 에는, 에도(불구하고), 에라도, 에를, 에만, 에야, 에야말로, 에+의'와 같이 다양한 조사들과 결합하여 사용되기도 한다.

(49) 요즘 웬만하면 침대에 세탁기에 냉장고까지 다 설치돼 있어요.

부사격 조사 '에' 역시 유사한 맥락에서 다른 조사와 혼동될 수 있으므로 이에 대한 변별 정보를 제공할 필요가 있다. 첫째, 위치 및 장소를 나타내는 '에서'와 혼동될 수 있다. '에'는 존재 장소나 행위의 지점을 나타내는 데에 반해 '에서'는 행위가 일어나는 장소를 나타낸다.

(50) 자리가 없어서 바닥(*에서/에) 앉았다.

둘째, 도착지 및 목적지를 나타내는 '을/를' 도 이동 동사와 함께 사용되나, '을/를'은 장소 명사 외에 서술성 명사와 결합하여 이동의 '목적'을 나타낼 수 있는 차이가 있다(가). 또한

'로'는 방향 및 경과의 의미를 갖는 데에 반해, '에'에는 이러한 의미가 없다(나).

> (51) 가. 지용이는 유학(을/*에) 간다.
> 나. 이 버스는 명동에/으로 가요. (목적지가 명동/ 명동 방향을 감)

셋째, 관련 표현 행위나 감정의 대상을 나타내는 '에다가'와 혼동될 수 있다. '에다가'는 주로 구어에서 사용하며 '에'에 비해 강조하는 느낌이 있다. '에다가'는 '에'와 달리 감정의 대상을 나타내지는 않는다(가). 에다가'가 더해짐의 의미로 사용될 경우에는 '에'와 큰 의미 차이 없이 바꿔 쓸 수 있지만, '에'에 비해 강조하는 느낌이 있다(나). 또한 '에'는 구어와 문어에서 두루 사용하나 '에다가'는 주로 일상 대화에서 사용한다(다).

> (52) 가. 저는 운동(*에다가/에) 관심이 많아요.
> 나. 너 설마 고기(에다가/에) 냉면까지 다 먹었어?
> 다. (예보) 내일은 많은 양의 비(?에다가/에) 바람까지 강하게 불 것으로 전망됩니다.

넷째, '에'는 원인이나 이유를 나타낼 때, '로'와 혼동될 수 있다. '로'는 주어의 적극적이며 동적인 행동의 원인으로 쓸 수 있는 반면, '에'는 그럴 수 없다(가). 또한 '에'가 자격 신분을 나타낼 때 '로'와 같이 쓰일 수 있지만 '로'는 능동적 의미를 갖는 동사들과 다양하게 결합할 수 있으나 '에'는 그렇지 않은 제약이 있다(나).

> (53) 가. 큰 소리(*로/에) 아기가 깼다./ 큰 소리(로/*에) 동생을 깨웠다.
> 나. 나는 정사원(으로/*에) 입사했다.

<보조사 '은/는'>

보조사 '은/는'은 학습의 초기에 도입되는 조사이다. 형태는 앞 음절의 받침 여부에 따라 '학생은, 의자는'와 같이 '은/는'으로 달라지며, 모음으로 끝나는 선행어가 모음으로 끝나는 경우, 구어에서는 'ㄴ'로 축약되기도 한다.

(54) 전 그런 줄 몰랐어요.

또한 문맥에 따라 다양한 의미를 가진다. 첫째, 어떤 대상이 다른 것과 대조됨을 나타낸다(가). 선행어는 명사 외에도 일부 부사 및 조사와 비교적 자유롭게 결합한다(나).

(55) 가. 형은 키가 큰데, 동생은 키가 작아요.
      나. 자주는 아니지만, 가끔 외식을 할 때가 있어요.

둘째, 문장의 주제 및 화제를 나타낸다.

(56) 우리 고향은 생선이 유명한 도시입니다.

셋째, 화자가 앞의 말을 강조함을 나타낸다(가). 선행어는 명사 외에도 조사 및 일부 연결 어미 등과 결합한다(나). '이다'와 '은/는'이 결합한 '(이)란'은 어떤 대상을 설명하거나 정의를 내릴 때에 쓰이며, '은/는'만 사용된 것에 비해, 화제를 더욱 분명하게 나타낸다(다).

(57) 가. 이런 일이 처음은 아니에요.
      나. 그 사람을 보면은 꼭 연락해 주세요.
      다. 기행문(이란/은) 여행에서 있었던 일을 쓴 글을 말한다.

ID# 문장 구성과 문법 교수　7강

1. 어미와 문장 구성

한국어의 문장은 단문 혹은 복문으로 이루어지는데, 문장의 연결과 종결은 어미로 표현된다. 따라서 문법을 학습함에 있어 어미에 대한 지식은 매우 중요하다. 용언의 어간은 실질적 의미를 가지며 형태를 바꾸지 않음에 반해, 어미는 그 형태를 바꾸어서 문법적 의미나 기능을 표시하는데 이를 활용이라고 한다. 아래 예문에서 변하지 않는 [먹]을 어간이라고 하고, [먹] 뒤에 결합하는 요소를 어미라고 한다. 어미는 그 종류도 다양하고 결합의 순서도 고정되어 있어 학습의 난이도가 높은 항목들이다.

(1) 가. [먹]-으시-었-겠-다.
　　나. [먹]-었-지만
　　다. 내가 [먹]-은 밥

우선, 어미를 그 분포에 따라 구분하면, 선어말 어미, 어말 어미(연결 어미, 종결 어미)로 구분된다. 선어말 어미는 '-시-, -었-, -겠-' 과 같이 어간의 바로 뒤에 붙지만 후행 요소를 반드시 요구하며, 청자에 대한 태도나 시간적 상황에 관련되는 문법 표지이다. 선어말 어미는 결합 순서에도 주의해야 한다. 어말 어미는 '-지만, -다, -은'과 같이 단어의 맨 뒤에 붙어 문장이나 절의 끝에 붙어 해당 절이 가지는 화자의 태도를 드러내는 문법 표지이다.

> (2) 가. 선어말 어미 : -(으)시-, -었-, -겠-, -더-, -느-
> 나. 어말 어미 : -다, -고, -어서/-아서, -는/-(으)ㄴ/-(으)ㄹ, -(으)ㅁ, -기

어말 어미는 종결 여부에 따라 종결 어미와 연결 어미로 구분되며, 연결 어미는 다시 병렬 어미와 종속 어미로 구분된다.

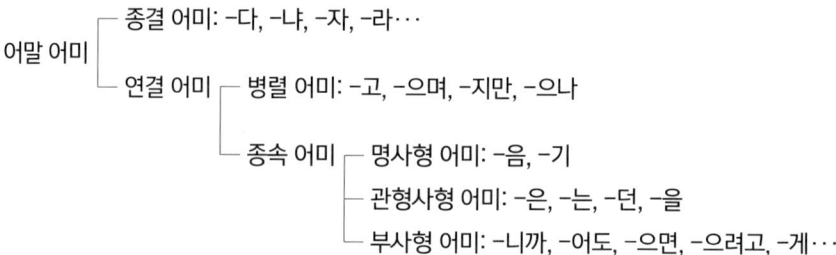

한국어에서는 이들 문법 표지가 이론 문법상에서 모두 어미로 묶인다. 하지만 학습자의 언어에서는 종결 어미와 연결 어미가 서로 다른 문법 범주에 속할 수도 있으므로, 어미 전체를 묶어서 설명하기보다는 개별 어미의 특성에 초점을 맞추어 교수하는 게 유용하다. 종결 어미는 문장 전체에 붙으므로 '문말 어미'로, 연결 어미는 절과 절을 연결하는 것으로 '절 연결 어미'라고 구분하고, 이들을 분리해서 교육하는 것도 방법이다.

연결 어미 중에서도 병렬 어미는 학습자의 모국어에서 접속사나 접속 어미에 대당되어 문장 간의 접속으로 이해된다. 종속 어미 중 부사형 어미 역시 같은 범주로 이해되기 쉽다. 따라서 한국어교육에서는 이를 따로 구분하지 않고 묶어서 교수하는 경우가 많다. 또한 학습자들이 종속 어미 중 명사형 어미나 관형사형 어미를 어간에서 분리해서 파악하거나 절과 절의 연결이라는 점을 파악하는 일은 쉽지 않다. 따라서 이들을 별도로 구분하여 교수하는 게 바람직하다.

- 문말 어미 ☞ 문장의 맺음
- 연결 어미 - 병렬 어미 / 부사형 종속 어미 ☞ 문장 간 연결
- 명사형 종속 어미 ☞ 문장의 꼴 바꾸기
- 관형사형 종속 어미 ☞ 문장의 꼴 바꾸기

한국어의 어미는 절의 끝에서 화자의 태도(청자에 대한 태도나 화자의 의도)를 표현하거나, 절과 절을 연결하거나 문장을 끝맺는 역할을 한다. 따라서 학습자가 완성된 의미를 전달하기 위해서는 한국어 어미에 대한 지식이 필수적이다. 어미는 담화의 조직이나 화자의 태도를 나타내므로 생각을 연결하거나 마무리하는 데에 필수적으로 알아야 할 요소가 된다. 그런데 한국어의 어미는 다양한 이형태를 가져 초급 학습자에게는 이러한 형태의 변화가 학습의 부담이 된다. 형태 변화를 익혔더라도 중급 이후에 이르면 유사한 의미를 나타내는 다양한 어미를 만나게 되어, 이들을 문맥에 따라 어떻게 변별해서 사용해야 하는지에 대해 어려움을 겪게 된다. 소통을 위한 어느 정도의 단어를 외우고 난 뒤, 조사의 사용과 어미의 용법을 익히게 되는 순간 한국어라는 큰 벽을 비로소 넘게 되는 것이다.

2. 어미의 제약과 문법 교수

한국어 어미는 언어 환경에 따라 다양하게 변화하므로 학습의 초기부터 용언의 이형태 정보의 학습은 매우 부담이 되는 영역이다. 하지만 초급에서부터 이에 대한 지식을 공고히 하지 않으면 중급, 고급에서 지속적 오류가 발생하므로, 학습 초기에 이에 대한 지식 정보를 명확하게 제공할 필요가 있다.

어미의 형태 정보에는 이형태 정보, 준말 및 본말 정보, 축약형 정보 등이 있으며, 개별 어미에 따라 다양한 현실 발음 정보나 보조사 결합 양상이나 여타 문장 성분과의 호응 관계에 대한 정보도 필요하다.

첫째, 어미는 음운론적 속성에 따라서 이형태를 가질 수 있다. 한국어의 어미는 첫소리가

무엇이냐에 따라 자음 어미, 모음 어미, 매개모음 어미 나뉜다.

> (3) 가. 자음 어미 : -고, -게, -겠-, -지 …
> 나. 모음 어미 : -어/-아, -었-/-았-, -어서/-아서 …
> 다. 매개모음 어미 : -(으)니, -(으)면, -(으)ㄴ, -(으)ㅁ, -(으)시-…

(가)는 시작하는 어미로 앞 어간의 받침이 무엇이 오든 상관이 없으므로 쉽게 그 형태를 학습할 수 있다. 이에 반해 모음 어미는 (나)에서처럼 모음으로 시작하는 어미로 어간의 모음이 양성이냐, 음성이냐의 여부에 따라 이형태가 달라지므로 초급 학습자들에게는 이들의 교체가 쉽지 않다.

연결 어미	'-어도'	종결 어미	'-아요'
ㅏ, ㅗ	-아도	ㅏ, ㅗ	-아요
ㅏ, ㅗ 외	-어도	ㅏ, ㅗ 외	-어요
하다	-여도(하여도/해도)	하다	-여요

이때 '하다'는 '하여'와 더불어 줄어든 꼴인 '해'로도 활발히 사용된다. 단, 아래와 같이 축약형으로만 쓰이거나, 주로 축약형으로 쓰이는 경우에는 이에 대한 정보도 제시할 필요가 있다.

- 가다: 가- + -아요 → *(가아요) → 가요
- 서다: 서- + -어요 → *(서어요) → 서요
- 보다: 보- + -아요 → 보아요 → 봐요
- 주다: 주- + -어요 → 주어요 → 줘요

매개모음 어미는 (다)에서 보듯이 선행 어간의 받침이 있으면 '으'로 시작되므로, 이를 구분하여 교수하여야 한다.

연결 어미	'-(으)러'	종결 어미	-읍시다
받침 ○	-으러	받침 ○	-읍시다
받침 ×	-러	받침 ×	-ㅂ시다

또한 어미는 품사에 따른 이형태도 있다. 선행 용언이 동사인지 형용사인지에 따라 형태가 바뀌고 이는 다시 용언의 받침 여부에 따라 달라지기도 해, 학습자들이 이를 익히기가 쉽지 않다.

연결 어미	'-은/는데'		종결 어미	'-는걸(요)'	
	동사	형용사		동사	형용사
받침 ○	-는데	-은데	받침 ○	-는걸(요)	-은걸(요)
받침 ×		-ㄴ데	받침 ×		-ㄴ걸(요)

준말 및 본말 정보가 필요한 경우도 있다. 연결 어미 '-든지'가 '-든'으로 줄거나, '-지만'의 본말 '-지마는'이라는 정보의 제공도 필요하다. 종결 어미 '-기는(요)' 역시 '-긴(요)'로 쓰이기도 한다. 세부 용법에 따라 형태가 다른 경우에도 준말에 대한 제시가 필요한데, '-(으)되'가 단서와 조건을 나타내는 용법으로 쓰이면 '-되'가 되기도 한다. 예를 들어 '시간은 있으되, 돈은 없다'와 같은 문장에서처럼 대립적인 사실을 잇는 데에는 '으되'가 자연스럽지만, '표준어를 소리대로 적되/*적으되 어법에 맞추어 적는다.' 와 같은 단서를 덧붙이는 문장에서는 '되'만이 자연스럽다. 아울러 준말은 아니지만 구 단위가 줄어든 꼴에 대한 제시도 필요한데, '-(으)려다가'는 '-으려고 하다가'가 줄어든 것이고, '-는대(요)'역시 '-는다고 해(요)'가 줄어든 꼴이다.

또한 표기법과는 다른 꼴이 실제 사용에서 더 자주 나타나는 경우도 있는데, '느냐니(요)'는 실제 대화에서는 주로 '-냐니(요)' 주로 사용되므로, 실제 자주 사용되는 형태 정보의 제시도 필요하다.

(4) 가. 할아버지께 밥 먹었느냐니 무례하구나.
    나. 할아버지께 밥 먹었냐니 무례하구나.

의존 구성 종결 표현은 관형사형 어미를 포함하므로 받침의 유무뿐만 아니라 시제와 품사에 따라 이형태가 달리 나타난다. 이에 의존 구성의 형태 정보에는 시제와 품사에 따른 이형태 정보를 제시할 필요가 있다. '-은/는/을 것 같다'는 아래와 같이 달라져서 학습자들에게는 매우 어려운 형태 변화로 느껴질 수 있다.

	동사			형용사	
	과거	현재	미래	현재	미래
받침 O	-은 것 같다	-는 것 같다	-을 것 같다	-은 것 같다	-을 것 같다
받침 X	-ㄴ 것 같다		-ㄹ 것 같다	-ㄴ 것 같다	-ㄹ 것 같다

특정 어미는 보조사와 자주 결합하여 의미를 강조하는 경우도 있는데, (가)와 같이 '-으니까'는 '는'과 결합하여 '-으니까는, -으니깐' 등으로 사용된다. 또한 (나)와 같이 일부 어미들은 보조사 '요'와 결합하여 문말에 사용되는 일이 있다. (다)와 같이 '-는지 모르다' 역시 주로 조사 '-도'와 결합하여 '-는지도 모르다'의 꼴로 쓰인다. 이렇게 보조사와 결합하여 자주 사용되는 경우는 이에 대한 정보도 제시할 필요가 있다.

> (5) 가. 당신이 그렇게 말했으니깐 애가 충격을 받았던 거야.
> 나. 그 일은 제가 책임지겠습니다. 제가 한 일이니까요.
> 다. 지금쯤 아이가 학교 정문으로 나오고 있는지도 모르겠다.

또한 구어상에서 문어와는 다른 발음이 다양하게 나타날 수 있는데, 예를 들어 '-으려고'는 '-을려고, -으려구, -을려구, -을라구, -을라고, -을라구' 등과 같은 다양하게 발음된다. 듣기 이해력의 측면에서는 이러한 현실 발음에 대한 이해도 필요하다. 학습자들이 늘 표준 발음만 듣게 되는 것은 아니기 때문이다.

3. 선어말 어미 교수

한국어의 선어말 어미는 주로 높임이나 시제, 그리고 추측 등의 화자의 태도를 나타낸다. 선어말 어미는 서로 간에 결합이 가능한데, 이들은 일정한 순서를 가진다. 높임의 '-시'가 가장 먼저 오고, 아래의 순서로 나타난다.

(6) 어간 + {시} + {었} + {겠} + {더} + 어말 어미

<선어말 어미 '-시-'>

'-시-'는 주체에 대한 높임을 나타내는 것으로 어간에 가장 가까이 결합한다. 대부분의 용언은 어간에 '-시-'가 붙지만, 다른 형태로 대체되어 사용되는 경우도 있다. 이러한 높임 표현들은 학습자들에게 따로 제시하여 인식하게 할 필요가 있다.

(7) 자다: (할아버지께서) *자시다, 주무시다
    있다: (돈이 많이) 있으시다, (댁에) 계시다
    먹다: 드시다, 잡수시다

'-시-'는 화자가 상위자나 그와 관련된 사물, 행위, 상태 등을 가리킬 때 사용된다.

(8) 아버지께서는 연세가 많으신데도, 아직 직장에 다니신다.

<선어말 어미 '-었-'>

'-었-'은 보통 과거 시제를 표시하는 기능을 한다. 때로는 완료상을 나타내기도 하는데, 완료상은 사건의 시작과 끝이 있는 상황에서 사건의 끝에 관심을 둘 때 쓴다. 예를 들어, 꽃이 피는 상황은 언제 발생하였는가보다는 '꽃이 핀' 사태에 관심을 두기 때문이다.

(9) 가. 어제는 하루 종일 비가 내렸다.
　　나. 저기 꽃이 피었다.

'-었-'은 상적 상황을 가리킬 때도 사용할 수 있는데, 이는 화자가 마치 과거 사건처럼 그 내용의 확실성을 믿을 때나 조건을 나타내는 어미 앞에 쓴다.

(10) 가. (아버지가 아끼는 꽃병을 깨뜨렸으니) 너는 이제 죽었다.
　　나. 내가 나를 용서했으면 한다.

그런데 용언이 관형사형으로 사용되는 경우에는 '-었-' 대신 '-ㄴ/-은'이 사용되며, '-겠-' 대신 '-ㄹ/-을'이 사용된다. 다만, '-던, -었던'은 가능하다. 동사냐 형용사냐에 따라 관형사형이 달라지고 의미의 차이도 있어, 이로 인해 학습의 초기에는 관형사형 오류가 매우 많다.

(11) 가. 간, 가던, 갔던, *갔은 / 가는 / 갈 사람 (동사)
　　나. 예쁘던, 예뻤던, *예뻤은 / 예쁜 / 예쁠 사람 (형용사)

<선어말 어미 '-더-'>

'-더-'는 화자가 과거에 직접 경험하여 지각한 것을 회상하면서 보고하는 기능을 하여 흔히 '회상 시제'로 불리기도 한다. 따라서 지각의 대상이 되기 어려운 화자 자신의 행동에는 '-더-'가 쓰이지 못하고, 반대로 (나)와 같이 화자 자신에게만 지각 대상이 되는 심리적 상태는 '-더-'가 쓰인다.

(12) 가. 철수가/*내가 노래를 잘하더라.
　　나. *철수는/나는 몹시 배가 고프더라

관형사절에서의 '-더-'는 이러한 인칭 제약을 보이지 않는데, 이때의 '-던'은 관련 동작이 완결되지 못했음을 표시한다. 그래서 관형사절에서 과거에 완결된 행위를 표현하려면 (나)에서 보듯이 '-은'이나 '-었던'이 사용된다.

(13) 가. 내가 읽던 책이 어디 갔지?
나. 내가 읽은/읽었던 책 중에서 이 책이 가장 재미있다.

'-더-' 역시 과거 사실에 대한 진술 표현이므로 '-었-'과 의미적 겹침이 생길 수 있다. 하지만 '-었-'은 어떤 사건이 발화시 이전에 일어났음을 표시하고, '-더-'는 화자가 어떤 사건을 발화시 이전에 지각했음을 표시한다. '-었-'은 지각이든 추론이든, 누군가에게 전해 들었든 간에 화자가 어떤 사건이 발화시 이전에 발생한 것이라고 판단되면 사용할 수 있는 데에 반해, '-더-'는 (나)와 같이 화자의 지각을 통해서 직접 인식하지 않으면 사용할 수 없다. 둘은 '-었더-'와 같이 동시에 결합하여 나타날 수도 있다.

(14) 가. (아침에 바닥에 고인 물을 보고) 어젯밤에 비가 왔네.
나. (아침에 바닥에 고인 물을 보고) *어젯밤에 비가 오더라.
다. 꽃이 정말 예쁘게 피었더라.

'-더-'는 후행하는 어미가 아주 제약되어 있으며, '-더라, -더구나, -더니, -던데, -던'와 같이 어말 어미와의 결합형으로 주로 나타난다.

<선어말 어미 '-느-'>

이론 문법에서는 선어말 어미 '-느-'를 분석하여 설명하나, 한국어교육 현장에서는 '-느-'의 결합형에 주목한다. '-느-'는 후행하는 어미와 긴밀히 결합하며 한 덩어리처럼 굳어져 쓰이며, 후행하는 어말 어미는 특정한 어미로만 제한되는 경우가 많다(15). '-느-'는 평서문의 '-는다'으로 실현되고, 감탄문의 '-는구나'으로 실현되며, 의문문의 '-느냐, -ㄴ/-는가' 등으로

결합하여 나타나고, '-네, -니, -습니다' 등에서는 어말 어미와 융합된 모습을 보인다. 따라서 한국어교육에서는 이를 따로 분석하지 않고 덩어리로 제시한다. (16)과 같이 '-느-'는 동사와 결합하여 현재 시제를 나타내며, 형용사 어간에 결합하지 못한다.

(15) 가. -ㄴ다/-는다, -는구나, -느냐, -ㄴ/-는가
    나. -습니다, -네, -니?

(16) 가. 먹는다, 먹는, 먹는구나
    나. *작는다, *작는, *작는구나

<선어말 어미 '-겠-'>

'-겠-'은 추측을 나타내는 것이 일반적이다.[30] '-겠-' 이 미래를 나타내는 경우도 있는데, 앞으로서의 상황이 어느 정도 예정된 것인 경우 미래 시제를 나타내는 요소로 쓰인다.

(17) 가. (찬 바람이 부는 것을 보니) 내일은 날씨가 많이 춥겠다.
    나. 오후 1시부터 회의실에서 모임이 있겠으니 많이 참석해 주시기 바랍니다.

'-겠-'은 다양한 양태를 나타내는데, (18)에서와 같이 주어가 1인칭이고 서술어가 화자의 능력과 관련되면 가능성을 나타내며(가), 주어가 1인칭이고 서술어가 자발성을 가지면 의지를 나타내기도 한다.(나) 한편, '-겠-'은 화자의 완곡하게 말하는 태도를 나타낼 때 쓰여 정중함을 표시하기도 한다.(다)

---

30) 한국어의 양태는 '-겠-'과 더불어 '-ㄹ 듯하다'나 '-어야 하다'와 같이 보조 용언 구성으로 실현된다.

(18) 가. 나도 이제는 네 마음을 알겠다.
　　 나. 나는 과학자가 되겠다.
　　 다. 처음 뵙겠습니다. 들어가도 되겠습니까?

추측 표현으로는 '-ㄹ 것이-'도 활발하게 사용되는데, 특정한 상황이나 구문에서 추측 외에 미래, 가능성, 의지의 용법을 보인다는 점에서 '-겠-'과 유사하다. 하지만 '-겠-'은 현장 혹은 자신의 지각에 따른 화자의 추측을 나타내는 반면, '-ㄹ 것이-'는 화자나 타인의 지식이나 믿음에 바탕을 둔 화자의 추측을 나타낸다는 점에서 차이가 있다.

아래 예문 (19)의 (가)는 기상 전문가가 객관적 자료를 바탕으로 보도하는 말이고, (나)는 보도를 듣고 내일 날씨에 관해 추측을 하는 말이다. (20)의 또 (가)는 현장에서 시킨 음식을 보고 추측하는 말이고, (나)는 어떤 음식에 대한 과거의 지식을 바탕으로 한 추측이다.

(19) 가. (기상 전문가) 내일은 많은 비가 내리겠습니다./??내릴 겁니다.
　　 나. (일기예보를 본 시청자) 내일은 비가 올 거야./??오겠다.
(20) 가. (주문한 음식을 보면서) 야, 맛있겠다./*맛있을 거야.
　　 나. (먹어본 음식에 대한 의견) 너도 맛있을 거야./*맛있겠다.

한편 용언이 명사형으로 사용되는 '-음/기'의 경우, 어미 '-기' 앞에는 '-겠-'이 오지 못하지만 '-음' 앞에는 '-시-, -었-', '-겠-'이 자유롭게 올 수 있다.

(21) 가. 가 + 시 + 었 + *겠 + 기
　　 나. 가 + 시 + 었 + 겠 + 음

4. 어말 어미 교수

4.1 연결 어미 교수

둘 이상의 단문이 결합되어 복합문을 만드는 방식에는 병렬과 종속이라는 두 가지 방식이 있다. 병렬 연결이란 절과 절이 의미적으로 대등하게 연결되는 방식을 이르고, 종속 연결이란 한 절이 중심이 되는 절에 종속되는 방식을 말한다. 병렬 어미는 나열이나 대조, 선택 등의 대응적인 의미를 표현하고 그 수가 몇 개 되지 않는다. '-고, -으며/-며, -지만, -으나/-나' 등이 있다. 반면에 종속 어미는 시간, 원인, 조건, 목적, 양보 등의 의미를 나타내며 주된 절을 의미적으로 부가하거나 보충하며, 종속 어미의 수와 종류도 다양하다. 병렬 어미는 시제나 양태 어미와의 결합에 별다른 제약이 없으나, 종속 어미는 대체로 시제나 양태 어미와의 결합에 제약이 있다. 하지만 연결 어미는 병렬이든 종속이든 연결의 기능만을 할 뿐, 독자적으로 종결을 이루는 문말형을 이루지는 못한다는 점에서는 공통적이다.

4.1.1 병렬 어미

병렬 어미는 의미적으로는 절과 절을 대등하게 연결하지만 형태적으로는 선행절에 독립적이지 않다. 아래에서 병렬 어미 '-고'는 의미적으로는 선행절 전체에 관여하나, 행태적으로는 용언의 활용 꼴로 나타나는데, 이는 영어의 대등 접속사 'and, but' 등이 선행절과 후행절에서 독립적인 것과 대조된다. 많은 학습자들이 이러한 형태 변화에 익숙지 않으므로 문법적 의미와 활용을 대비해서 가르치는 게 좋다.

(22) 가. 산은 높고 계곡은 깊다.
      나. [[산은 높]고 계곡은 깊]다.

병렬 어미는 크게 나열, 대조, 선택 등의 관계를 표시한다. '나열'을 나타내는 어미는 '-고, -으며/-며'가 대표적이고, '대조'는 '-으나/-나, -지만', '선택'은 '-거나, -든지'가 대표적이다.

> (23) 가. 어제는 비가 왔<u>고</u> 과자를 먹었<u>으며</u> 친구한테 전화도 받았<u>고</u> 동생한테 편지도 썼다.
> 나. 수진이가 선물을 했<u>지만</u> 재희는 기뻐하지 않았다.
> 다. 땅이 젖은 것을 보니 어젯밤에 눈이 왔<u>거나</u> 비가 왔다.

앞뒤 절이 서로 대등한 지위를 지니기 때문에 모두 주제를 나타내는 조사 '은/는'이 올 수 있고, 대체로 앞뒤 절의 순서가 바뀔 수도 있으며 동일한 연결 어미가 되풀이되어 나타날 수도 있다. 이는 각 절이 의미적으로 대등함을 의미하는 것이다.

> (24) 가. 산은 높고 계곡은 깊다.
> 나. 계곡은 깊고 산은 높다.
> 다. 산은 높고 계곡은 깊고 바다는 넓다.

하지만 병렬 어미 중 일부는 병렬의 문법적 의미와 더불어 종속의 의미를 모두 가지기도 한다. 아래 예문은 '-고'가 나열의 의미 관계를 나타나는 병렬 어미와 시간적 선후 관계를 표시하는 종속 어미로 모두 사용될 수 있음을 나타낸다. 병렬 어미는 시제 어미와의 결합이 가능하나, 종속 어미는 이러한 제약이 없다.

> (25) 가. 철수는 애인을 만났고 밥을 먹었다.
> 나. 철수는 애인을 만나고 밥을 먹었다.
> 나'. 철수는 애인을 만나고서 밥을 먹었다.

4.1.2 종속 어미

종속 어미는 어떤 자격으로 종속되느냐에 따라, 명사형 어미, 관형사형 어미, 부사형 어미로 나뉜다.

<명사형 어미>

우선 주절에 대해 명사로 종속되는 예로, 명사형 어미는 용언이 '-음/-ㅁ'과 '-기'로 활용된다. 흔히 한정된 사태에는 '-음/-ㅁ'이 쓰이고 그렇지 않은 것에는 '-기'가 쓰인다. 아래에서 '그가 범인임', '자신이 그 사건과 관련이 없음'은 실체가 있거나 이미 정해진 것과 관련된 한정된 사태를 가리키며, 함께 어울리는 주절의 서술어로는 '보다, 듣다, 알다, 깨닫다, 분명하다, 확실하다, 주장하다' 등 인식과 관련되거나 인식을 전제한 것들이 온다.

(26) 가. 그가 범인임이 확실하다고 생각한다.
나. 그는 자신이 그 사건과 관련이 없음을 주장하였다.

이와는 달리 '-기'는 정해지지 않은 것과 관련되며, 함께 어울리는 주절의 서술어로는 '쉽다, 좋아하다, 바라다' 등이 주로 쓰인다.

(27) 가. 그는 사귀기가 쉽다.
나. 그는 사람들과 이야기하기를 좋아하기 때문이다.
다. 나는 내일도 그와 만나기를 바란다.

이밖에 명사형 어미로 '-ㄴ 것/-은 것, -는 것, -을 것/-ㄹ 것, -다는 것' 등이 대체되어 쓰인다.

<관형사형 어미>

한국어의 관형사형 어미는 시제에 따라 분화되는데, '-은/-ㄴ'은 완료 과거를, '-던'은 과거의 습관적 행위나 완료되지 못한 미완료 과거를, '-는'은 현재를, '-을/-ㄹ'이 미래와 추측을 나타낸다.

(28) 가. 나비를 잡은 지용
나. 나비를 잡던 지용
다. 나비를 잡는 지용
라. 나비를 잡을 지용

형용사 어간 뒤에서는 '-은/-ㄴ'이 현재를, '-던'이 과거를, '-을/-ㄹ'이 미래와 추측을 나타낸다. '-은/-ㄴ'은 동사 어간 뒤에서는 과거를 나타내고, 형용사 어간 뒤에서는 현재를 나타내므로 학습자들에게는 혼동의 대상이 될 수 있다. 형용사에 쓰인 '-던'은 상태가 지속되지 못하고 바뀌었음을 나타내며, 형용사에 붙는 '-을/-ㄹ'은 그 앞에 조건이나 양보를 나타내는 구성이 오지 않으면 잘 결합하지 않는다. 이밖에 (30)처럼 '-었을-', '-었던', '-겠던'과 같이 관형사형의 결합형이 나타날 수 있다.

(29) 가. 얼굴이 예쁘던/예뻤던 지수
나. 얼굴이 예쁜 지수
다. ??얼굴이 예쁠 지수 /화장을 하면 얼굴이 더 예쁠 지수

(30) 가. 나비를 잡았던 지용
나. 이미 떠났을 지용

그런데 관형사절은 꾸밈을 받는 명사가 관형사절 내의 생략된 한 성분과 일치하는 구문(가)과 관형사절이 꾸밈을 받는 명사의 의미를 보충하는 구문(나)으로 나뉜다. 다른 언어에서는 이러한 관형절이 다른 표지로 나타날 수도 있으므로 학습자들이 이를 이해할 필요가 있다.

(31) 가. [어제 내가 ∅i 읽은] 책i
나. [어제 비가 온] 사실

<부사형 어미>

부사형 어미는 가짓수가 가장 많으며 그 용법 또한 가장 다양하다. 부사형 어미를 의미 관계에 따라 분류하면 다음과 같다.

(32) 가. 시간 : -으면서/-면서, -으며/-며, -아서/-어서, -고(서), -자마자, -다가
    나. 인과 : -어서/-아서, (원인) -으니(까)/-니(까), -으므로/-므로, -기에
    다. 양보 : -어도/-아도, -더라도, -은들/-ㄴ들, -을망정/-ㄹ망정
    라. 조건 : -으면/-면, -거든, -어야/-아야, -던들
    마. 목적 : -으러/-러, -으려고/-려고, -고자, // -게, -도록

부사형 어미가 붙은 부사절은 병렬 어미가 붙은 연결 어미와는 달리 통사적 제약이 있는데, 크게 주어와 관련된 제약, 시제와 관련된 제약, 문장형과 관련된 제약으로 나눌 수 있다. 먼저, 주어 제약으로는 '-으려고/-려고, -으러/-러, -고자'처럼 부사절의 주어와 주절의 주어가 항상 같아야 하는 제약이 있는 경우가도 있다. 아래 (가)의 '만나-'의 주어와 '나가-'의 주어는 같아야 하는데, 이러한 제약은 의미 관계에 따라 제약 여부가 결정된다. 잇따라 일어나는 동작에서 그 시간적 선후 관계를 나타낼 때는 (나)와 같이 주어가 같아야 하나, (다)와 같이 이유의 의미 관계를 나타낼 때는 이러한 제약이 존재하지 않는다.

(33) 가. 철수는 [애인을 만나]-려고 다방에 나갔다.(목적)
    나. 인부들이 [짐을 덜]-어서 다른 차에 실었다. (시간적 선후)
    다. [내가 하도 전화를 걸]-어서 집주인이 내 목소리를 안다.(이유)

또 부사형 어미 중에서는 시제 관련 어미에 제약이 있어 '-었-, -겠-'과 모두 결합하지 못하거나 '-겠-'과 결합하지 못하는 경우가 적지 않다. (가)의 '-고서'는 '-었-, -겠-'과 결합하지 못하고, '-다가'는 '-었-'가는 결합하나, '-겠-'과 결합하지 못한다. '-느라고, -으려고/-려고, -으러/-러, -자마자' 등은 시제 어미와의 결합이 어렵다.

(34) 가. 철수는 결혼을 하고서 살이 많이 쪘다.
　　　나. 집에 갔다가 다시 학교로 돌아왔다.
　　　다. 길을 가다가 친구를 만났다.

　부사형 어미 중에는 주절의 문장형에 제약이 있는 경우가 있다. (가)의 '-거든'은 주절이 명령문이어야 하고, (나)의 '-되'는 주절이 의문문으로 실현될 수 없다. 비슷한 의미 관계를 표현하는 '-지만'과 비교될 수 있는데, 종속 어미인 '-되'와 달리 병렬 어미인 '-지만'은 후행절에 의문문이 올 수 있어 이러한 제약이 없다. (다)의 '-려고'는 주절이 평서문이어야 한다.

(35) 가. 부산에 오거든 {반드시 연락해라/*반드시 연락한다/*연락하느냐}
　　　나. 철수는 키는 작되 {마음은 크다/*마음은 크지?}
　　　나'. 철수는 키는 작지만 {마음은 크다/마음은 크지?}
　　　다. 영어를 공부하려고 {학원에 등록했다./*학원에 등록해라/*학원을 등록하자.}

　한편, 부사형 어미와 대당되는 의미를 나타내는 '-기 때문에, -기 전에, -ㄴ 후에, -ㄹ 때(에)'와 같이 일부 굳어진 의존 명사 구성들은 부사형 어미의 빈자리를 메우면서 자연스레 부사형 어미처럼 쓰이는 경향이 있다. 한국어 교육 현장에서는 '표현'이라는 용어로 부사형 어미와 같은 수준으로 교수되는데, '의미'로 보면 같은 역할을 하며, 번역 시에도 같은 기능을 수행하는 경우가 많아서 학습자들에게는 유사 단위로 교수된다.

(36) 가. 철수는 일이 많기 때문에 시간을 낼 수 없었다.
　　　나. 방학이 끝나기 전에 숙제를 다 끝내자.
　　　다. 철수는 졸업한 후에 바로 취직을 하였다.
　　　라. 한국에 여행 갔을 때 우연히 월드컵 경기를 보았다.

그런데 종속 어미는 짧은 절을 이루는 경우, 외국인 학습자의 눈에는 대역어를 고려할 때, 절이라기보다는 관련 품사의 단어 정도로 인식되는 경우도 있어, 지나치게 통사 구조 중심의 교수는 지양하는 게 바람직하다.

> (37) 가. 먹기에 부담스러운 케이크.
> 나. 저 예쁜 여자가 누구야?
> 다. 크게 소리쳐 봐.

4.2 종결 어미 교수

한국어의 문장은 말하는 사람이 나타내는 심리적 태도에 따라 문장의 종류가 달라지는데, 이를 문장 종결법이라고 한다. 문장 종결법은 종결 어미로 구현되며, 크게 평서문, 의문문, 명령문, 청유문으로 나눌 수 있다. 이밖에 감탄문, 약속문, 허락문을 따로 구분하기도 하나, 감탄문과 약속문은 평서문의 하나로 보며, 허락문은 명령문의 하나로 볼 수 있다.

평서문은 말하는 사람이 듣는 사람에게 어떤 사실을 전달하는 것이고, 상대에 대한 요구는 없다. 나머지는 듣는 사람에게 요구가 있는 문장으로 의문문은 상대방의 응답을 요구하고, 청유문은 어떤 행동을 제안하고, 명령문은 어떤 행동을 요구하여 모두 행동을 요구하는 문장이다. 문장 종결법은 아래의 종결 어미로 실현된다.

> 가. 평서문 : -다/-는다/-ㄴ다, -네(요), -데(요), -소/-오, -어(요)/-아(요), -지(요), -습니다/-ㅂ니다, -구나, -구먼, -으마/-마, -을게/-ㄹ게
> 나. 의문문 : -니, -으냐/-냐, -어(요)/-아(요), -소/-오, -나, -은가/-ㄴ가, -습니까, -을까(요)/-ㄹ까(요), -지, -잖니
> 다. 명령문 : -어라/-아라, -으라/-라, -어/-아, -게, -으오/-오, -구려, -으십시오/-십시오, -으소서/-소서, -으렴/-렴, -으려무나/-려무나
> 라. 청유문 : -자, -세, -읍시다, -ㅂ시다

감탄이나 약속은 평서문에 속하며 허락은 명령문에 포함된다. 하지만 한국어교육 현장에서는 이를 묶어 설명하기보다는 화자가 표현하고자 하는 의미를 중심으로 분화해서 제시하는 것이 보통이다.

(38) 가. 야, 눈이 온다! 가'. 저기 철수가 오는구나. (감탄)
     나. 오늘은 내가 저녁을 사지. 나'. 제가 할게요/하겠어요/하겠습니다. (약속)
     다. 가고 싶으면 가라. 다'. 더 놀다 가렴. (허락)

그런데, 문장 종결 어미를 교수할 때는 몇 가지 고려할 점이 있다. 첫째는 형태와 기능이 일치하지 않는 경우가 있다. 즉, 특정 문장 종결의 어미들은 원래의 문장 종결형과는 달리, 실제 사용에서는 다른 기능을 수행하기도 한다. 이는 직접적인 명령이나 제안에 부담을 가지는 화자가 보다 완곡하게 발화하려는 의도를 가지기 때문이다. 이에 아주 친한 경우가 아니라면 상대에게 청유나 명령을 하고자 할 때, 직접적인 종결 어미를 사용하기 보다는 의문을 나타내는 종결 어미를 사용하여, 상대방의 의견을 묻듯이 제안이나 명령을 하는 경우가 많다. 아래의 문장은 그 맥락에 따라 다양하게 해석이 가능하다.

(39) 자, 이제 갈까(요)? (√ 질문, 청유, 명령)

'-을까'라는 의문형 종결 어미를 사용했지만, 실제로 대화에서는 단순한 '질문' 표현이 아닌 청자에게 '청유'의 기능을 수행하는 경우도 많다. 실제 대화에서는 친근한 관계를 제외하고는 직접적인 명령이나 청유의 종결 어미 사용이 어색한 경우도 많다. 따라서 학습자는 형태에만 주목하지 말고 해당 문장에서의 기능에 주목할 필요가 있다. 이에 교사는 상황 맥락에 기대어 실제 대화상에서 선호되거나 고빈도로 나타나는 간접 표현을 교수하여 외국인의 실제 생활에 도움을 줄 수 있어야 한다.

둘째는 각 종결 어미의 사용 빈도나 용법은 다르다. 일부 종결 어미는 매우 격식적이거나 문어적이거나 심지어 다소 고어적인 표현일 경우가 있어 현대 구어에서는 자주 사용되지 않을 수 있다. 예를 들어 격식성이 높은 '-습니다'체는 친근한 사이에서 사용하면 거리를 두는 느낌이 들 수 있고, 문어적인 '-(으)소서'는 기도문이나 편지글, 문학 작품과 같은 특정 장르를 제외하고는 활발히 사용되지 않는다. 따라서 자주 사용되는 종결 어미에 대한 정보가 제공될 필요가 있다.

셋째는 문장 종결 어미는 상대존대의 층위를 가진다. 종결 어미들은 대화 상대나 상황에 따라 존대법과 연동되므로, 학습자들은 존대의 맥락에 맞는 어미를 구분할 줄 알아야 한다. 학습자는 청자에 따른 적절한 존대 종결 어미의 선택할 수 있어야 하고, 같은 청자라도 격식과 비격식의 상황에 따라 종결 어미의 선택이 달라질 수 있음을 이해할 수 있어야 한다. 한국어에서 상대존대법은 대체로 여섯 등급 '해라체, 해체, 하게체, 하오체, 해요체, 하십시오체'로 나뉜다. 이 중 '해요체, 하십시오체'는 윗사람에게 쓰이고, 나머지는 윗사람에게 쓰이지 않는다. 각각의 말체는 아래와 같은 특징을 가진다.

- 해라체: 나이 어린 손아랫사람이나 가까운 친구에게 쓴다. 가까운 사람에게 쓴다.
    - 예) -다/ㄴ다/-는다, -구나, -느냐, -니, -아라/-어라, -자
- 해체: 반말체로 거의 동등한 등급에 쓰나, 상대방을 좀 더 조심스러워 하는 말투이다.
    - 예) -아/-어, -지, -아/-이야
- 하게체: 아랫사람이나 친구에게 쓰되, 나이가 있는 사람들 간에 상대를 대접하여 쓴다.
    - 예) -네, ㄹ세, -나/-은가/-ㄴ가, -게, -세
- 하오체: 아랫사람이나 친구에게 쓰되, 상대를 거의 자신과 대등하게 높여 대우하는 말투로 나이든 사람들 간에 쓰지만 현대 구어에서는 잘 사용되지 않는다.
    - 예) -으오/-오/-소, -으오/-오, -구려
- 해요체: 상위자에게나 하위자로 간주하기 어려운 사람에게 쓰는 말투이다. '하십시오체'보다는 격식을 덜 차리는 느낌을 준다.
    - 예) -아요/-어요, -지요, -네요
- 하십시오체 : 상위의 인물에게만 쓰는 말투로 가장 정중하고 격식적이다.
    - 예) -습니다/-ㅂ니다, -습니까/-ㅂ니까, -으십시오/-십시오

넷째, 문장 종결은 화자의 태도를 드러내므로, 이와 관련된 담화의 기능을 학습하여야 한다. 아래는 종결 어미의 다양한 담화 기능을 보인 것이다.

- 반발 및 불만 표현: -냐니(요), -냐고(요), -냐니까(요), -냐면서(요), -는다고(요), -는다니(요), -는다니까(요), -는대(요), 으라고(요), -으라니(요), -으라니까(요), -으라면서(요), -으래(요), -자고(요), -자니(요), -자니까(요), -자면서(요)
- 발견한 사실 표현: -네(요), -는군(요), -는구나
- 알려 주기 표현: -거든(요), -는단다, -잖아(요), -더라고(요), -는답니다
- 의도 및 계획 표현: -을게(요), -을래(요), -을테다
- 제안, 청유 및 지시 표현: -읍시다, -을까(요), -을래(요), -지(요), -지그래(요)
- 추측 및 완곡 표현: -을걸(요)
- 메모·표어 표현: -기, -음, -을 것

한편, 특정 장르에만 고정적으로 쓰이기도 하는데, 신문 기사나 일반 서책의 글에서 사용하는 말투도 있다. 이 말투에는 '하라체'라고 부를 만한 어미가 사용되는데, 평서문에서는 '-ㄴ다/-는다', 명령문에서는 '-으라/-라', 의문문에서는 '-은가/-ㄴ가'가 사용된다. 글이란 특정한 몇몇 독자나 청자를 상대로 작성되지 않으므로 이때 쓰이는 어미는 간접 평서문, 간접 명령문, 간접 의문문의 형식을 취한다.

(40) 가. 어제 살인 사건이 발생했다.
나. 다음 문제의 질문에 답하라.
다. 인생이란 무엇인가?

종결 어미의 기본 어미가 맥락에 따라 확장되어 억양 등이 달라지면서 특정한 의도를 나타내기도 하므로 이에 주의를 기울여야 한다. 예를 들어 인용 표현은 타인의 말을 단순히 전달하는 인용의 기능을 넘어, 청자에게 화자의 불만이나 채근을 드러내는 기능으로 사용될 수도 있다.

(41) 가. 내일까지 당장 나가라니요? 그게 말이나 됩니까?
　　　나. 지금 간다니까요? 짜증나게 하지 마세요.

　종결 위치에 자주 사용되는 굳어진 구 형태의 표현에도 주목할 필요가 있다. 이들 역시 화자의 태도를 드러내며, 특정한 담화 기능을 나타내므로 학습자들은 이들을 덩어리로 학습할 필요가 있다. 해당 표현들은 연결과 종결 위치 모두에서 나타나는 선어말 어미 대당 표현으로 볼 수 있지만, 대부분은 문말에서 종결 어미와 결합하여 굳어진 표현으로 사용되는 경우가 더 많아서, 해당 덩어리 전체가 종결 표현처럼 인식되기도 한다. 담화 기능에 따른 주요 덩어리 표현들은 다음과 같다.

- 가능성 표현: -을 수밖에 없-, -기(가) 십상이-, -기(가) 쉽-, -을 만하-, -을 법하-, -을 수 있/없-, -는 수가 있-, -을지(도) 모르-, -기(가) 어렵-, -을 리(가) 없-, -을 리(가) 만무하-
- 경험 표현: -어 보-, -은 적이 있/없-
- 능력 표현: -을 수 있/없-, -을 줄 알/모르-
- 당연 표현: -은/는 법이-, -기/게 마련이-
- 부담 제거 표현: -어 버리-, -어 치우-
- 상태 지속 표현: -어 두-, -어 놓-, -어 있-, -고 있-
- 성취 표현: -고 말-, -어 내-
- 속성 판단 표현: -은/는 편이-, -은/는 축에 들-, -은/는 감이 있-
- 안타까움 표현: -고 말-, -어 버리-
- 의무 표현: -어야 되-, -어야 하-
- 진행 표현: -고 있-, -는 중이-
- 추측 표현: -을 텐데, -은/는/을 게 틀림없-, -을 것이-, -나/은가 보-, -나/은가 싶- -나/은가 하-, -은/는/을 모양이-, -은/는/을 것 같-, -은/는/을 듯싶다/듯하-
- 한정 표현: -을 뿐이-, -을 따름이-
- 희망 표현: -고 싶-, -으면 싶-, -으면 하-, -(았)으면 좋겠-

문법 항목별 문법 교수 8강

1. 문법 항목의 정보

 한국어교육 현장에서의 문법 교수는 문법에 대한 독립적인 교수가 아니라 교재의 단원별 주제에 따른 문법 항목으로 제시되는 게 일반적이다. 물론 국외에서 한국어를 전공하는 학습자를 대상으로 하는 경우, 학습자의 모국어로 한국어 문법에 대한 특성을 별도로 가르칠 수도 있다. 하지만 언어 수업에서는 문법이 앞서기보다는 교재 내의 대화문을 배워 나가면서 연계되는 문법 항목을 학습하게 되는 것이 일반적이다. 따라서 문법의 체계가 먼저 설명되고 개별 문법 항목에 접근하기보다는, 의사소통과 연계되는 문법 항목을 배우다가 어느 시기에 이르러 해당 문법 범주의 전반적 체계를 이해하게 된다. 예를 들면 '-다, 는다'를 배우고 나서, '-았-'과 '-겠-' 그리고 '-을 것이다' 등을 차례로 학습한 후에야 비로소 한국어의 전반적인 시제 체계에 대해 이해하게 된다. 따라서 한국어 교수에서의 개별 문법 항목은 문법 교수의 시작이자 핵심적 요소라고 하겠다.

 문법 항목은 교재 내에서 주제와 연관되어 개별적으로 제시되고 교육되므로, 교수요목 설계자는 전체적인 문법 항목의 수와 숙달도별 등급에 따른 적절한 배열, 그리고 유사한 문법 항목 간의 순차적 배열 등을 고려한 위계화를 염두에 둔다. 교수자는 교재 전반에 설계된 교육과정의 틀에 따라, 정해진 수업 혹은 교재에 주어진 개별 문법 항목을 다루게 된다. 각 문법 항목은 음운적, 형태적 환경에 따라 다양한 변이형이 나타날 수 있고, 의미적으로도 다의성을 가질 수 있다. 그런데 다의적 의미 항목에 따라 통사적인 정보, 다른 문장 성분과의 호응 정보, 담화적 정보가 연동되므로, 이에 대한 문법적 지식도 갖추어야

한다. 문법 항목 중 연결 어미를 예로 들어, 각 항목의 구체적인 정보들을 차례로 살펴보자.[31]

1.1 의미적 정보

우선, 개별 문법 항목의 의미 정보는 한 항목일 수도 있으나, 다의적인 것들도 있다. 가장 기본적인 문법적 의미를 우선 제시하고, 다의적 의미를 가지는 경우 순차적으로 구분해서 단계적으로 제시할 필요가 있다. 예를 들면 연결 어미 '-고'는 아래의 의미로 세분할 수 있다.

[의미1] 나열 – 두 가지 이상의 대등한 사실을 나열(listing more than two equal facts)
　　　예 지수는 키도 크고 예뻐서 인기가 많다.
[의미2] 시간순서 – 앞뒤의 말이 차례대로 일어남(the following statement happen in order)
　　　예 밥 먹을 거니까 손을 씻고 오너라.
[의미3] 행위의 지속 – 앞의 행위가 그대로 지속됨(preceding statement remains the same)
　　　예 지수는 새로 산 구두를 신고 학교에 갔다.
[의미4] 반대 사실 – 서로 뜻이 반대되는 말을 나열(listing words that have opposite meanings)
　　　예 누가 잘했고 못했고를 구별하는 게 쉬운 일은 아니다.
[의미5] 강조 – 형용사를 반복하여 그 뜻을 강조할 때 씀(emphasizing the meaning)
　　　예 높고 높은 가을 하늘이 정말 푸르다

이러한 의미의 차이는 모국어 화자들에게는 크게 변별되지 않으나, 괄호 안의 영어와 같이 외국인 학습자에게는 각기 다른 의미로 해석될 수 있다. 예를 들어 영어권 학습자는 '-고'와 영어의 'and'의 의미를 연계시킬 가능성이 있는데, 1번 의미를 제외하고는 'and'와 동일한 의미가 없으므로, 각각의 의미 항목은 별개의 의미로 해석될 수 있다. 이들 항목들은 실제 학습자의 숙달도별 단계에서는 각각의 항목이 단계적으로 별도로 제시되는 것이 효과적일 수 있다. 실제 수업 현장에서는 기본 의미부터 시작해서 별도의 항목으로 순차적으로 제시되는 경우가 대부분이다. 의미적으로는 하나의 기본 의미에서 파생된 것이더라도 의미 항목별로 통사적 제약이나 담화적 정보가 달라질 수 있다. 예를 들어 [의미1]은 선행절과 후행절의 내용을

---
31) 이 장은 강현화 외(2017)을 참고하여 기술하였다.

바꾸어도 의미가 변하지 않으므로 절 간의 어순 교체가 가능한 반면, 나머지 항목들은 그렇지 않다. [의미2]는 주로 행위의 시간 순서를 나타내므로 주로 동사와 결합하지만 다른 의미 항목은 동사에만 국한되지 않는다. [의미3]의 경우에는 앞의 행위나 그 결과가 지속된 상태에서 뒤의 행위가 이루어져, '-은 상태로'의 뜻이 되므로, 선행절과 후행절의 주어가 같아야 하며 후행절의 주어는 보통 생략되며, 선행 용언 역시, 주로 '쓰다, 신다, 입다, 들다, 하다'와 같은 착용 동사나 '타다, 몰다'와 같은 이동의 수단 및 방법을 타나내는 동사와 결합하며, 선행 용언과 결합할 때 '-었-', '-겠-'이 개재되기 어렵다. [의미4]는 반대의 의미를 가지는 용언이 쌍으로 와야 하고, [의미5]는 강조가 가능한 형용사로만 제약되며, 해당 형용사가 반복되는 차이가 있다.

다음으로, 항목 간의 변별은 예문이나, 결합 용언의 제약, 서법 등이 충분히 드러나도록 하는 게 좋다. 교실 안에서 의미 정보는 의미에 대한 설명이나 예문을 통해 전달된다. 의미는 상황에 따라 목표어 또는 학습자의 모국어로 설명되나, 예문은 목표어로 제시되므로 해당 문법적 의미를 가장 잘 드러내는 대표적인 예문을 제시하는 게 중요하다. 의미의 기술은 수행하는 의미와 이에서 확장된 의사소통 기능을 잘 드러내야 하며, 필요한 경우 교체하여 사용할 수 있는 관련 표현이 함께 제시되어도 좋다. 예를 들어, 이유로 사용되는 '-어서'는 후행문에 명령문이 올 수 없으므로 평서문을 제시하고, 이러한 제약이 없는 계기의 의미는 명령문을 제시하는 것도 방법이다.

- -어서[계기] 예 편지에 작은 사진을 함께 넣어서 친구에게 보내라/보냈다.
- -어서[이유] 예 날씨가 추워서 하루 종일 집에 있었다./*있어라

아울러, 문어와 구어에서의 사용 예를 모두 보여주고, 필요하다면 대화 단위의 인접쌍을 통해 해당 문법 항목의 의미를 제시하여 학습자로 하여금 예문을 통해 의미를 파악하게 하는 것이 중요하다. 조건을 나타내는 연결 어미 중 '-면'은 문어와 구어에 모두 사용되는 반면, '-거든'은 주로 구어에 사용되며 '-면'과의 교체가 가능하다.

- -거든 [조건]: '어떤 일이 사실이거나 사실로 실현되면'의 뜻 ☞ (관련) '-면'

  예 아이가 아프거든 빨리 병원에 데리고 가세요.

  예 가: 공항에 도착하거든 전화해라. 나: 네. 걱정하지 마세요

- -면 [조건]: 분명한 사실이나 어떤 일에 대한 조건

  예 봄이 오면 꽃이 핀다.

1.2 문법적 정보

문법 정보는 항목별로 문법적 제약의 정보가 상이하므로 개별 항목의 문법적 특성을 파악하여야 한다.

한국어의 어미는 다양한 문법적 제약을 가진다. 주어 인칭 제약, 선어말 어미 결합 제약, 특정 용언의 품사와의 결합 제약, 부사어 공기 제약, 보조사 '요' 결합 제약, 의문사 공기 제약, 간접 인용절로 쓰일 수 있는지, 보조 용언 구성으로 쓰일 수 있는지, 부정의 형태 및 대체 가능 형태에 제약에 차이가 있는지 등에 대한 다양한 정보들이 있다. 이러한 정보를 활용한 어미 교수는 학습자로 하여금 해당 어미의 잘못된 사용 가능성을 배제할 수 있다는 점에서 도움을 줄 수 있다.

우선, 연결 어미의 문법 정보는 선행절과 후행절을 연결하는 위치에서 기능하므로, 선행절과 후행절의 관계 속에서 주어나 목적어의 일치 제약 정보나 후행절의 문장 유형 제약, 그리고 시제나 부정형 등에 대한 정보 등이 제시된다. 아래와 같은 다양한 정보가 제공될 수 있다.

■ 주어 정보

주어와 관련된 정보로는 선·후행절 주어 일치 제약, 주어 인칭 제약, 유정 주어 또는 무정 주어 사용 여부 등이 제공될 수 있다. 첫째, 선행절과 후행절의 주어 일치 제약 및 주어 생략 가능 여부에 대한 정보가 있다. 예를 들어 어미 '-고도'는 선행절과 후행절의 주어가 같아야 하며, 후행절의 주어는 보통 생략되는 것이 자연스럽다. 연결 표현인 '-을 겸'도 선행절과 후행절의 주어가 일치해야 하고, 이 때 후행절의 주어는 보통 생략되므로 주어 생략 가능 여부에 대한 정보도 필요하다.

(1) 가. 아버이 은혜는 넓고도 깊다.
    나. 토요일이지만, 나는 공부도 할 겸 (나는) 학교에 나왔다.

둘째, 주어 인칭 관련 정보로, 주어에 특정 인칭만이 가능한 어미가 있다. 예를 들어, (가)의 '-더니'는 주로 2인칭이나 3인칭 주어와 함께 쓴다. 단, (나)의 새롭게 발견한 자신의 모습이나 감정에 대해서 말할 때에는 1인칭 주어와 함께 쓸 수 있다. 이와는 달리 (다)의 '-더라'는 1인칭만이 가능하다. 특정한 인칭만이 주어로 허용되는 경우 역시 이에 대한 정보를 제시하는 것이 좋다.

(2) 가. 지수가 밥을 많이 먹더니, 살이 많이 쪘더라.
    나. 나는 그 사람이 그렇게 싫더니, 요즘은 다시 보게 되었어.
    다. 어제 비가 와서 그런지, 나는/*지수는 많이 춥더라.

셋째는, 주어의 의미, 형태와 관련된 정보 혹은 제약이다. 특정 어미는 유정물만을 허용하는 경우가 있는데, 예를 들어 '-으려고'는 유정물을 나타내는 주어와 함께 쓴다.

(3) 가. 고양이가 뛰려고 한다.
    나. ?? 가위가 종이를 자르려고 한다.

■ 목적어 정보

목적어와 관련된 정보로는 선행절과 후행절의 목적어 일치 제약과 목적어의 의미, 형태와 관련된 정보 혹은 제약이 있다. 첫째, 선행절과 후행절의 목적어 일치 제약이다. 예를 들어 (4)의 '-아/어다가'는 선행절과 후행절의 주어나 목적어가 같아야 하며, 구어에서 후행절의 목적어는 보통 생략되는 것이 자연스럽다. 둘째, 목적어의 의미, 형태와 관련된 정보도 있다. 예를 들어 (5)의 '-아/어다가'는 선행절과 후행절의 행위의 장소가 달라야 하고, 이동할 수 있는 대상이 목적어로 온다.

> (4)　(나는) 꽃씨를 얻어다가 화분에 (?꽃씨를)심었다.
> (5)　여기서 물을 떠다가 저기로/?꽃씨를 날라라.

■ 선행어 정보

　선행 용언의 품사(동사, 형용사, 이다)가 제약되거나, 동사가 허용되더라도 이동 동사와 같이 특정 의미를 가진 동사만이 허용되는 경우가 있다. 의도를 나타내는 (가)의 '-으려고'는 주로 동사와 결합한다. (나)의 '-나 -ㄴ' 구성, '-디, 은' 구성, '-고 -은' 구성과 같이 연속되는 어미들은 선행 용언에 형용사만 허용되는 경우가 있는데, 주로 같은 용언이 반복된다.

> (6)　가. 영수는 돈을 찾으려고 은행에 가는 길이다.
> 　　　나. 머나먼 길. / 굵디굵은 손가락. / 멀고 먼 고향.

　한편 구체적으로 특정한 용언에만 한정되는 경우도 있다. '으며'가 '-으며 ~ -으며'의 꼴로 사용되는 경우에는 의미가 반대가 되는 두 동사가 나란히 나열된다.

> (7)　가. 오며 가며 만나는 사람들.
> 　　　나. 부모는 자식들이 미우나 고우나 똑같이 뒷바라지한다.

■ 선어말 어미 결합 정보

　'-었-', '-겠-', '-더-', '-시-' 등의 선어말 어미는 연결 어미에 따라 결합에 제약을 가지는 것도 있다. 예를 들어 의미상 과거나 미래의 일을 나타내더라도 선행 용언과의 사이에 '-었-', '-겠-'이 개재되기 어려운 경우가 있다. 하지만 어미에 따라 선어말 어미와의 결합이 가능한 것들도 있으므로, 이에 대한 개별적 정보가 제공될 필요가 있다.

(8) 가. 어젯밤은 밥을 많이 ??먹었고도 배가 고팠다. / 어제 밥을 많이 먹었지만 오늘 몸이 가볍다.
   나. 곧 봄이 ??오겠리니 희망을 가지고 기다려라. / 비는 내리겠으나, 춥지는 않겠다.

■ 부사 공기 정보

연결 어미의 의미에 따라 부정 부사와 어울리지 못하는 제약을 가진 경우도 있다. '-으려고'나 '-고나' 등의 주체의 의지를 나타내는 연결 어미는 부정의 '못'을 쓰면 어색하다.

(9) 나는 공부를 *못 하려고/하고자 한다.

■ 후행절 정보

일부 연결 어미는 후행절의 문장 유형에 대한 정보가 필요하다. (가의) '-(으)되'는 후행절은 주로 평서문으로 쓰며, 의문문으로 쓰더라도 확인 의문문이나 반문 등으로 쓴다. 청유문, 명령문으로 쓸 수 없다. 구 단위 연결 표현인 (나)의 '-은 반면(에)' 역시 후행절은 주로 평서문으로 쓰며, 후행절에 명령문, 청유문이 쓰이지 않는다. 일부 연결 어미는 후행절에 특정한 서술어만이 쓰이는데, (다)의 '-(으)러'는 후행절의 서술어로는 주로 '가다, 오다, 다니다, 나가다, 나오다, 들어가다, 들어오다' 등의 이동 동사가 함께 쓰인다. 또한 일부 연결 어미는 특정 시제와만 어울리리는데, (라)의 연결 어미 '-자'는 후행절에 주로 현재형, 과거형만이 쓰인다. 이에 반해 (마)의 연결 표현 '-을 바에'는 후행절에 주로 미래의 사건을 나타내내는 계획, 약속, 제안, 청유, 명령 등의 내용이 주로 온다.

(10) 가. 일단 먹되, 돈은 반드시 내야 한다.
    나. 철수는 돈은 많은 반면에 친절하지는 않다.
    다. 두고 간 책을 가지러 다시 왔어요.
    라. 비가 내리자, 날씨가 (추워졌다/춥다/??추워질 거야).
    마. 돈을 낼 바에야 차라리 대신 일을 (??했다/??하고 있다/할게).

■ 조사 결합 정보

  연결 어미에 따라 특정 조사와 결합 가능하거나 불가능한 경우가 있다. 예를 들어 '-다가'는 의미를 강조하기 위해 '-다가는, -다가도' 등으로 특정 조사와 결합하여 쓰기도 한다. 또한 '-다가는'은 '-다간' 또는 '-단'으로 줄여 쓸 수 있다. 연결 표현 '-은 다음(에)'는 보조사 '야'와 결합하여 필수적 조건을 강조하는 의미를 나타낼 수 있다.

> (11) 가. 잘못 (<u>했다가는/했단</u>) 큰일 나는 수가 있다.
>   나. 공부를 (<u>하다가는/??하다가만</u>) 잠이 들었다.
>   다. 직장에 합격한 다음<u>에야</u> 맘대로 놀 수 있지요.

■ 관용적 구 단위 정보

  연결 어미가 포함되어 관용적으로 사용되는 구 단위 표현들도 함께 제공할 필요가 있다. (가)의 '-어서'의 경우 '-에 관해서, -에 대해서, -에 따라서, -에 반해서, -에 비해서, -에 의해서, -에 있어서, -로 인해서, -로 미루어서, -로 보아서, -와 더불어서, -를 통해서' 등과 같이 다양한 구 단위 표현으로 사용된다. 또한 연결 어미는 (나)와 같이 특정 서술어와 자주 사용되어, 인사말과 같이 관례적인 표현으로 사용되는 경우도 있는데. 주로 '반갑다, 고맙다, 미안하다, 죄송하다' 등과 쓰여, 관례적인 인사말로 사용되는 경우가 많다.

> (12) 가. 이 일로 형<u>에 대해서</u> 믿음을 갖게 됐다.
>   나. 만나<u>서</u> 반갑습니다.

  다음으로, 종결 어미의 문법 정보는 해당 종결 어미가 결합되는 선행 용언, 선어말 어미 등에 대한 정보를 되도록 풍부하게 제시할 필요가 있다. 또한 보조사 '요'와의 결합 가능 여부에 대한 정보가 제시되어야 한다. 종결 어미와 관련된 문법 정보는 다음과 같은 것들이 있다.

■ 주어 정보

우선, 특정 종결 어미는 주어의 인칭 제약을 가지기도 한다. 예를 들어 '-을게(요)'는 1인칭 주어와 함께 쓰며, 2인칭이나 3인칭 주어와 함께 쓰기 어렵다. 특정한 주어 정보를 요구하는 경우도 있는데, 자신의 생각이나 주장을 청자에게 강조하여 일러 주는 뜻을 나타내는 종결 어미인 '-으라고(요)'는 주로 사람을 나타내는 주어와 함께 쓰며 주어 없이 쓰는 경우도 많다.

(13)   가. 제가 갈게요.
       나. 아프면 (??네가) 어서 집에 가라고.

■ 선행어 정보

다음으로, 종결 어미와 결합하는 선행 용언의 의미, 형태, 품사와 관련된 정보도 필요하다. 예를 들어 (가)의 '-을게(요)'는 주로 동사와 결합하며 형용사, '이다'와 결합하기 어렵다. (나)의 '-(으)ㄹ래'는 인지 동사와의 결합에 있어 부자연스러운 면이 있다.

(14)   가. ?내일부터는 예쁠게요.
       나.. ?난 모를래.

■ 선어말 어미 정보

종결 어미에 따라 결합하는 선어말 어미가 제약을 가지는 경우가 있다. 예를 들어 '-을걸(요)'는 '-시-', '-었-'과 결합할 수 있으나, '-겠-'과 결합하기 어렵다.

(15)   가. 강 선생님은 이미 떠나셨을걸요?
       나. 일간 빚을 ??갚겠을게. / 내일 일찍 오겠으니, 미리 준비하고 있어라

■ 부정형 정보

일부 종결 어미는 특정 부정형과의 공기가 어색하다. 예를 들어, (가)의 '-을걸(요)'는 '안' 부정형과 '못' 부정형은 가능하나 '말다' 부정형은 어색하다.[32] (나)의 '-고자' 역시 선행절에 '못' 부정이 어렵고, (다)의 '-느라고'는 부정 부사와의 결합이 자유스럽지 않다.

(16) 가. 그 사람 지금은 노래하지 않을걸요?/??말걸요?
 나. 내일은 학교에 ??못 가고자 합니다.
 다. 어제 ??못/안 자느라고, 밤새 놀았어요.

■ 조사 결합 정보

종결 어미에 따라 결합 가능하거나 결합 불가능한 조사에 대해 정보의 제공이 필요하다. 예를 들어, (가)의 '-더라'는 보조사 '요'와 결합하기 어렵다. 종결 위치에 쓰이는 표현 문형에도 결합 가능한 조사에 대한 정보가 필요하다. 예를 들어 (나)의 '-은/는/을 것 같다'의 표현에서 '것' 뒤에는 보조사 '은', '도', '만'이 결합할 수 있다.

(17) 가. 강 선생님이 가시더라./??가시더라요.
 나. 비가 올 것(은/도/만) 같다.

■ 문장 종결 형식 정보

종결 어미의 문장 종결 형식에 대한 제약 정보도 필요하다. 개별 종결 어미별로 평서, 의문, 청유, 명령형의 실현 가능 여부에 대한 정보가 필요하다. 어말 위치에서 주로 사용되는 의존성 명사 포함 표현 문형은 해당 문형이 주로 분포하는 위치나 주로 나타나는 활용꼴, 혹은 분포하기

---

32) 후회나 아쉬움을 나타내는 '-(으)ㄹ걸'은 '말다'를 통해 부정이 실현된다. 예 휴, 노래하지 말걸.

어려운 위치나 나타나기 어려운 활용꼴에 대한 정보가 제공될 필요가 있다. 예를 들어 '-을 따름이다' 는 종결 위치에서는 '이다'로만 사용되고, 연결 표현으로 쓰이는 경우에는 주로 '-을 따름이지'의 꼴로만 쓰며, 다른 연결 어미와의 결합은 어색하다. '-은/는/을 참이다' 역시 종결 위치에서 '이다'와만 결합하며, 연결 표현으로 사용되면 '-은/는/을 참에'로 고정되어 나타난다.

(18)   가. 합격 소식을 들으니 그저 기쁠 따름이다./ 그저 기쁠 따름이지, 다른 요구는 없다.
       나. 지금 막 나가려던 참이에요./ 막 나가려던 참에, 친구가 왔어요.

1.3 담화적 정보

담화 정보에는 해당 어미가 사용되는 사용역 정보, 구어형 정보, 의사소통 기능 정보 등의 정보가 있다. 어미가 제한된 특정 텍스트 유형에만 사용되거나, 특정한 사용역에서 제약적으로 사용되는 정보, 특정 상황 (격식 혹은 비격식) 정보, 특정 화청자 관계 (친소, 나이, 사회적 지위, 성별) 정보, 화자 정보(나이, 성별, 사회적 지위), 청자 정보(나이, 성별, 사회적 지위, 집단 여부 등) 등의 정보가 관련된다.

우선, 연결 어미는 선행절과 후행절의 의미 관계를 나타내는데 유사한 의미의 어미라도, 장르와 상황에 따라 선호되는 표현이 다른 경우가 있다. 연결 어미의 사용역 정보는 매우 다양한데, 특정 텍스트 유형에 주로 사용되는 어미가 있다. 예를 들면, '-(으)나'는 일반 대화문보다는 연설문이나 보고문, 신문 기사, 학술적인 글과 같은 장르에서 자주 사용된다. 구어나 문어에서의 사용 편중되어 사용되는 경향성을 보이는 어미도 있다. 예를 들면 이유를 나타내는 유사한 어미이더라도, '-으므로'는 논리적 표현을 하는 문어에서 주로 쓰이고 '-으니까'는 구어에서 활발하게 사용된다. '-으니까'는 '-으니'의 힘줌말로 '-으니'는 문어에 많이 쓰이는 데 비해, '-으니까'는 상대적으로 구어와 문어에 두루 쓰이는 경향이 있다.

(19)   합격 소식을 들으니 그저 기쁠 따름이다.

아울러 격식이나 비격식의 특정 상황에서 주로 사용되는 어미들도 있다. 예를 있는데, '-고자'는 주로 격식적인 상황에서 사용된다.

> (20)   새로운 제품을 설명 드리고자 이 자리에 모셨습니다. (설명회)

연결 어미는 구어에서 다양한 변이형을 가지기도 하는데, 구어 형태에 대한 정보도 필요하다. 예를 들어 '-(으)려고'는 구어에서는 '-을려고, -을려구, -을라고, -을라구' 등으로 발음되기도 한다. 모국어 화자가 늘 표준 발음만을 구사하는 것은 아니므로, 이해 교육 차원에서는 이에 대한 정보도 제공될 필요가 있다.

> (21)   내가 아이스크림을 (살려고/살려구/살라고/살라구) 가게에 갔거든.

어미는 기본적인 문법적 의미 외에도 다양한 함축된 의미를 가지게 되는데, 이러한 의사소통 기능 정보를 제공하는 것도 중요하다. 연결 어미 중 '-은/는데'는 선행절에 대한 설명이 기본적 의미이지만 주로 후행절에 요청, 제안, 명령을 하기 위한 배경 장치로 사용된다.

> (22)   여보, 간장이 떨어졌는데 퇴근하는 길에 하나만 사다 줘요. (명령)

담화적 효과를 위한 위치 이동도 나타난다. 연결 어미는 종결 위치에 사용되어 강조나 약화의 기능을 나타낼 때가 있는데, (가)의 '-(으)니까'는 (도치나 생략을 통해) 이유 또는 판단의 근거를 강조하거나 약화하는 효과를 얻을 수 있다. 때로는 연결 어미를 종결 어미화하기도 하는데, (나)의 '-을지'는 추측에 대한 막연한 의문이 있는 채로 뒤 절의 사실이나 판단과 관련시키는 데에 쓰는 연결 어미이지만, (다)의 문말에 '-을지요'로 사용되어 종결 어미의 쓰임을 가진다.

(23) 가. 너무 실망하지 마세요. 기회는 또 있으니까요.
　　　나. 내일은 얼마나 날씨가 좋을지 오늘 밤하늘에 별이 유난히 빛난다.
　　　다. 과연 어떤 것이 좋을지요?

　다음으로, 종결 어미 역시 다양한 담화 정보로 구성되어 있다. 종결 어미는 설명, 질문, 명령, 청유 등의 서법에 따라 문장을 끝맺는 기능을 주로 하면서 화자와 청자 정보, 화자의 태도에 대한 정보를 주로 담고 있다. 우선, 종결 어미에 따라 특정 장르에서만 한정적으로 자주 사용되는 경우가 있는데, '-음'은 주로 메모나 보고문 등의 글에서 사용하며, '-ㄴ/는다(중화체)'는 신문과 같은 텍스트에서 쓰인다.

(24) 가. 내일까지 제출하기로 함.
　　　나. ○○ 항공, 내달부터 자카르타에 신규 취항한다.

　구어 혹은 문어 사용의 편중성이 드러나는 어미들이 있는데, 예를 들어 '-을걸(요)'는 청자를 앞에 둔 구어 상황에서 주로 사용되는 어미이다. 격식적인 상황에서 주로 사용되는지 혹은 비격식적인 상황에서 주로 사용되는지에 대한 정보 제공도 필요하다. '-읍시다'나 '-은/는 가운데'는 주로 격식적인 상황에서 사용한다.

(25) 가. 아마, 그 분은 모를걸?
　　　나. 자, 이제 회의를 시작하도록 합시다.
　　　다. 바쁘신 가운데, 이렇게 직접 와 주셔서 진심으로 감사드립니다.

　'습니다'와 '-어요'는 모두 화자보다 나이가 많거나 사회적 지위가 높은 청자에게 쓰는 것이지만, '습니다'는 격식 상황에 주로 쓰이는 반면, '-어요'는 비격식적인 상황에 더 자주 사용된다. 화자와 청자의 나이, 사회적 지위, 성별, 친소 관계에 따라 종결 어미가 달리 선택되기도 하는데 (다)의 '-읍시다'는 화자보다 청자의 나이가 많거나 윗사람일 경우에는 잘 사용하지 않는다.

(26) 가. 지금부터 9시 뉴스를 시작하겠습니다.
    나. 널 알게 돼서 기뻐.
    다. ? 아버지, 주말에 같이 등산이나 갑시다.

 종결 어미도 기본적인 문법적 의미 외에도 다양한 함축된 의미를 가지게 된다. '-냐면서'는 '-냐고 하면서'의 준말로 '-냐고'에 '-하면서'가 결합한 말이지만, '-냐면서(요)'는 종결 위치에 쓰여 상대방의 앞선 발화, 질문에 대한 반감을 가지는 화자의 태도를 드러낼 때 사용되기도 한다.

(27) 아까는 왜 혼자만 하냐면서요? (혼자 하라는 말에 대한 따짐)

 구 단위 표현인 '-는 게 좋겠다' 역시 종결 위치에 사용되어, 단순히 자신의 생각을 말하는 것이 아니라, 청자에게 어떤 행동을 간접적으로 권유하거나 제안할 때 사용된다. '-을 수 있어요?'는 가능성을 묻는 의문문이지만, '요청, 명령'을 수행하게 되므로 이러한 의사소통 기능에 주목할 필요가 있다. (29)의 '-는데' 맥락에 따라 단순한 의문부터 감탄, 따짐, 반항, 공손, 강한 동의 등의 다양한 용법으로 쓰이면서 각기 다른 억양으로 나타날 수 있다.

(28) 가. 지금은 말씀을 안 하시는 게 좋겠어요.(권유나 제안)
    나. 간장 좀 사다 줄 수 있어요? (요청, 명령)
(29) 가. 뭐 먹었는데? (질문)
    나. 오, 성적이 많이 올랐는데? (감탄)
    다. 도대체 왜 그러는데? (따짐)
    라. 예 제가 좀 바쁜데요...(공손)
    마. 정말 좋은데요.(강한 동의)

1.4 공기 정보

공기 정보란 특정 어미와 함께 자주 쓰는 정보를 나타낸다. 예를 들면 (가)의 연결 어미 '-다시피'는 의미를 강조하기 위해 '거의', '매일' 등의 부사와 함께 쓴다. 또한 (나)의 '-는지'는 앞선 상황 강조하고자 할 때, 주로 '어찌나, 얼마나'와 함께 쓰이며, (다)의 연결 표현 '-은/는 김에'도 '이왕, 이미' 등의 부사와 자주 쓰인다.

(30) 가. 할머니가 저를 <u>거의</u> 키우<u>다시피</u> 하셨어요.
　　　나. 그 아기가 <u>어찌나</u> 귀엽게 생<u>겼는지</u>….
　　　다. <u>이왕</u> 한국에 다녀오<u>는 김에</u> 서울 말고 다른 도시도 가보고 싶어.

2. 유사 문법 항목의 목록

2.1 조사의 유사 문법 항목

의미나 용법이 겹치는 조사들은 사용에 있어 혼동이 생겨 학습자의 오류로 이어질 수 있다. 따라서 교사는 유사한 맥락에서 대체할 수 있는 조사의 용법과 더불어, 대체하면 어색하거나 뜻이 달라지는 조사들에 대한 지식도 필요하다. 아래는 유사 조사의 예이다.

<표 1> 조사의 유사 문형 목록

의미·기능	조사
주체	이/가 vs 은/는
장소	에 vs 에서
나열	에 vs 이니 vs 이며 vs 이다
목적지	에 vs 을/를 vs 으로
접속	과/와 vs 하고 vs 이랑
비롯됨	에게 vs 한테 vs 에게서 한테서

비슷함	같이 vs 처럼 vs 만큼
상관없음	이나 vs 이든지 vs 이라도
유일함	만 vs 밖에 vs 뿐
차선	이나 vs 이나마 vs 이라도
극단	까지 vs 도 vs 조차 vs 마저

위의 목록 중 초급부터 출현하면서 빈도가 가장 높게 '이/가'와 '은/는'의 공통점과 차이점을 살펴보자. 행동의 주체를 나타내는 이들 조사는 모두 초급 초반에 나타나며, 문두에 출현하며 문장 성분 중 주어에 결합한다는 공통점을 갖는다. 이러한 공통점으로 인해 한국어 학습자들은 고급 단계가 되어도 '이/가'와 '은/는'을 정확히 구분하여 쓰는 데에 어려움을 겪는다. 특히, 영어나 중국어와 같이 조사 없이 어순으로 행위 및 상태의 주체를 나타낼 수 있는 언어가 모국어인 학습자들에게는 이 두 조사의 차이를 변별하기 어렵다. 설사 일본인 학습자처럼 모국어에 '이/가'와 '은/는'에 해당하는 조사가 있다고 해도 그 의미·기능이 완전히 일치하지 않아 양 언어의 미묘한 차이를 구분하기란 쉬운 일이 아니다.

우선, 두 조사는 모두 문두에 와서 행동 및 상태의 주체를 나타내는 공통점이 있다.

(31) 가. 우산(이/은) 없어요.
 나. (내가/나는) 친구를 만났습니다.
 다. 친구(가/는) 태권도를 할 수 있다.
 라. 이 치마(가/는) 얼마예요?
 마. 이 버스(가/는) 신촌으로 가요.

(가)의 '우산이 없어요'와 '우산은 없어요'는 그 자체로는 모두 문법적으로 적절한 문장이지만, 앞뒤 맥락에 따라서는 둘 중 한 표현이 더 적절하게 느껴질 수 있다. 이처럼 이 두 조사는 문법적인 적법성을 이분법적으로 따질 수 있는 것이 아니어서, 학습자들은 다음과 같은 어색한 문장을 만들어 내기도 한다.

(32) 가. ? 제가 한국 음식이 좋아요.
　　　나. ? 지금부터 저는 발표를 할게요.

하지만, '이/가'와 '은/는'은 의미, 문법, 담화의 측면에서 차이점을 보이므로, 각 영역에 주목하여 두 조사 간의 변별에 초점을 둘 필요가 있다.

<의미적 차이>

'이/가'와 '은/는'은 의미적인 차이가 있다. 첫째, 두 조사의 파생적인 의미가 다르다. '이/가'는 맥락에 따라서 '배타적 지정'의 의미를, '은/는'은 '대조'의 의미를 갖는다. '배타적 지정'은 선행어의 후보가 되는 자매항 중에서 '다른 후보가 아니라 바로 그것이' 선택되었다고 하는 의미이며, '대조'는 서술어의 내용에 반대됨을 의미한다.

(33) 가. 아빠(가/는) 한국에 왔어요.
　　　나. 얼굴(이/은) 예뻐요.
　　　다. A: 오늘 시간 없다고? 그럼 내일도 안 돼?
　　　　　B: 아니, 내일(은/*이) 괜찮아.

예문 (가)와 (나)에서 화자의 아버지가 한국에 왔다는 명제적 사실에는 차이가 없다. 그러나 맥락에 따라서 (가)의 '아빠가'는 '엄마, 할아버지, 할머니가 아니라 바로 아빠가', '아빠는'은 '엄마는 안 왔지만 아빠는 왔다'와 같은 의미를 나타낼 수 있다. 이러한 '은/는'의 대조 의미는 단문에서 상태의 주체를 나타낼 경우에 더욱 두드러진다. (나)에서 '얼굴이'는 미인이라는 사실 전달에 초점이 있거나 얼굴을 강조하고자 한 것으로 볼 수 있다. 그러나 '얼굴은'은 '성격은 나쁜데 얼굴은 예쁘다'라든지 '다른 것은 모르겠지만 얼굴만은 예쁘다'와 같은 대조적 함축을 지니는 것으로 해석될 가능성이 높다. (다)는 대화 상황에서 이미 오늘은 시간이 없다는 대조적 의미를 나타내고 있으므로 '내일이'의 사용이 어색하다.

둘째, 소위 '주제어'로서의 기능을 할 수 있는지에 따른 차이가 있다. 문장의 주어 자리에 쓰인 '이/가'는 대개 행동 주체로 해석되는 데에 반해, '은/는'은 반드시 그런 것은 아니다. 오히려 '은/는'은 담화 상의 화제를 나타내며, '~에 대하여'로 환언하여 해석되기도 한다.

> (34) 가. 냉면(*이/은) 역시 여름이지.
> 나. 언어학(*이/은) 인간의 언어를 탐구하는 학문이다.

(가)에서 '냉면=여름'의 관계가 성립되지 않으므로 '냉면이'의 사용은 어색한 반면, '냉면은'의 사용은 가능하다. 이는 화자가 '여름에는 냉면을 먹어야 맛있다'는 생각을 함축적으로 표현한 것으로 '냉면에 대해서' 이야기를 하고 있지만 그것이 '여름이다'라는 서술어의 주체가 되지는 않는다. (나)역시 언어학 개론서에서 언어학에 대한 정의를 한다면, '언어학은'으로 시작하는 것이 자연스럽다.

<문법적 차이>

'이/가'와 '은/는'은 문법적인 차이도 있다. 첫째, 내포문에서의 쓰임이 다르다. 내포문에서는 '이/가'를 쓰는 것이 보통이나, '은/는'은 어색하다.[33] 특히 (다)와 같은 관형절에서는 '은/는'의 사용이 어렵다.

> (35) 가. 친구(가/*는) 제 선물을 좋아할지 모르겠어요.
> 나. 신혜 씨, 혹시 크리스 씨(가/*는) 어디에 사는지 알아요?
> 다. 이 빵은 (내가/*나는) 어제 산 빵이에요.

둘째, 의문사와의 결합에서 차이를 보인다. '이/가'는 '어디, 뭐, 언제' 등과 같은 의문사와의 결합이 자연스러운 반면, '은/는'은 그렇지 않으며, 대답을 할 때에도 '이/가'를 사용하는 것이

---

33) 후행에 대조적인 문장이 오면 다소 어색하지만 내포문의 '는'도 허용된다. 예 크리스 씨는 어디에 사는지 모르지만, 앨 래스 씨는 어디에 사는지 알아요.

더 자연스럽다. 이는 '이/가'가 열린 범주 중에서 어떤 것을 특별히 선택하는 '선택 지정'의 의미와 관계가 있다. (가)의 예를 살펴보면, '과일'이라고 하는 열린 선택지에서 화자는 '사과, 배, 수박, 귤, 딸기, 오렌지, 바나나 …' 중 화자가 마음에 들어 하는 과일 하나를 지정하여 말하고 있으므로 '이/가'를 사용한다. (나)에서도 마찬가지로 해당 공간에 있는 사람들 중에서 어느 사람이 '김수지'인지를 묻고 있으며, 이러한 물음에 대한 대답으로는 '다른 사람이 아니라 바로 나'라는 의미로 '제가'를 사용하고 있다.

(36) 가. A: 과일 중에서 뭐(가/*는) 좋아?
          B: 수박(이/*은) 좋아.
      나. A: (누가/*누구는) 김수지 씨입니까?
          B: (제가/*저는) 김수지예요.

셋째, '은/는'과 '이/가'는 문장에서의 분포의 차이를 보인다. '은/는'은 보조사이므로 목적격 조사의 자리에도 올 수 있고 부사나 다른 조사, 어미에도 활발히 결합한다. (가)에서 '이제'라는 부사 뒤에 '은/는'이 사용되었다. (나)에서는 조사 뒤에 '은/는'이 결합하였다. (다)는 연결 어미 '-(으)면'에 '은/는'이 결합되는 반면, '이/가'가 결합되지 않는다. 다만, (라)와 같이 '이/가'도 다른 조사와 결합할 수 있기는 하나, 결합할 수 있는 조사의 수가 한정적이다. 아울러, '이/가'도 때로는 보조사로서의 쓰임을 갖기는 하지만 상대적으로 분포가 제한적이어서, (마)와 같이 문두에서는 '은/는'과 '이/가'가 모두 사용될 수 있지만, 목적격 자리에서는 '이/가'의 사용이 어색하다.

(37) 가. 이제(는/*가) 말할 수 있다.
      나. 실내에서(는/*가) 뛰지 마시오.
      다. 만약 또 아프면(은/*이) 일단 병원에 가.
      라. 오직 너만(*은/이) 나를 이해할 수 있어.
      마. 내 친구(는/가) 술(은/*이) 안 마셔.

부정 표현에서 사용되는 어미 '-지' 뒤에는 '은/는'과 더불어 '이/가'도 결합할 수 있지만, (가)는 단순히 방이 깨끗하지 않다는 것을 강조하여 발화하고 있는 반면, (나)는 '다른 것은 모르겠고', 혹은 '방도 넓고 좋지만' 등의 대조적인 함축의 의미가 숨어 있어 본래의 의미와 연계됨을 알 수 있다.

(38) 가. 방이 깨끗하지<u>가</u> 않네.
     나. 방이 깨끗하지<u>는</u> 않네.

넷째, 화자의 의지를 나타내는 문장에서는 '이/가'가 더 자주 공기한다. 화자의 의지를 나타내는 '-겠습니다', '-을게요'로 문장을 종결하는 경우, '은/는'을 쓰면 어색하다. 이는 '이/가'가 '다른 사람이 아니라 바로 자신'이라는 지정의 의미를 가진다.

(39) 가. (<u>제가</u>/*저는) 도와 드릴게요.
     나. (<u>제가</u>/*저는) 설명해 드리겠습니다.

<담화적 차이>

'이/가'와 '은/는'은 담화적인 차이도 있는데, 문장을 넘어서서 상황(구어에서의 발화 상황, 문어에서의 문맥), 화·청자가 공유하고 있는 지식 여부를 종합적으로 판단할 필요가 있다. 첫째, '이/가'는 신정보에 결합하는 반면, '은/는'은 구정보와 주로 결합한다. 신정보란 화자가 청자 혹은 독자가 모르리라고 기대하는 것을 가리킨다. (가)는 동화가 시작되는 도입부로 첫 문장에서는 '공주가'가 자연스러운데, 그 다음은 '공주는'의 쓰임이 자연스럽다. (나)와 같이 모르는 사람에게 길을 물을 때에도, 화자는 청자에게 '서울역'이라는 장소를 대화에서 처음 제시하게 된다. 따라서 '서울역이 어디예요?'가 자연스럽다. 만약 '서울역은 어디예요?'라고 묻는다면 화자는 청자가 당연히 서울역이 어디에 있는지 알 것이라는 가정 하에 말을 한다는 인상을 주므로 자연스럽지 않다. 그리고 그것의 대답으로는 '서울역'이라는 장소가 공유된 상태이므로 '서울역은'으로 발화하는 것이 자연스럽다.

(40) 가. 옛날 옛날에 공주(가/*는) 살았어요. 그 공주(는/*가) 아주 예뻤어요.
　　　나. A: 저기요, 길 좀 물을게요. 서울역(이/*은) 어디예요?
　　　　　B: 서울역(은/*이) 이쪽으로 좀 더 걸어가셔야 돼요.

그러나 담화에서 처음 도입되는 대상이라고 할지라도 해당 문장이 전달하고자 하는 내용이 상식적인 것이라면 '은/는'의 쓰임이 자연스럽다. (가)에서처럼 '현대인이 정보화 시대에 살고 있다'고 하는 것은 새삼스러운 일이 아니며, 화자가 청자에게 강조하여 말하지 않아도 일반적으로 공유하고 있는 상식적인 내용이다. 마찬가지로 (나)처럼 '지구가 둥글다'고 하는 것도 사실로 받아들여지는 정보이므로 '이/가'가 아니라 '은/는'을 쓰는 것이 자연스럽다.

(41) 가. 현대인들(은/*이) 정보화 시대에 살고 있다.
　　　나. 지구(는/*가) 둥글다.

'은/는'은 구정보와 결합하는 것이 자연스럽다. 구정보는 화청자 간의 정보 공유 여부와 관계가 있다. 흔히 한국어 교재에서 자기소개를 하는 상황에서는 '은/는'을 쓴다고 제시하고 있는데, 자기소개의 상황은 눈앞에 상대가 존재하고 이미 소개의 상황을 공유하므로 '은/는'이 자연스럽다. (가)는 자신을 소개하는 상황으로 '나'라는 존재를 공유한 상태에서 '나'에 대해서 이야기를 하고 있으므로 '제 취미', '우리 가족' 등에도 모두 '은/는'이 결합하는 것이 자연스럽다. 그러나 (나)와 같이 처음 인사를 할 때, 화자가 말로만 들어왔던 '수지 동생'의 존재를 눈으로 처음 확인한 경우에는 해당 인물의 실물이 화자에게 있어서 신정보가 되므로 '이/가'를 쓰게 된다.

(42) 가. 안녕하세요. (저는/*제가) 이수지라고 합니다. 제 취미(는/*가) 독서예요.
　　　　　우리 가족(은/*이) 모두 5명이에요.
　　　나. A: 얘기 많이 들었어. (네가/*너는) 수지 동생이구나.
　　　　　B: 처음 뵙겠습니다.

그러나 신정보이냐 구정보이냐 하는 정보의 종류를 한국어 학습자가 매번 판단하는 것은 어렵다. 따라서 이러한 담화 정보를 토대로 하여, 구체적인 상황에서의 기능을 세분화하여 어떠한 상황에서 '은/는' 혹은 '이/가'의 사용이 선호되는지를 제시하는 것도 하나의 방법이 될 것이다. 예를 들어, '자기소개'에서는 '은/는', 을 주로 사용하고 화자가 자기만 아는 것을 청자에게 말해야 하는 상황, 즉, '자신의 경험 이야기하기', '들은 내용 전달하기', '청자에게 어떤 것을 상기시키기', '변명하기', '고백하기' 등의 기능을 수행할 때는 '이/가'의 사용이 자연스럽다는 식의 상황중심적인 접근이 유용할 수 있다.

2.2 어미의 유사 문법 항목

연결 어미(연결 표현 포함)는 유사성으로 인해 학습자에게 혼동을 일으키거나 오류를 야기하기도 한다.

<표 2> 연결 표현의 유사 문형 기술 대상 목록

의미·기능	문법 표현
원인 및 이유 표현	-어서, -으니까, -더니, -으므로, -길래, -느라고, -으니만큼, -기 때문에, -는 바람에, -는 통에, -은/는 탓에, -어 가지고
결과 표현	-은 결과, -은 끝에, 은 나머지
기회 표현	-은/는 김에, -는 길에
대립 표현	-지만, -는데, -으나, -은/는 반면에, -은/는 대신에, -는가 하면, -으되
목적 표현	-으려고, -으러, -고자, -게, -게끔, -도록, -으라고
시간 표현(선후관계)	-고, -고서, -어서, -고 나서, -은 다음에, -은 후에, -은 뒤에
시간 표현(동시관계)	-으며, -으면서, -을 때, -는 동안에, -는 중에, -는 가운데, -는 사이에, -는 도중에, -는 동시에
양보 표현	-어도, -더라도, -을지라도, -은들, -음에도, -어 봤자, -는 한이 있더라도
조건 표현	-으면, -어야, -거든, -는다면, -어야지
즉시 순차 표현	-자, -자마자, -기가 무섭게, -는 대로
추가 표현	-은/는 데다가, -을 뿐만 아니라

이 중 '-어서'와 '-느라고'를 살펴보자. '-느라고'는 (43)과 같이 앞의 내용이 부정적인 영향을 끼쳐 어떤 일을 못했거나 좋지 않은 결과가 있을 때 자주 쓴다. 그렇기 때문에 후행절에는 '못 하다, 안 하다, 아프다, 바쁘다, 고생하다'와 같은 부정적인 내용이 오는 경우가 많다. (44)의 '-거든(요)'는 '-잖아(요)'와 마찬가지로 앞선 말이나 상황에 대한 근거나 이유를 말할 때 사용하기도 한다. 그러나 청자가 모를 것이라 가정한 내용에 대해서 말할 경우에는 '-거든(요)'를 사용한다. 반면 청자가 알고 있는 내용에 대해서 말할 경우에는 '-잖아(요)'를 사용한다. (45)의 '-는 동안'과 '-는 사이'는 유사하게 보이지만, '-는 동안'이 어떤 행위나 상황이 지속되는 시간을 나타낸다면, '-는 사이'는 어떤 행위 또는 상황이 일어나는 중간의 짧은 시간을 나타낸다는 차이가 있다. (46)와 같이 아쉬움이나 후회 등의 의미를 나타낼 때는 '-어 버리다'와 '-고 말다'를 대부분의 경우에 바꿔 쓸 수 있다. 그러나 부담을 덜게 되어 시원한 감정을 나타낼 때는 '-어 버리다'를 쓰는 것이 자연스럽다.

---

(43) 가. 발표 준비하느라고 어제 한숨도 못 잤다.

(44) 가: 지수야, 우리 다이어트도 할 겸 아침에 운동할까?
　　나': 나는 못 해. 나 아침에 영어 학원 다니거든.
　　나: 나는 못 해. 나 아침에 영어 학원 다니잖아.

(45) 눈 깜짝하(는 사이에/??는 동안에) 아이가 없어졌어요!
　　식사하(는 동안에/??는 사이에) 음악이나 들읍시다.

(46) 포기를 (해 버리니/?하고 마니) 마음이 훨씬 편하구나.

유사 표현 간의 문법적 차이가 있는 경우도 있다. (47)에서 '-어서' 뒤에는 명령문과 청유문을 쓰기 어려운 데 반하여, '-으니까'에는 그러한 제약이 없다. (48)의 명사형을 만드는 '-기'는 '-시-', '-었-', '-겠-'과 쓸 수 없으나 '-음'은 이러한 선어말 어미들과 쓸 수 있다. 또한 '-기'는 형용사, '이다'와 쓸 수 없으나 '-음'은 쓸 수 있는 차이가 있다. (49)의 '-는 대로'와 '-자마자'를 살펴보면, '-는 대로'의 후행절에는 과거 시제가 올 수 없고, 미래의 내용이 이어지는 것이 자연스럽다. (50)의 '-어 있다'와 '-고 있다'에서, 행위의 결과가 지속됨을

나타내는 경우, '-어 있다'는 목적어를 필요로 하지 않는 동사에만 쓸 수 있으나 '-고 있다'에는 그런 제약이 없다.

> (47) 날씨가 (??추워서/추우니까) 집에 있자.
> (48) 어제 시장에 (??갔기/갔음)
> (49) 일어나(자마자/??는 대로) 운동하러 나갔다.
> (50) 눈을 (감고 있다/??감아 있다).

유사 표현 간의 담화적 차이도 있다. '-어서'와 '-으므로'를 살펴보면, '-으므로'는 주로 문어나 격식적인 상황에서 사용하지만, '-어서'는 구어와 문어에 두루 사용한다.

3. 동일 의미군 비교 교수

이 절에서는 대립 표현을 예로 삼아 해당 문법 항목 간의 차이를 살펴보자. 대립 표현은 '대립, 대조, 반의, 상보, 반대' 등 다양한 용어로 불리며, '-은/는데, -지만, -으나, -라, -고도, -음에도, -은/는 반면에, -은/는 대신에' 등이 있다.

<표 4> 대립 표현의 현행 교재 출현 현황

초급	중급	고급
-은/는데		
-지만		
	-으나	
	-라	
	-고도	
	-은/는 대신에	
		-은/는 반면(에)

예문(가)는 일반적인 대립 관계로 선행하는 내용과 후행하는 내용이 서로 반대되는 자질을 연결하는 기능을 한다. (나)는 보상 용법이라고 할 수 있는데 어떠한 단점에 대하여 보상하는 내용이 후행절에 나타나는 쓰임을 보인다. (다)는 예상하는 내용에 반하는 내용이 후행하는 내용으로 오게 되었음을 나타낼 때 쓰는 용법이다. (라)는 보통 '아니다'에 결합하여 쓰이는 대립 표현으로 A가 아니라 B임을 강조할 때 쓰는 표현이다.

(51) 가. 형은 키가 큰데/크지만/크나/큰 반면 동생은 키가 작다.
　　　나. 그 식당은 값이 비싼데/비싸지만/비싸나/비싼 반면/비싼 대신 맛이 좋다.
　　　다. 설명을 들었는데/들었지만/들었으나/듣고도/들었음에도 이해가 안 된다.
　　　라. 나는 한국 사람이 아니라 베트남 사람이에요.

대립 표현을 세부 의미에 따라 변별해 보면, (가)는 일반적인 대립적 자질의 연결을 나타내는 것으로 '-은데', '-지만', '-으나', '은/는 반면'은 대체로 교체될 수 있다. 한편, (나)에서처럼 '-은/는 대신에'는 '보상'의 의미를 나타내는 용법으로 자주 사용된다. (다)는 예상하는 내용에 반하는 내용을 연결하는 표현으로 '-고도, -음에도'가 사용되고 있다. 이 경우에는 '-은/는 대신에, -은/는 반면에'와는 교체가 불가능하다. (라)는 '아니다'와 결합하여 쓰이는 특수한 대립 표현의 예로 선행하는 내용을 부정하여 뒤에 오는 내용을 강조하기 위해 사용한다.

(52) 가. 형은 키가 큰데/크지만/크나/큰 반면 동생은 키가 작다.
　　　　(형이 키가 큰 대신에 동생은 키가 작다.)
　　　나. 그 식당은 값이 비싼데/비싸지만/비싸나/비싼 반면/비싼 대신 맛이 좋다.
　　　다. 설명을 들었는데/들었지만/들었으나/듣고도/들었음에도 이해가 안 된다.
　　　라. 나는 한국 사람이 아니라 베트남 사람이에요.

대립 표현 간의 문법적 차이를 도표로 비교해 보면 아래와 같다.

<표5> 대립표현 문법 항목간의 비교

문법 항목	의미	문어성	주어 제약	결합 용언 제약	선어말 어미 제약	문장 종결법 제약
-은/는데		0	X	X	X	X
-지만		0	X	X	X	X
-으나		2	X	X	X	X
-라	[+부정]	0	X	O	O	X
-고도	[+기대]	1	O	O	O	O
-음에도	[+기대]	2	X	X	X	O
-은/는 반면(에)		2	X	X	O	X
-은/는 대신(에)	[+보상]	0	△	X	O	X

첫째, '-고도'는 선행하는 내용과 후행하는 내용의 주어가 일치해야 한다는 제약을 가진다. (가)는 '-고도'의 주어 제약을 드러내고 있으며, (나)는 나머지 문형들이 주어에 제약을 지니지 않음을 보이고 있다. 한편, (다)는 '-는 대신에'가 선행절과 후행절의 주어가 다를지라도 동일한 상위 주제어를 지니고 있을 경우 주어에 제약이 없음을 보이고 있다.

(53) 가. 연정이는 정답을 보고도 (연정이는/*신혜는) 못 본 척 했다.
　　　나. 연정이는 요리를 잘 하는데/하지만/하나/하는 반면/하는 대신 뒷정리는 잘 못 한다.
　　　다. 딸이 공부를 잘 하는 대신에 아들은 축구를 잘 해요. (상위 주제어: 자식)

둘째, 결합 용언 제약에서는 '-라'가 반드시 '아니다'와 결합하여 부정의 의미를 지니게 된다는 점이 특징적이다. 즉, (가)와 같이 늘 '아니다'와 함께 쓰여 대립의 표현으로 쓰이는 것이다. 한편, '-고도'는 동작성이 있는 동사와만 결합한다는 제약 조건을 지닌다. (나)와 같이 형용사, 이다 등과는 잘 결합하지 않는다는 것을 보여준다.

(54) 가. 서점은 1층이 <u>아니라</u> 3층입니다.
　　　나. 그 배우는 (*예쁘고도/연기를 잘 하고도) 인기를 못 얻었어.

　셋째, '-라'와 '-고도'는 선어말 어미 '-었-', '-겠-'과 결합하여 쓰이지 않는다는 제약이 있다. 뿐만 아니라 '-은/는 반면', '-은/는 대신에' 역시 '-었-', '-겠-'과 결합할 수 없다.

(55) 가. 직접 본 게 아니라/*아니었라/*아니겠라 다른 사람에게 들었어요.
　　　나. 직접 보고도/*봤고도/*보겠고도 믿을 수가 없었어.
　　　다. 수미는 마음씨가 착한/*착했는/*착하겠는 반면 얼굴은 못 생겼네.
　　　라. 수미는 암기를 잘 하는/*했는/*하겠는 대신에 금방 잊어버린다.

　넷째, 대립 표현은 대체로 문장종결법에 제약이 없지만, (가), (나)의 '-고도', '-음에도'는 기대하는 내용과 상반되는 내용이 후행문에 나타나기 때문에 명령문, 청유문으로 쓰지 않는다는 제약이 있다.

(56) 가. *그 일을 보고도 못 믿읍시다.
　　　나. *어린 나이임에도 뛰어난 실력을 갖춰라.

　대립 표현들은 담화적 차이도 있는데, 문어성과 구어성에 따라 그 사용에 차이를 보인다. '-는데, -지만, -라, -은/는 대신에'는 문어보다는 구어성이 강한 담화에서 주로 사용되고, '-으나, -은/는 반면에'는 문어성이 강한 담화에서 주로 사용되는 경향이 있다. '-은/는 대신에, -은/는 반면에'는 문어에서는 쓰일 경우 부사격조사 '에'가 생략되어 나타나는 경향이 있다.

<표6> 문어성에 따른 구분

-문어성 <--> +문어성
-는데
-지만
-라
-은/는 대신에　　　　　　-은/는 대신
-으나
-은/는 반면에　　　　-은/는 반면

    이들 문형들은 격식성 여부로 설명할 수도 있는데, 가령 아래는 모두 구어 담화임에도, 격식성이 두드러지는 (57)의 상황에서는 '-은/는 반면'이 사용되고, 비격식성이 강조되는 (58)의 상황에서는 '-지만'이 더 자연스럽게 사용되는 사례를 통해서 이러한 쓰임을 살펴볼 수 있다.

(57) (회사 면접에서)
　　　가: 자신이 생각하는 장점과 단점에 대해 간단히 말해 보세요.
　　　나: 저는 아주 성실한 반면 하나에 집중을 하면 나머지를 것들을 돌보지 못한다는 단점이 있습니다.

(58) (소개팅에서)
　　　가: 연정 씨는 혹시 장점이나 단점이 있나요?
　　　나: 네, 저는 성실하지만 하나에 집중을 하면 나머지를 잘 돌보지 못해요.

Ⅲ 문법 교수 활동

9강. 문법 교수의 원리와 절차

10강. 교육용 문법 항목의 선정과 배열

11강 의사소통 기능과 문법

12강. 문법 교재와 교실 활동

13강. 문법 평가

문법 교수의 원리와 절차 9강

1. 문법 교수의 원리

외국어 교수에서 의사소통 효율성을 담보하는 문법 교수를 위해서는 아래의 몇 가지 원리를 고려해야 한다.

첫째, 문법은 사용을 전제로 가르쳐야 한다. 문법에 대해서 배우기보다는 실제 활용을 전제로 한 구어와 문어에서 문법을 이해하고 사용할 수 있는 능력을 기르는 데에 초점을 두어야 한다. 필요하지 않은 문법 지식에 대한 교수는 잉여적이다.

둘째, 문법은 고립적이 아니라 문맥 안에서 교수되어야 한다. 언어교육의 한 부분으로 교육되어야 하며, 학습자들은 실제 사용되는 의사소통의 환경이 반영되는 문맥 안에서 문법의 역할을 인지할 수 있어야 한다.

셋째, 다양한 의사소통 환경에서 효율적으로 사용될 수 있는 핵심 문법을 우선적으로 가르쳐야 한다. 모든 문법을 학습자에게 가르칠 필요는 없으며, 학습자의 요구와 연관되는 문법 지식이 제공되어야 한다.

넷째, 문법은 이전 지식과 연계되어 가르쳐야 한다. 학습자가 가지고 있는 문법 지식을 활용할 필요가 있는데, 언어 보편적인 것과 모국어와의 차이가 나는 항목들을 구별하여 제공할 필요가 있다.

이러한 문법 교수의 원리를 바탕으로 교실 현장에서 고려해야 할 문법 교수에서 적용할 구체적인 원칙들도 고려해야 한다.

- 문법에 대한 이해가 의사소통 능력으로 이어질 수 있도록 형태적인 활용은 물론 문법적인 의미, 담화적 기능 등을 종합적으로 이해시켜야 하며, 개별 문법 항목의 형태, 의미, 담화적 특성을 모두 고려하여 학습자들은 상황 맥락에 가장 적절한 문법을 선택할 수 있게 해야 한다.
- 문법은 학습자의 숙달도 단계를 고려하여 위계화되어 제시되어야 하며, 목표 언어에서 이미 학습한 문법과 연계되어 다음 문법이 제공되도록 단계화할 필요가 있다.[34] 문법 교육은 한 번에 하나가 이루어지는 게 바람직하므로, 학습자의 숙달도 단계에 적당한 문법 항목들을 배열하려는 노력이 필요하다.
- 문법은 학습 목표와 학습 주제·기능과 관련이 되어야 하며, 문법 항목들이 전체 교육과정 안에서 학습 목표 및 교수요목의 목적을 충분히 살릴 수 있도록 반영되어야 한다.
- 문법은 재미있어야 한다. 자칫하면 문법은 어렵고 흥미 없는 영역이 되기 쉬우므로 학습의 필요에 접목하여 흥미로운 자료와 다양한 방법으로 학습자의 흥미를 유지시켜야 한다. 학습자에게 필요한 문법으로 동기를 유발하고, 사용할 수 있는 구체적인 상황 제시를 통해 문법에 대한 필요성을 이끌어 내야 한다.
- 문법은 학습자로 하여금 제시된 문법을 유의미하게 활용하여 텍스트의 이해나 생산에 대한 준비를 할 수 있는 과정이 되어야 한다. 이를 위해 학습자의 언어 사용의 기회를 높이는 학습자 간 상호작용을 최대한 유도하는 게 좋다. 구체적인 문제 상황을 주고 목표 문법을 사용한 발화를 통해 해결하도록 하는 활동은 문법의 유의미한 사용을 유도할 수 있는 방법이다.
- 문법 항목의 연습 과정은 의사소통적이어야 하고 그 형태를 제시할 때의 입력이나 연습 과정 등이 듣기, 말하기, 읽기, 쓰기 등 각각의 언어 기술과 연계되고 관련될 수 있어야 한다. 기계적이고 단편적인 연습보다는 실제적인 의사소통이 가능하도록 담화 단위로 확대될 수 있는 유의미한 연습을 실시하도록 한다.

---

34) 예를 들어 조사 '-에'의 경우에도 시간, 처소, 방향, 원인, 열거 등의 다양한 의미를 나타내는데 이 모든 의미를 한꺼번에 제시하는 것이 아니라 학습자의 숙달도와 필요성 등에 따라 순차적으로 학습되는 것이 좋다.

- 문법은 단순하고 쉽게 정리하여 전달해야 하며, 간략화해서 가르치는 것이 바람직하다. 교사는 문법 항목을 설명하는 데에 있어 가장 쉽고 적절한 예문을 제시해야 한다. 가능한 한 규칙 자체를 설명하기 위한 문법 용어 사용을 지양하고 필요하다면 학습에 도움이 되지 않는 불필요한 분류는 통합할 필요가 있다.
- 문법 학습 후에는 반드시 학습 여부를 확인할 수 있도록 적절한 피드백이 주어져야 한다.

2. 문법 교수의 방법

<문법 교수의 기본 조건>

효과적인 문법 교수의 전제 조건은 교육 자료와 교수자, 그리고 교수 방안의 측면에서 논의할 수 있을 것이다. 우선 교육 자료로는 아래의 조건들이 충족될 필요가 있다.

- 학습 내용이 주제, 과제, 어휘, 문법, 발음, 문화가 단계별로 구성되어야 한다.
- 학습 자료 구성에 최신 언어 교수 이론이 반영되어 있어야 한다.
- 교재에는 언어 훈련을 위한 (양적, 질적) 연습이 충분해야 한다.
- 교재에서 제시되는 과제는 실제적이어야 한다.
- 학습 자료는 학습자의 문화, 언어권, 취향, 전공, 직업에 맞아야 한다.
- 학습 자료는 학습자의 언어 수준과 부합해야 한다.
- 교사(원어민 혹은 현지인)가 다루기 적합한 교재여야 한다.
- 교사의 언어 교수법에 대한 지식을 고려한 교육 자료이어야 한다.

아울러, 교수자는 한국어와 교수에 관한 지식을 갖추어 전문가로서의 신뢰감을 가져야 하고, 정확한 발음을 구사할 수 있어야 한다. 수업의 주관자로서의 역할과 효율적인 학습자와의 상호작용이 일어날 수 있는 품성과 태도를 갖출 필요가 있다.

다음으로, 수업에서 문법 설명을 위한 효율적인 교수 방안에는 아래와 같은 것들을 포함해야 한다.

- 문법의 예시는 해당 용법을 명확하게 드러낼 수 있는 보기를 들어서 설명한다.
- 일반화된 규칙을 우선으로 설명하고, 예외에 대한 설명은 차선으로 한다.
- 문법에 대한 잘못된 정보를 제공하지 않도록 유의한다.
- 문법의 인지 여부를 체크하고 피드백을 주어야 한다.

문법 설명에서 문법 용어들을 사용해야 하는가도 쟁점이다. 문법-번역식 교수법에서는 문법 설명과 문법 용어들에 역점을 두었지만, 의사소통적 접근법에서는 가능하면 최소한의 문법 설명과 용어를 사용하면서 문맥 안에서 이해를 할 수 있도록 돕고자 한다.

<연역적 방법과 귀납적 방법>

'문법만' 따로 명시적으로 가르쳐야 하는지, 의사소통 맥락 안에서 인지하게 하는 것이 좋은지에 대한 논의도 있다. 일반적으로 학습자에게 문법을 제시하는 방법은 문법 규칙을 먼저 제시하는가, 언어 자료의 실례를 먼저 제시하는가에 따라 연역적 방법과 귀납적 방법으로 나뉜다. 전자는 규칙을 토대로 언어 자료를 설명하는 방법이고, 후자는 언어 자료를 토대로 하여 학습자 스스로 규칙을 추출해 내게 하는 방법이다.

문법 정보의 귀납적 설명법과 연역적 설명법은 각각의 장단점을 가지고 있다. 문법 정보는 의식적으로 학습하든 잠재적으로 학습하든 간에 의사소통을 가능하게 하는 데에 주요한 자료가 된다. 의사소통적이고 상호작용적이며 유의미한 학습을 강조하는 언어 교수의 모형에서는 문법만 따로 가르치는 수업을 배제하기도 하지만, 교수 활동에서 학습자의 자발적인 활동을 이끌어내는 경우 문법은 습득에 유용한 기능을 하기도 한다.

우선, 연역적 방법이란 교수자가 문법 규칙에 대해 먼저 설명한 후 그 문법이 적용된 예를 학습하게 하는 방법이다. 연역적인 문법 제시 방식은 문법-번역식 교수법이나 인지주의적 교수법 등 명시적으로 문법을 교수, 학습하는 교수법에서 선호한다.

| 교수자 문법 제시 | ⇒ | 예시에 적용 |

연역적 방법의 장점

- 성인 학습자는 지적 능력을 이용하여 시간과 노력을 절약할 수 있다.
- 명시적인 설명은 잘못된 추론을 통해 오류가 고착되는 것을 막을 수 있다.
- 학습해야 할 문법이 무엇인지 집중할 수 있다.

연역적 방법의 단점

- 문법 용어를 인지하고 있지 않으면 설명을 이해하기 어렵다.
- 교사 중심의 일방적인 전달 학습이 될 가능성이 있다.
- 학습자들의 수동적인 학습 태도로 인해 장기 기억으로 남기 어렵다.
- 언어 학습이 문법 학습이라고 하는 잘못된 믿음을 줄 수 있다.

귀납적인 방법은 실제의 예들을 제시한 후 그것에 적용되고 있는 규칙을 찾아내게 하는 방식이다. 의사소통적 접근법에서는 일반적으로 귀납적인 방법을 선호하는데, 학습자들의 학습 동기를 유발하고 장기 기억을 통한 학습 효과의 지속을 도모할 수 있는 장점이 있기 때문이다. 대부분의 모국어 사용자들의 언어 습득 과정과 같이 학습자가 실제 언어생활에서 목표어의 실례를 많이 접함으로써 학습자 스스로의 인지적 탐구 활동을 통해 그 언어의 규칙과 문형을 이해하여 보편적, 명시적인 규칙을 추출해내도록 유도하는 방법이다.

| 언어 자료 제시 | ⇒ | 학습자의 탐구 |

귀납적 방법의 장점

- 문법은 자연스러운 문맥에서 더 잘 습득된다.
- 규칙 습득이라는 단계를 통해 학습자 스스로 발전할 수 있다.
- 문법 설명으로 중압감을 느끼지 않고, 언어 자체로 받아들이게 된다.
- 규칙들을 발견하게 함으로써 내적 동기 유발을 형성한다.

귀납적 방법의 단점

- 문법 규칙의 발견이 교육의 목표라는 잘못된 인식을 심어 줄 수 있다.
- 언어 자료의 잘못된 해석으로 잘못된 문법 규칙을 세울 수 있다.
- 스스로 문법 규칙을 찾는 데에 많은 시간과 노력이 소요된다.
- 모든 문법이 명시적 규칙을 세울 수 있는 것은 아니다.
- 학습자가 규칙 형성에 대한 교수자의 세밀하고 주의 깊은 노력이 필요하다.

실제 수업에서는 목표 문법 항목에 따라 적절하다고 판단되는 귀납적인 방법과 연역적인 방법을 적절하게 절충해서 사용하는 것이 보통이다. 문법을 어떤 방식으로 제시, 설명할 것인가는 교수, 학습 상황이나 학습자 변인 등을 고려하여 절충적으로 활용할 수 있다. 숙달도에 따라 연역적 방법과 귀납적 방법 중 특정 방식이 선호될 수 있다. 아울러 귀납적 방식을 기본으로 하되, 연역적 제시 방법의 장점을 최대한 활용하여 절충하는 방법도 있다. 학습자로 하여금 귀납적으로 추론하도록 유도하지만, 마무리 단계에서는 교사가 문법 항목의 형태·의미·사회적 기능과 관련해서 명시적이고 간단하게 설명하는 방식이다.

<결과중심 문법과 과정중심 문법>

학습자가 문법을 익히는 과정에서 무엇을 중시하는지, 또 그 과정에서 교사는 어떤 역할을 수행하는지에 따라 결과 중심의 문법 교육과 과정 중심의 문법 교육으로 나눌 수도 있다. 결과 중심의 문법 교육은 언어의 형식과 의미에 초점을 두고 학습자에게 문법을 인식시키고

구조화하게 하는 방법이다. 이 방법은 문법적으로 정확한 문장의 생성을 최종 목표로 하며, 목표 문법 항목이 정해져 있다. 이에 반해 과정 중심의 문법 교육은 학습자로 하여금 언어 사용 활동에 참여시켜 문법을 자원으로 이용할 수 있도록 하는 방법이다. 이 방법은 실제 담화 상황 속에서 문법을 사용하도록 장려하면서 문법을 언어 학습의 도구로 삼는다. 이때 교사는 학습자가 문법적으로 정확한 형태의 문장을 생성해 내는 데 집중하기보다는 메시지의 전달을 얼마나 효율적으로 할 것인가에 주의를 기울이도록 유도한다. 그러나 이 두 가지 문법 교육 방식은 절충적 방법으로 교수될 수도 있다. 상호 배타적으로 운영되기보다는 전체 수업 구성에 있어 단계별로 제시될 수 있는데, 문법에 유의하면서 문법 지식을 정확하게 이해하기 위한 연습 단계가 이루어진 후 유의적 맥락에서 문법 지식을 활용해 메시지를 이해하고 생산하는 단계로 넘어갈 수 있도록 수업을 설계할 수 있다. 아울러 숙달도별로 달리 적용할 수도 있는데 초급과 중급에서는 필수 문법 항목을 중심으로 한 결과 중심 교수에 초점을 두다가, 중고급으로 확장되면서 열린 문법 항목을 지향하면서 보다 유의적 맥락에서 효율적인 산출을 목표로 하는 교수로 이행할 수 있을 것이다.

<PPP모형과 TTT모형>

학습 현장에서 가장 많이 이루어지고 있는 한국어 문법 교수 방법은 PPP모형과 TTT모형으로 구분된다.

- PPP 모형(Presentation → Practice → Production)

목표 문법 항목에 대한 지식적인 부분만을 제시(Presentation)한 뒤에 연습(Practice)을 통해 생성(Production)을 하는, 정확성을 강조하고 유창성을 가미하는 교수 방법이다. 3단계로 진행하며, 연역적 방식으로 문법을 제시하고 연습하는 모형이다. PPP 모형은 문법 사용의 정확성을 통한 언어 사용의 유창성을 강조한 것으로, 학습은 이러한 점진적인 단계를 거칠 때 가장 잘 이루어진다고 본다.

PPP 모형의 수업 단계

제시	연습	생성
교수자 제시 - 문법의 형태, 의미, 통사 제약 제시	반복	학습자 산출 - 실제적 적용 활동

- TTT 모형(Task 1 → Teach → Task 2)

과제(Task)를 기반으로 하며 과제 해결을 통해 유창성을 익힌 후 정확성을 가미한 문법 교수 모형이다. 과제는 과업이라고 부르기도 한다. TTT(과제 훈련) 모형이란 의사소통 능력 함양을 목표로 그 과제를 제시하여 과제를 해결함으로써 언어를 습득하게 하는 모형이다. 일반적으로 과제 1은 의사소통적 과제로 학습자를 준비시키는 단계이고, 과제 2는 과제 1을 반복하거나 유사 과제를 제시하여 정확하게 산출하도록 유도하는 단계로 진행된다. 과제를 기반으로 하는 것으로, 학습자들은 언어 사용에 있어서 자신의 의사를 보다 효율적으로 전달하기 위한 의사소통 과제를 수행하면서 유창성을 익힌 후 다시 이와 유사한 다른 과제를 수행하기 전에 각 문법 항목의 특징을 정확하게 배우는 과정을 거치므로, 유창성을 익힌 후 정확성을 가미하는 방법이다. 의사소통 교수에서 각광을 받은 방법이나, 다만 과제의 선정이 어렵고 단순히 과제를 배열하는 데에 그치는 한계를 가질 수 있다.

TTT 모형의 수업 단계

과제 1	교수	과제 2
과제 제시	문법 규칙 설명	유사 과제 수행

이밖에 교사의 주도보다는 학습자 스스로의 가설과 시도에 기대려는 접근도 있다. 이 모형은 관찰(Observation) - 발견·가설(Hypothesis) - 탐구·시도(Experiment)의 방법을 통해 문법 항목의 위계화 없이 어휘적 접근법으로 교수하는 방식이다.[35]

---

35) M. Lewis(1993) 참조

OHE 모형의 수업 단계

관찰		발견과 가설		시도
사용된 문장에서의 문법 관찰	⇨	문법 규칙의 발견과 가설 세우기	⇨	실제 수행하여 경험해 보기

이외에도 문법 현상에 주목하고 문법 의식을 고양하여 탐구 학습의 방법을 복합한 교수 모형인 인지(Noticing) - 규칙 발견(Discovering Rules) -적용 및 재구조화(Accommodation and restructuring)- 시도(Experimentation) 모형도 있다.[36]

NDAE 모형의 수업 단계

인지		규칙 발견		적용·재구조화		시도
문법 알아차리기	⇨	문법 규칙의 발견	⇨	문법 수용 및 재구조화	⇨	실제 수행하여 경험해 보기

PPP 모형은 결과 중심 교수의 대표적 모형이며, TTT 모형 등은 과정 중심에 더 비중을 두는 것이라 하겠다.

3. 문법 교수의 절차와 단계

3.1 명시적 문법 교수

교수 현장에서 명시적이고 직접적 문법을 교수하는 단계는 '동기 유발 - 제시 및 설명 - 문법 연습 - 사용 및 활용 - 정리'의 단계로 나눌 수 있다.

---

36) J. C. Richards(2002) 참조.

<그림> 명시적 문법 교수 학습 단계

동기 유발	⇨	제시 및 설명	⇨	연습	⇨	사용	⇨	정리
· 학습 목표인식 · 흥미 유발 · 배경지식		· 문법 규칙 제시		· 구조적 연습 · 유의적 연습		· 실제 적용 활동 · 반복 학습		· 정리 · 평가 · 차시 예고

(1) 동기 유발

　동기 유발(warm up) 단계에서는 본격적인 학습으로 들어가기 전에 학습할 문법 항목을 교사가 자연스럽고 부담스럽지 않은 상황에서 학생이 인식할 수 있게 하는 단계이다. 학습자들이 심리적으로 안정된 상태에서 수업에 흥미를 가질 수 있도록 준비를 하고 수업으로 넘어가기 위하여 자연스럽게 그날의 학습 내용을 이끌어낼 필요가 있다. 이 단계에서는 문법 형식이나 규칙을 부각시키기보다는 학습자가 해당 문법 항목의 의미나 기능에 관심을 갖도록 유도하는 게 중요하다.

　유의적인 질문을 통해 학습 항목으로 유도하는 방법이 사용될 수 있다. 이 단계에서는 자연스러운 상황을 만드는 교수의 기법이 중요하다. 학습할 문법 항목의 의미, 기능과 연관한 효율적인 학습 동기 유발 방법을 찾는 것이 중요하며, 일방적인 학습 목표를 제시하기보다는 자연스럽게 교수자의 경험이나 생활에서의 필요 등을 이끌어 목표 문법을 인식하게 하는 것이 좋다. 이 단계에서는 문법의 형식적 제약을 제시하기보다는 문법의 사용 환경에 관심을 갖도록 유도하는 것이 중요한데, 교수자의 말이나 시각 자료(그림이나 사진 등)을 적절히 사용할 수 있다. 학습자의 배경지식을 적절히 활용하여, 목표 문법을 인식시키는 것도 중요하다.

(2) 제시 및 설명

　제시(Presentation) 및 설명 단계에서는 학습자가 문법의 형식과 의미를 인식할 수 있도록 하는 단계로, 해당 문법 항목에 대해 제시하고 설명하는 단계이다.

　학습자에게 그 문법 구조의 형태와 의미를 인식할 수 있도록 한다. 문법을 이해시키기 위해서는 무엇보다도 문법 항목을 의사소통의 맥락 속에서 제시하는 것이 중요하다. 목표 문법 항목의 정확한 발음, 철자, 문법적 의미, 이형태 정보 등을 제시해야 한다.[37] 문법을 제시할 때는 교사의 발화, 판서, 문법 카드, 예문 카드 등의 다양한 자료를 이용할 수 있다. 문법 항목의 의미를 시각적으로 표현할 수 있다면 그림이나 시각 자료를 활용해도 좋다. 교사는 명확한 제시를 위해 해당 문법 항목에 대한 문법적 정보를 숙지해야 하며, 학습자의 숙달도에 맞추어 제시의 범위를 결정해야 한다.

설명에서는 명확한 문법적 의미를 전달해야 한다. 문법 설명은 가능한 단순화하여야 하며, 지나치게 분석하거나 불필요한 문법 용어를 사용하지 않도록 한다. 아울러 실제 사용될 맥락 안에서 해당 문법 항목을 제시하여 의미를 파악하는 것을 돕는다. 동일 국적의 초급 학습자를 대상으로 할 경우, 교사가 필요하다고 판단하면 간단한 학습자의 모국어로 제시할 수도 있다. 또한 선행 학습과 연계되어 필요한 경우, 앞서 교육한 문법 항목과 비교하는 설명이 부가되는 게 좋다.

(3) 연습 단계

연습(Practice) 단계는 학습자가 해당 문법 항목을 내재화 할 수 있는 중요한 단계이다. 이 단계는 학습된 문법 항목을 실생활에서 사용할 수 있도록 내재화시키는 과정이다. 연습은 목표 문법의 의미와 기능을 이해하기에 효과적이어야 하며, 학습자의 수준에 적절해야 한다. 목표 문법을 이용해 성공적인 대답을 할 수 있도록 잘 고안되어야 하며, 연습의 시간은 적정해야 한다. 연습은 학습자의 능동적인 언어 사용을 담보할 수 있도록 고안되어야 하며, 동기유발을 할 수 있어야 한다.

이 단계에서는 구조적 연습(structural drill)과 유의적인 연습(meaningful drill)이 함께 이루어져야 한다. 구조적인 형태에 익숙해질 때까지 연습하는 것도 필요하지만, 결국은 학습자로 하여금 의사소통 능력을 가질 수 있도록 해야 하므로 상호 활동적이고 의미 있는 연습 유형을 제시해야 한다. 이렇게 함으로써 실제 의사소통 환경에서도 적용할 수 있게 한다.

문법을 연습하는 방법은 매우 다양하므로 문법 항목, 학습자 유형에 따라 다양하게 선택할 수 있다. 전통적인 구조 연습 방법으로는 교체 연습, 응답 연습, 연결 연습, 완성 연습, 변형

---

[37] 문법을 사용하기 위한 발음, 형태, 문형에 대한 정보는 설명으로 제시할 수도 있고 연습을 통해 학습하게 할 수도 있다.

연습, 확장 연습, 상황 연습 등을 들 수 있다. 구조적인 연습을 통해서 문법 형태를 정확하게 사용하고 통사적인 기능을 연습할 수 있게 된다. 다양한 연습 활동(문법 항목 고르기, 밑줄 긋기, 빈칸 메우기, 틀린 부분 고치기 등을 통해 통제된 연습이 이루어진다. 그러나 구조적인 연습은 자칫하면 고립된 단어, 문장 차원의 연습으로 머물러서 학습자들을 지루하게 할 수 있으므로, 가능하면 대화 단위 또는 텍스트 단위의 연습을 통해 유의미한 연습이 될 수 있도록 구성할 필요가 있다. 문법 항목을 활용한 문장 완성하기, 재배열하기, 대화 완성하기 등의 유도된 연습 등도 필요하다. 그리고 무엇보다도 연습 단계 이후 의사소통을 위한 실제적인 사용 단계로 연결될 수 있게 하는 것이 중요하다. 이 과정에서 학습자의 오류가 발생하면 명시적인 피드백을 해 주고, 오류가 반복되지 않도록 하는 것이 좋다.

(4) 사용 단계

사용(Use) 단계는 제시와 연습 단계에서 학습한 내용을 종합하여 실제 언어 상황에서 과제를 수행하도록 하는 단계이다. 학습자들이 배운 문법 항목을 사용하여 의사소통할 수 있도록 과제를 구성한다. 이 단계는 언어 사용 단계로서 완전한 하나의 담화를 구성해 보거나 문제 해결 활동을 통해 의사소통 능력을 배양하고, 여러 언어 기능(말하기, 듣기, 읽기, 쓰기)이 통합된 활동이 이루어질 수 있도록 한다.

실세계의 상황을 자료를 활용하여, 배운 문법을 활용한 이야기하기 활동이 주로 다루어진다. 배운 문법 항목을 사용한 역할극이 진행되기도 하는데, 역할극은 학습자 상호 활동을 활발하게 하는 효과를 거둘 수 있다. 구체적인 의사소통 기능을 목표로 하여 대화를 구성하는 방식으로서 전통적으로 외국어 학습에서 많이 사용해 온 방식이다. 실제 생활을 가정한 교사-학습자, 학습자-학습자들 간의 활동이 이루어지며, 말하기, 듣기, 쓰기, 읽기가 통합된 활동이 이루어진다. 짝 활동에는 빈정보 채우기 등의 활동도 있는데, 학습자들끼리 채워야 할 정보를 교환하는 과정에서 학습한 문법을 사용하도록 하는 활동이다.

아울러 해당 문법 항목을 실제 학습자 자신의 상황에 적용하여 유의적으로 활용할 수 있도록 유도하는 것도 중요하다. 정보 교환하기는 학습자들끼리 필요한 정보를 교환하는 과정에서 배운 문법을 사용하도록 하는 활동 방식이다. 의사소통 중심 수업에서 많이 사용되는 방식이다. 문제 해결하기는 구체적인 문제 상황을 주고 학습자가 문제를 해결할 때 학습한 문법을 사용하도록 하는 활동으로, 학습 목표만이 아니라 학습자의 종합적인 의사소통 활동을 이끌어낼 수 있는 장점이 있다. 이 단계에서는 문법 항목뿐만 아니라 해당 문법 항목과 가주 등장하는 어휘와 담화 전체가 통합적으로 활용되는 단계이다. 연습 단계와는 달리 가급적 학습자의 유창성을 해칠 수 있는 오류 수정 피드백을 삼가는 게 좋다.

(5) 정리 단계

정리(Follow up) 단계는 학습한 내용에 대해서 마무리하는 단계로 학습자가 학습 내용을 정리하고 자신의 학습 성취도를 점검하게 한다. 교수자에 의해서보다는 학습자 스스로 자신이 학습한 내용을 정리, 점검해 보도록 하는 것이 더 중요하다. 필요한 경우, 관련된 숙제를 부과하여 학습자가 배운 문법을 이해하고 사용할 수 있는지 확인해야 한다. 숙제에 대한 피드백은 문법 항목에 따라 명시적으로 혹은 힌트 제공의 형식으로 할 수 있는데, 후자는 학습자 스스로 자신의 문제를 깨닫고 해결해 나갈 수 있는 방법이다. 중요한 것은 정리 단계의 활동을 통해 해당 문법 항목이 완전한 습득으로 이어지게 하는 것이다.

3.2 과업 중심 모형의 문법 교수

의사소통 접근에서의 문법 교수는 수용, 습득, 접근, 산출의 단계를 가지며, 아래와 같은 원칙을 기반으로 한다. 과업/과제 중심 교수는 암시적 문법 교수의 대표적인 모형에 해당한다.

- 적절한 난이도 수준에서 노출
- 의미 중심 문법 교수 지향
- 언어를 사용하는 동안 언어적 형태를 인지거나 주목하는 기회 제공
- 학습 이후 지속적 사용이 가능한 언어 원천을 확장할 기회 제공

과업에서 제공될 수 있는 문법 요소는 과업 이전에, 과업 중에, 그리고 과업 후에 제시될 수 있다.

(1) 과업 전 활동

　이 단계에서는 과업을 완성하는 데 사용될 수 있는 문법적 단서를 제공하고 학습자들이 과업의 목표를 명확히 이해하게 한다. 이를 위해 과업 수행과 관련된 특징적 문법 요소를 제공할 수 있다. 과업을 완성하는 동안 사용될 수 있는 확실한 언어적 형식들을 사전에 교수할 수 있다.

　예를 들면, 과업 활동에서 사용할 핵심 어휘나 문법 항목을 알기 위해 관련 자료(광고나 안내문, 뉴스 등)의 글을 읽고 이와 관련된 샘플을 통해 해당 상황에서 사용한 언어적 요소를 미리 파악한다. 과업 전 활동들은 브레인스토밍 활동, 어휘 분류 과업, 어휘와 문법 연계 등을 살펴서 과업과 관련된 전반적인 윤곽을 파악하게 한다.

　과업에 대한 복잡성 인식을 감소시키는 방법은 학생들에게 미리 예행연습을 할 기회를 제공하여, 실제로 과업을 할 때 마주칠 문제를 덜어줄 필요가 있는데, 목표 과업과 비슷한 과업을 하는 비디오를 보게 할 수 있고 간소화한 버전을 미리 접하게 할 수도 있다. 또한 과업을 수행하면서 알아야 할 어휘나 문법 형태들을 처리하기 위한 과업을 계획할 시간을 제공할 수 있다.[38] 계획하기 활동에는 단어 분류와 문법의 조직화 활동, 브레인스토밍과 같은 정보 생성 활동, 또는 학습자들이 문제를 해결하는 데 고려하는 전략 활동을 포함한다.

(2) 과업 중 활동

　이 단계는 문법의 형태 초점 활동은 정확성을 제고하는 데에 기여할 수 있다. 문법 형태에 대한 초점 두기는 과업을 완성하는 동안 어떻게 과업을 수행할 지에 대해 선택하는 것으로써 촉진될 수 있다. 과업 실행 요소들은 다음을 수반한다.

> 참여(Participation): 과업이 개인적으로 또는 다른 학습자들과 함께 이루어질지의 문제
> 진행(Procedures): 과업의 완성에 관련된 진행 과정의 수
> 자원(Resources): 학습자들을 위해 과업을 완성하는 동안 사용하도록 제공된 재료와 자원들
> 순서(Order): 이전 과업들과 관련한 과업의 순서
> 산출(Product): 학생들이 생산한 문자나 구두로 된 산출 결과물들

---

38) Ellis(1987)는 만약 계획 시간이 focus on form에서 사용된다면 학습자들이 목표 언어 형태를 사용하는 정확성에 영향을 줄 수 있다는 것을 발견했다.

언어적 자원들은 과업 수행에 영향을 주는데, 이러한 계획 활동은 짝활동에서 가장 효과적이라고 알려져 있다. 주어진 그림에 대해 토론하거나 질문, 사전 문제지 등을 함께 해결하는 과정은 언어 산출에도 영향을 줄 수 있는데, 해당 과정에서 언어 형식에 주목할 기회를 갖는 정도가 중요할 것이다.

(3) 과업 후 활동

과업이 완성된 후에는 문법적 적절성에 주목할 수 있다. 아래와 같은 활동이 가능하다.

공식적 수행: 짝 혹은 소그룹에서 과업을 수행한 후에, 학생들은 다른 그룹에 앞서 과업을 산출하게 한다. 이 과정은 조금 더 복잡한 언어 수준에서 과업을 수행하게 하는 효과를 가질 수도 있다. 공식적인 과업을 수행하면서 짝이나 그룹 활동을 스스로 모니터하면서 오류나 사용의 적절성 여부를 자각할 수 있다.

반복 수행: 같은 활동을 주어진 시간을 달리하면서 반복하게 할 수도 있다. 예를 들어 과제수행의 시간을 줄여 다시 수행하게 하면, 유창성의 향상, 내용의 조절, 정확성의 향상을 가져오기도 한다.

다른 수행 보기: 학생들이 자신들보다 상급 학습자들(혹은 목표언어 화자들)이 같은 과업을 완성하는 과정을 보거나 듣게 할 수도 있다. 학습자들은 해당 과정 중에 쓰인 언어 요소나 의사소통적인 자원들에 초점을 맞추면서 적절한 사용력이 향상될 수 있을 것이다.

이 모형은 과업 수행이 핵심이며 문법은 이와 연관되는 부차적인 요소로 암시적으로 습득된다.

3.3 문법 설명과 제시에서의 고려사항

문법 설명은 교수자와 학습자의 주도성 여부에 따라 연역적인 설명과 학습자로 하여금 스스로 터득하게 하는 귀납적 학습으로 유도하는 설명이 있으며, 규칙을 간단히 안내하는 설명 형식의 절충적 방식의 세 유형이 있다. 또한 형태 중심이냐 의미 중심이냐에 따라 나눌 수도 있는데, 문법의 형태에 주목하여 의미와 용법으로 확대할 수도 있고 발화 의도 의미에 따라 문법 항목의 형태로 확대하는 설명도 가능하다. 아울러, 문법의 설명은 명시적일 수도 있고 그림이나 예문을 통해 암시적으로 제시될 수도 있다.

　효율적인 문법의 설명은 아래의 사항들을 고려해야 한다. 첫째, 제시할 문법의 선택과 제시 방법은 문법의 유형, 문법의 중요성과, 학습자의 필요, 학습자의 나이, 관심, 지적 수준 등의 변수를 고려해야 한다.
　둘째, 문법이 학습자에게 시각적, 청각적 기억에 자리 잡을 수 있도록 제시해야 한다. 형태가 제시된다면 따라 읽거나 판서를 통해 형태와 발음에 주목하게 하여 장기 기억으로 전환되도록 유도한다. 문법 카드를 이용하거나 판서를 하고 따라 읽게 할 수 있다.
　셋째, 문법의 제시는 흥미를 가질 수 있도록 그림이나 자료를 적극 활용하는 것이 좋다. 예를 들어 사동이나 피동을 교수할 때, 스스로 모자를 쓰는 그림이나 동작과 다른 사람에게 모자를 씌어주는 그림이나 동작 등을 비교하며, 의미를 이해시키면서도 학습자의 흥미를 잃지 않도록 유도한다.
　넷째, 문법을 제시할 때 교사의 말하기 속도, 발음, 억양, 표현 등은 자연스러워야 하며, 학습자 역시 그렇게 되도록 연습시켜야 한다.
　다섯째, 형태가 변이하는 경우에는 변이의 조건을 설명하여야 하는데, 음운론적 변이형이나 형태적 변이형을 환경에 따라 제시한다. 용언의 경우는 다양한 활용형을 제시하고 불규칙한 활용의 경우에는 조건과 함께 제시한다. 아울러 용언의 경우 격틀도 함께 제시하면 효율적이다. 단, 한국어를 배우는 과정에 있는 학습자들에게 문법 정보나 형태적 제약 정보 등의 과다한 정보 제시는 해당 문법의 학습에 장애가 될 수 있으므로 유의할 필요가 있다.
　여섯째, 문법 항목의 의미 제시는 될 수 있는 한 쉬운 고유어로 설명하는 것이 좋으며 기초적인 단어 혹은 선행 학습 단어로만 통제하여 간단히 설명하는 것이 좋다. 해당 단어보다 어려운 말로 설명하거나 지나치게 많은 정보를 제공하면서 설명한다면 학습자가 이해하기 어렵기 때문이다. 필요한 경우, 학습자의 모국어 문법 지식을 활용할 수도 있다.
　일곱째, 문법 항목의 용례를 제시하는 경우에도 지나치게 복잡한 복문을 피하고 될 수 있는 한 단문 위주로 제시해 주는 것이 좋다. 초급 학습자들에게는 관형절 구성이 반복되거나 연결 어미로 이어져 있는 복잡한 문장은 의미를 이해하는 데 어려움을 줄 수 있다. 문법 형태소의 기능적 의미를 기술하고 지나치게 세분화하는 것을 피하고, 실제 문장에서 쓰이는 용법을 중심으로 기술하여 학습자들이 문법적 의미보다는 용법을 이해하고 실제로 문장 안에서 사용할 수 있게 하는 데 중점을 두는 것이 좋다.

여덟째, 학습자가 단지 해당 문법의 의미를 이해하는 것을 넘어서서 실제로 사용하고 정확하게 표현할 수 있으려면, 단순한 의미 파악 외에도 화용적인 정보의 학습도 중요하다. 즉 지시적 의미 외에도 실제 통용되는 부가적인 의미나 해당 어휘와 연관된 사회 문화적 관습 등도 함께 학습하는 것이 중요하다.

아홉째, 교사는 가르칠 문법의 용법의 범위를 한정해야 한다. 다양한 용법 중 학습자의 숙달도나 환경을 고려하여 어디까지를 확장하여 가르칠 것인가를 결정해야 한다. 유사 문법과의 대조를 도입할 경우에도 적절한 방법과 시기를 고려해야 한다.

마지막으로, 교사의 제시가 끝난 후에는 간단한 질문, 응답 등 의사소통적 활동을 통해서 학생들의 이해 여부를 점검한다. 이를 위해 가능한 한 학생들이 새로 배운 문법을 문장 안에 자연스럽게 넣어 대답할 수 있도록 질문을 하여 확인할 수 있다.

3.4 문법 수업의 예시

이 절에서는 문법 수업의 구체적인 방법을 예시를 통해 차례로 살펴보기로 하겠다.
첫째, 명시적인 형태 제시를 통한 문법 수업의 방법이다.[39]

□ 목표 문법 '-겠-'

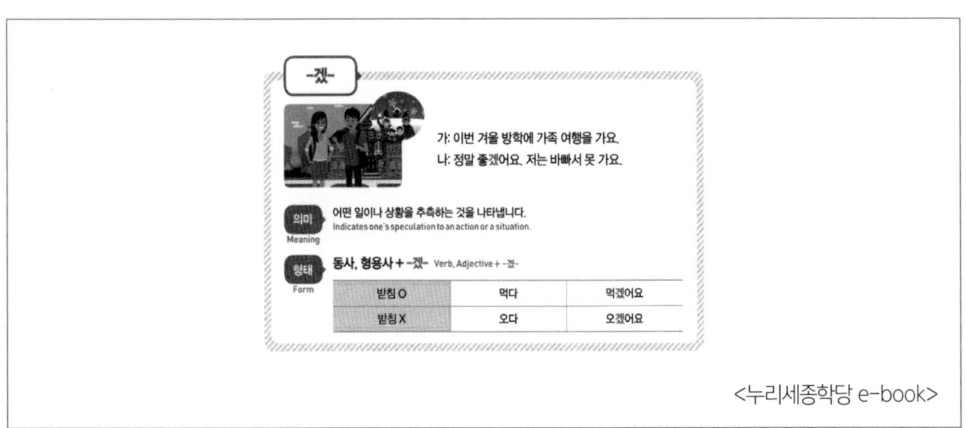

<누리세종학당 e-book>

---

39) 사이버 세종한국어 초급2 교사용지침서 참조

□ 수업 단계

① 그림을 보면서 목표 문법 '-겠-'이 '추측을 나타내는'의미임을 설명한다. 필요한 경우, 교사나 학습자의 개인적 경험과 연계하여 설명할 수 있다.

[교사] (오늘은) 구름이 끼었어요. 비가 오겠어요.
[교사] 바람이 많이 불어요. 날씨가 춥겠어요.

② 다음의 예문들을 참고하여 설명한다. 천천히 분명한 예시로 목표 문법이 사용되는 대화 상황을 노출한다.

가: 민수 씨가 토픽 시험에 합격했어요.
나: 와, 민수 씨가 장학금을 받겠어요.

가: 여자 친구가 생일 선물을 줬어요.
나: 기분이 좋겠어요.

가: 이번 주말에 민수 씨 집들이에 같이 가요.
나: 네. 좋아요. 재미있겠어요.

가: 오늘 시험이 끝났어요. 같이 영화 볼까요?
나: 좋아요. 시험이 끝나서 기분이 좋겠어요.

가: 어제 오랜 만에 고향 친구들을 만났어요.
나: 반가웠겠어요.

③ 형태적 특성을 설명한다. 기본적인 '동사 및 형용사, 명사+이다'를 이용해 형태적인 활용 형태를 연습한다. 이 때 용언은 활용형을 고려하여 다양하게 제시할 수 있다. 필요한 경우, 칠판에 적고 '-겠-'이 동사와 형용사의 받침 유무에 관계없이 쓰인다는 것을 설명한다.

다만, '-는데'와 같이 동사인지 형용사인지 여부에 따라 활용형이 달라진다면 이를 구분하여 제시하고 그 차이를 설명한다.

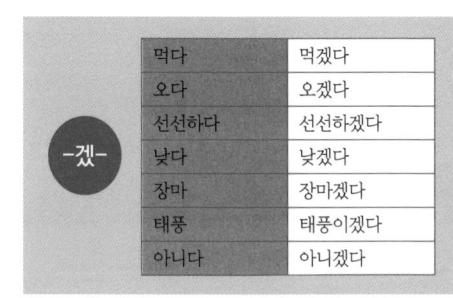
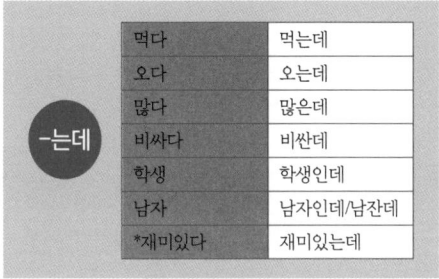

④ 목표 문법의 의미를 좀 더 확인시키기 위해 전형적인 예문을 두세 개 더 제시한다.

[예] 오후에 비가 오겠다.
낮에는 덥지만 저녁에는 선선하겠다.
내일은 바람이 많이 불겠다.
다음 주부터는 장마겠다.

⑤ 학습자의 목표 문법의 인지를 확인하기 위해, 학생이 '-겠-'을 사용하여 대답할 수 있도록 몇 가지 질문을 한다. 질문에 올바른 대답을 하지 못하면 오류에 대해 피드백을 해 주고, 이해하지 못한 부분을 다시 설명한다.

[교사] 오늘 시험이 있어요. 그래서 친구가 어젯밤에 잠을 못잤어요. 친구가 어떨까요?
[학습자] _____

[교사] 학교 앞 식당이 음식 값이 싸요. 음식도 맛있어요. 식당에 손님이 많을까요?
[학습자] _____

⑥ 유사한 문법을 앞서 배웠다면 '-겠'과의 대조를 보여 주면서, 변별적 차이에 대해 설명해 줄 수 있다.

둘째로는, 시각 자료를 활용하여 문법을 제시할 수도 있다.

□ 목표 문법: -은지

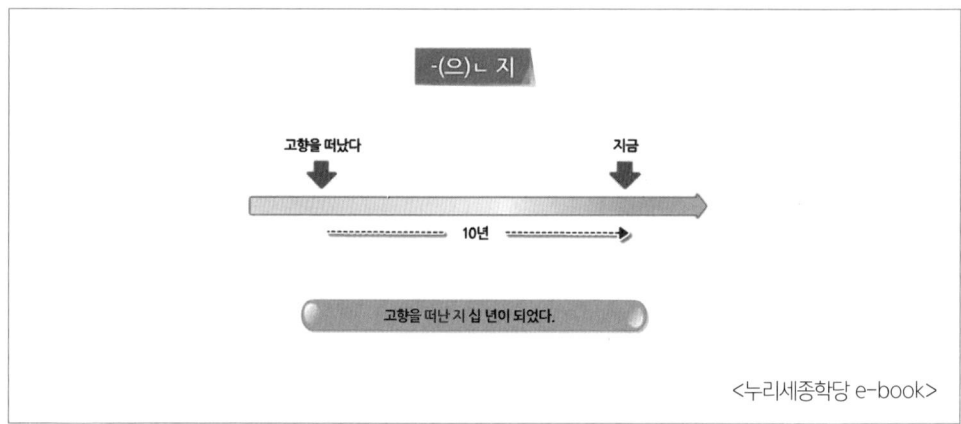

<누리세종학당 e-book>

□ 수업 단계

① 단원의 주제와 연계된 목표 문법 항목의 사용 상황을 설명한다. 필요하면 교사 자신의 경험을 얘기하면서 흥미를 갖게 한다.
② '-(으)ㄴ 지'의 형태를 제시하고 필요한 경우, 판서한다. 아울러 '-(으)ㄴ 지'는 동사의 받침 유무에 관계없이 쓰인다는 것을 설명한다. 다만, 형용사의 사용에는 제약이 있으므로 동사에만 초점을 둔다. 동사의 현재형이 아니라 과거의 일임에 주의를 기울이게 하면서 이미 학습한 동사의 활용형과 새 형태를 비교하여 주목하게 한다.

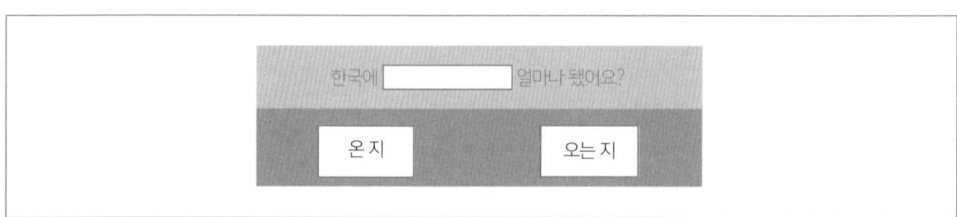

③ 그림을 보면서 '-(으)ㄴ 지'의 의미를 설명한다.

[교사] "저는 12시에 밥을 먹었어요. 지금은 2시예요. 밥을 먹은 지 2시간이 지났어요."
　　　 "OO씨는 9시에 학교에 왔지요? 지금 12시예요. OO씨가 학교에 온 지 3시간이 되었어요"
[교사] '-(으)ㄴ 지'는 '어떤 행동을 한 후에'라는 뜻을 나타내요. 뒤에는 (시간이) 되다, 지나다, 흐르다, 넘다 등의 단어가 자주 나옵니다.

④ 목표 문법의 의미를 좀 더 확인시키기 위해 전형적인 예문을 두세 개 더 제시한다.

예 대학에 입학한 지 일 년이 되었습니다.
　　이 책을 읽은 지 벌써 이 년이 되었어요.
　　이 동네에 산 지 얼마나 되었어요?

⑤ 학습자의 목표 문법의 인지를 확인하기 위해, 학생이 '-(으)ㄴ 지'를 사용하여 대답할 수 있도록 몇 가지 질문을 한다. 질문에 올바른 대답을 하지 못하면 오류에 대해 피드백을 해 주고, 이해하지 못한 부분을 다시 설명한다.

[교사] OO씨, 고향에 간 지 얼마나 되었어요?
[학습자] _____

[교사] OO씨는 언제부터 김치를 먹었어요?
[학습자] _____

⑥ 유사한 문법을 앞서 배웠다면 '-(으)ㄴ 지'와의 대조적 예문을 보여 주면서, 변별적 차이에 대해 설명해 줄 수 있다. '-(은) 후에'와 혼동한다면 예문을 들면서 차이를

설명해 줄 수 있다. '-(으)ㄴ 후에'는 '어떤 일의 다음에'라는 의미를 나타내며, 뒤에는 특정한 동사의 제약이 없음을 알려주고, '명사 + 후에'도 가능함을 설명해 준다.

> 예 한 시간 일한 후에 10분을 쉬어 보세요.
> 밥을 먹은 후에 약을 드십시오.
> 1시간 후에 만날까요?

셋째로는, 목표 문법이 포함된 예문이나 검색 활동을 통해 목표 문법을 스스로 인지하고 해당 문법의 규칙을 발견하게 하는 제시 방법도 있다. 학습자의 토론을 통해 문법 규칙의 형성을 돕게 할 수 있다.

□ 목표 문법 '-지만'

□ 수업 단계

① 학습자와 이미 학습한 '-고'를 복습한다.

> 예 한국어는 쉽고 재미있습니다.
> 비빔밥은 싸고 맛있습니다.
> 집이 크고 깨끗합니다.
> 오늘은 날씨가 맑고 따뜻합니다.

② '-고'와 대비되는 '-지만'의 예문을 제시하여 학습자로 하여금 이들의 차이를 인지하고 구별하게 한다.

> 예 한국어는 <u>어렵지만</u> 재미있습니다.
> 비빔밥은 <u>비싸지만</u> 맛있습니다.
> 집이 <u>작지만</u> 깨끗합니다.
> 오늘은 날씨가 <u>흐리지만</u> 따뜻합니다.

③ 학습자에게 위 예문을 보면서 부정적인 형용사와 긍정적인 형용사로 나누어 보고 '-고'와 '-지만'의 의미 차이를 짝과 더불어 얘기하게 한다.

④ 목표 문법의 의미를 좀 더 확인시키기 위해 전형적인 예문을 두세 개 더 제시한다.

> 예 서울은 사람이 많지만, 제 고향에는 사람이 많지 않아요.
> 버스 정류장은 가깝지만 지하철 역은 멀어요.
> 시골은 경치는 좋지만 교통이 불편해요.
> 가: 김치 맛이 어때요? 나: 맛있지만 너무 매워요.

⑤ 학습자의 목표 문법의 인지를 확인하기 위해, 학생이 '-지만-'을 사용하여 대답할 수 있도록 몇 가지 질문을 한다. 질문에 올바른 대답을 하지 못하면 오류에 대해 피드백을 해 주고, 이해하지 못한 부분을 다시 설명한다.

넷째로는 간단한 코퍼스를 이용하여 목표 문법 항목을 검색하여 사용 용례를 살핌으로 해서 문법의 의미와 용법을 더욱 공고하게 익히는 방법도 있다. 해당 문법이 사용된 더 많은 자료들(신문 기사, 광고문, 인터넷 글)을 찾아보게 할 수도 있다. 이렇게 교사의 명시적인 제시가 아닌 학습자 스스로 문법의 규칙을 발견하게 하는 학습은 중급 이상의 숙달도에 적절할 것이다.

□ 연결 어미 '-지만'의 말뭉치 용례 검색 화면

82	대본소 등에서 유통된다. 옛날에 비하면 엄청난 규모로 성장한 만화시장이긴 하	지만	지금도 국내만화시장을 제대로 파악하는 일은 굉장히 힘들다. "문화의 사생아"	1990 잡지
83	한번 하지 않았다. 한달에 10원(한국돈으로 약 9백원 정도)씩 받기로 했	지만	월급은 아직 한번도 못받았다. 그는 최근 조선족 동포들이 한국에 대해	1990 잡지
84	마늘과, 계피가루를 얹어 뜨겁고 얼큰하게 먹는 법도 같다. 하	지만	추탕보다 덜 기름지고담백한 맛이 앞선다. 얼큰하고 계피냄새가 베어나 여름철	1990 잡지
85	얼핏 보기에는 이기주의와 냉혹한 배반만이 판을 치고 있는 것처럼 보이	지만	그속에서도 협동과 협조가 중요한 메커니즘으로 등장한다는 주장을 펴고 있다.	1990 잡지
86	경쟁이 치열한 만큼 몸싸움도 각오해야 한다. 이벤트 행사도 한정판매만큼은 아	지만	싼 물건을 고를 수 있는 기회다. 상품권 발행이 일상화되면서 상품권을	1990 잡지
87	것이다. 김 신부는 "송씨의 주장에 대해 국방부쪽은 "비슷한 사건이 있었	지만	4천만원 이상의 위로금을 준 적은 없었다"고 설명했다. 국방부 관계자들은 또	1990 잡지
88	민족에 헌신하는 것이라 믿어 그대로 했고 국가도 알게모르게 업무수행을 강제했	지만	이제 와서는 모두 외면한다. 명예회복은커녕 진상규명에도 소극적이다. 아들의 호소는	1990 잡지

<연세대 언어정보연구원 연세 20세기 한국어말뭉치>

4. 숙달도별 문법 교수 모형

문법을 가르치는 시기는 언제가 좋을까? 전통 문법에서는 문법을 가장 최우선적으로 가르쳐야 한다고 생각했다. 하지만 의사소통 교수에서는 다음과 같은 이유로 초급자에게 문법을 가르칠 필요가 없다고 본다. 교수자들은 그들의 신념과 경험에 기댄 문법 교수의 목표에 따라 문법을 제공하는 시기와 방법에 대해 고민해야 할 것이다. 이렇게 학습 시기에 대한 시각의 차이가 존재하지만, 숙달도별로 고려해야 할 문법 교수의 방안으로 아래의 내용들이 많이 거론된다. 교수자들은 아래의 교수 방안들에 주목할 필요가 있다.

<초급>

초급 과정에서는 주로 교사 중심의 학습이 이루어지기 쉽다. 문법의 설명과 많은 예문이 제시된다. 초급과 중급은 주로 어떠한 문장을 쓸 수 있게 하는 문법을 주로 가르치는 데에 반하여, 중급 후반, 고급 과정에서는 쓰면 안 되는 문법적 제약을 가르치게 된다.

먼저 초급의 예를 보자. 초급에서는 한 항목의 여러 사용법 중 기본 사용법부터 단계적으로 가르치는 것이 좋다. 유사한 의미를 나타내는 문법 항목 간의 학습 순서를 조절한다. 간단하고 쉬운 것으로부터 다소 복잡하고 어려운 것으로 학습 순서를 정해 나가야 한다. 초급에서는 규칙이나 문법 용어를 명시적으로 제시하지 않고 개념을 이해시키는 암시적 기술이 효과적이며 학습자에게 최대한 쉽게 설명할 수 있는 방법을 모색해야 한다. 하나의 문법 항목을 지도할 때는 가르치고자 하는 문법의 의미와 기능이 잘 드러나는 간단한 문장으로 예시하고, 질문 응답으로 예시문의 이해를 확인하도록 하며, 연습 문장은 학습자가 관심을 가지는 주제로 하여 학습자 중심의 교수가 이루어지도록 해야 한다. 초반에서는 직접 설명식이 통하기 어려우므로 주로 많은 상황 기반의 예문 제시에 의존하는 것이 효율적이다. 그러나 단지 예문 제시만 해서는 안 되고 그 예문의 발생 상황을 학생들이 알아들을 수 있는 말을 사용하여 설명해 주는 일이 반드시 필요하다. 언어 지식 습득은 어떤 문장에서 특정 상황 구조를 상정하느냐 안 하느냐에 따라 속도 차이가 현저하다고 알려져 있다. 물론 차츰 학습자들의 실력이 향상되면 직접 설명식의 비중을 높일 수 있을 것이다.

<중급>

중급에서는 새로운 문법 항목에 대한 학습도 중요하지만 초급에서 이미 기초적인 문법 항목에 대해 학습한 상태이므로, 선수 학습한 내용 중에서 새로 학습하는 내용과 비슷한 의미를 갖는 문법 항목들을 모아서 서로의 같은 점과 다른 점을 비교 설명하여 정리하는 단계로 삼는 것이 바람직하다. 또한 문법 항목에 따라서 구어나 문어 중 어느 쪽에서 특히 자주 쓰이는지 구별되는 경우에는, 이러한 부분을 확실하게 언급해 줘서 상황에 맞도록 적절하게 문장을 생성할 수 있게 지도한다. 비슷한 표현이나 문법 항목을 제시할 때는 그 표현이나 문법 항목과 함께 사용되는 문형을 같이 제시해서 차이를 구별하게 하는 방법이 좋다. 아울러, 한국어를 모국어로 사용하는 사람들이 실제 언어생활에서 보여 주는 비문법적인 문장의 예를 제시하여 교실 내 수업과 실생활 사이의 괴리를 최소화시키고, 국어 학습자들이 실제 언어생활에서 제대로 적응할 수 있도록 도와주는 것도 필요하다.

한편, 언어권별로 자주 나타나는 오류 사항을 지적해 주면 오류를 줄일 수 있다. 중급 단계에서 문법 항목을 지도하는 방법은 언어 자료를 먼저 제시하고 그로부터 규칙을 도출해 내는 귀납적 방법과 규칙을 먼저 제시하고 언어 자료에 적용하여 규칙의 타당성을 검증하는 연역적 방법의 기술이 절충적으로 조화를 이루게 하는 것이 바람직하다.

<고급>

고급 단계에서는 새로운 문법 항목을 배워 나간다기보다는 중급 단계까지 학습해 온

내용을 심화시킨다든지 문법 항목의 특수 용법 등을 지도하는 것이 일반적이며, 문장 구조나 문형의 단조로움을 피하고 한층 세련된 문장을 구성해 나갈 수 있도록 지도하는 방식에 초점을 두게 된다. 그리고 문법 항목보다는 표현 간의 미묘한 차이나 비슷한 상황을 묘사하는 다양한 표현들, 연어 관계에 있는 표현들을 중점적으로 지도하는 등 표현에 중점을 두고 지도하는 단계이다.

　오류를 활용한 교수도 가능한데, 예상 가능한 오류데이터를 제시하여 가능한 오류 자료에 대한 토론 등을 통해 고착화된 오류를 수정할 수 있다. 하지만 교사는 전반 과정에서 학생들이 양산하는 문장이 원리적인 잘못을 저지른 것이 아닌 한, 되도록 잘못을 지적하지 않는 것이 좋으며 스스로 수정하게 한다. 다만, 과제로 제출하는 문장 혹은 직접 수업 시간 중에 시켜서 만드는 문장의 경우에는 정확한 표현으로 수정해 줄 필요가 있을 것이다. 과제로서 만든 문장들은 학습자들의 기억 속에 강하게 남기 때문에 잘못된 문장을 방치하면 안 되고, 수업 시간 중에 시켜서 만드는 문장은 다른 학습자들에 대한 부정적인 파급 효과 때문에 방치해서는 안 될 것이다. 그러나 다른 상황에서는 최대한 고급 학습자 스스로가 오류를 수정할 수 있도록 배려해 주어야 한다.

교육용 문법 항목의 선정과 배열 10강

1. 문법 항목의 등급화의 원리

한국어 문법 항목을 선정하려면 다른 언어와 구분되는 한국어의 문법을 어떻게 정확히 보여 줄 것인가와, 의사소통에 필요한 문법 항목이 구체적으로 무엇인지에 대한 고민이 선행되어야 한다. 이러한 의미에서 한국어 교육에서 문법의 위계화와 등급화 문제[40]는 현장 기반의 다양한 실험 연구 결과들을 기초로 숙달도별로, 언어권별로, 혹은 학습 대상의 목표별로 다시 적용되고 조정될 수 있을 것이다. 언어 교육에서 문법 항목의 등급화를 위해 일반적으로 고려되는 주요 항목들은 다음과 같다.

> 첫째, 사용 빈도와 사용 범위
> 둘째, 문법 항목의 복잡도
> 셋째, 일반화 가능성
> 넷째, 학습자의 기대 문법

---

[40] 위계화는 특정 범주의 문법 전체를 교육과정 전체에서 고려하여 설계하는 것이고 등급화란 구체적인 숙달도에 해당 항목을 선정 배치하는 용어로 사용한다. 예를 들어, 존대법이라는 범주를 전체 교육과정에서 체계적으로 설계하는 것은 위계화의 개념이며, 숙달도에 따라 '-시-'와 같은 구체적인 관련 문법항목을 초급에 선정하고 배치하는 것을 등급화라고 본다.

다섯째, 학습자의 난이도 정도
여섯째, 교수학습의 용이성

위의 요소 중 첫째, 둘째, 셋째는 목표 언어의 문법 항목 자체의 문제이다. 구체적인 적용을 위해서는 각각의 요소 중 무엇을 먼저 고려해야 하는가, 어떤 것을 더 많이 고려해야 하는가 하는 부차적 문제를 고려할 수 있다. 첫째, 넓은 범위에서 빈번하게 사용되는 문법 항목은 학습자가 접할 가능성이 높은 항목들이므로 등급화의 고려 대상이 된다. 둘째로는 복잡도가 주요 요인이 된다. 사용 빈도가 높더라도 해당 항목이 문법적으로 복잡하다면 초급에서 가르치기는 힘들 것이다. 예를 들어 서술형 종결 표현인 '-습니다'와 '-어요'를 비교할 때, 빈도 면에서는 '-어요'가 우세하나 복잡성 면에서는 '-습니다'가 단순하다.

(1) 가. 철수가 밥을 먹습니다./먹어요.
  나. 철수가 잡니다./자요(*자아요)
  다. 날씨가 덥습니다./더워요(*덥어요)

즉, '-습니다'는 받침 여부만을 고려하면 되지만, '-어요'는 용언의 어간이 양성모음인지, 음성모음인지, 축약이 필수적인지, 불규칙 동사인지 여부에 따른 제약을 모두 알아야 하는 복잡성이 있다. 따라서 복잡도 역시 등급화를 정하는 데에 중요한 요소가 되며, 대부분의 한국어 교재는 빈도보다는 복잡도를 우선시 하여 상대적으로 복잡도가 낮은 '-습니다'를 먼저 가르치는 경우가 많다. 문법 항목의 복잡도는 의미 항목이 단순한가 다의적인가 여부, 형태적 복잡성, 문법적 제약의 복잡성, 그리고 담화적 상황에 따른 제약 여부 등의 다양한 요소들이 해당 문법의 복잡성에 영향을 미치게 되므로, 복잡도 산정은 이들을 모두 고려해서 이루어진다.

셋째의 일반화 가능성은 해당 문법이 유사 문형 간에 가지는 대표성의 정도를 말한다. 예를 들어 이유를 나타내는 다양한 표현 중 어떤 문형이 모든 상황에서 일반적으로 사용될 수 있느냐 하는 문제이다. 다른 언어권에도 존재하는 범언어적인 문법 항목은 상대적으로 일반화에 용이할 것이다. 이러한 빈도, 복잡도, 일반화 가능성 등의 요소들은 한국어 문법 항목 자체의 특성에 기인한 문제라고 볼 수 있다.

하지만 넷째, 다섯째는 목표 문법 자체의 문제라기보다는 학습자 요인에 의한 것이다. 넷째, 학습자의 요구에 따라 문법 항목을 결정하는 것도 중요하다. 학습자의 목적이 무엇이든지 모든 학습자에게는 핵심 문법(core grammar)은 필요하지만, 개별 학습자의 학습 목적에 따라 필요한 문법 항목이 다를 수 있기 때문이다. 학습자에 따라 문어 문법이 더 요구되는 경우도 있고 구어 문법이 더 요구되는 경우도 있을 것인데, 학문 목적 학습자는 문어 문법까지 아울러야 하는 반면에 초기 이민자나 취미로 한국어를 배우는 학습자의 경우에는 구어 문법에 더 치중하게 된다. 다섯째의 학습자의 난이도도 고려해야 하는데, 학습자가 느끼는 어려움은 개인적인 인지 능력의 차이나 학습자의 모국어와 목표어인 한국어와의 같음과 다름에 따른 것 등 난이도에는 다양한 요인이 있을 것이다.

이 밖에 여섯째와 같이 교수자나 학습 환경과 같은 요인도 중요 변인이 될 수 있다. 원어민 교수자인지 외국인 교수자인지 여부나, 컴퓨터나 교재와 같은 교육 환경 등의 요소들도 복합적으로 고려할 필요가 있다.

범용적인 문법의 등급화를 위해서는 말뭉치 장르별로 개별 문법 항목의 빈도나 중복도 등의 자료가 바탕이 되며, 한국어 학습사전, 한국어 문법 사전, 한국어 교재 등에 나타난 문형 표현의 중복도나 빈도를 이용하는 메타적인 방법을 사용할 수 있다.[41] 아울러 다양한 장르에서의 문법 항목 분석 자료도 필요하다. 또한 언어 교육에서 인용되는 문법 항목의 난이도를 결정하는 기준을 참고할 수 있는데, 예시를 한국어에 적용해 보면 다음과 같이 고려해 볼 수 있을 것이다.

난이도를 결정하는 기준

기준	정의	예시
1. 형식의 복잡성	문법 구조가 단 하나 또는 다수 요소들을 포함하는 정도	용언은 문장성분별, 세부 유형별, 시제에 따른 이형태가 많다.
2. 기능의 복잡성	문법 구조에 의해 실현된 의미의 명료성 정도	조사 '은/는'의 맥락별로 기능이 다양하다.

---

41) 국립국어원의 한국어문법2에 제시된 문법 항목의 수는 유사 문형과 이형태를 감안했을 때, 약 6000여개에 이른다.

3. 신뢰성	문법 규칙이 예외를 가지는 정도	용언의 접미사 피동형은 사동형에 비해 예외가 많다.
4. 범위	문법 규칙이 넓은 또는 좁은 적용 범위를 가지는 정도	과거 시제는 '-았-'은 사용 범위가 넓지만, '-더'의 사용 범위는 좁다.
5. 메타언어	문법 규칙에 최소 메타언어를 제공할 수 있는 정도	연결 어미의 종결 어미화 허용 여부는 규칙으로 설명하기 어렵다.
6. L1/L2 대조	L1특징과 일치하는 문법적 특징이 그렇지 않은 특징보다 더 쉽다.	중국 학습자들은 일본어 학습자들에 비해 보조 용언의 학습이 어렵다.

2. 문법 항목의 선정

학습자들이 초급 후반부터 부딪히는 문법 항목은 어미와 관련된 문법 항목들이 다수를 이룬다. 그런데, 교재에서의 어미 제시는 개별 어미보다는 구 단위의 덩어리 항목으로 제시되는 경우가 많은데, 이는 구 단위를 이루어 어미의 역할을 대당하는 표현들이 많기 때문이다. 예를 들면 이유를 나타내고자 할 때 표현되는 어미 대당 항목은 '-아서, -니까, -느라고, -으므로, -기에, -길래' 등의 어미 외에도 '-기 때문에, -는 바람에, -(으)ㄴ 덕분에, - -(으)ㄴ 탓에' 등과 같이 구 단위의 굳어진 표현들이 다양하게 사용된다. 이는 같은 '이유'를 나타내면서도 상대와 맥락을 고려하여 다양하게 이유를 설명하고자 하는 한국인 화자의 의도가 드러나기 때문일 것이다. 논리적으로 타당한 이유로부터 단순한 사정, 혹은 변명이나 해명에 이르기까지, 맥락에 따라 듣는 상대에 따라 겸손하게 혹은 당당하게 표현하고자 하는 습성과 관련된다고 할 수 있다. 이런 이유로 한국어교육에서 어미 외에 구 단위 문법 항목에 대한 교수는 필수적인 요소가 된다. 한국어교육의 연구들에서 이들은 표현 문형이라고도 불리는데, 이들 문법 항목은 학습자의 모국어로 대역하면 자신의 언어에서 연결 어미나 종결 어미, 혹은 조동사에 대역되므로 하나의 단위로 인식하기 쉬운 항목들이다. 이러한 문법 항목들은 대부분 의존(성) 명사를 포함하거나 제한된 용언의 활용형, 제한된 서술어를 포함하여 고정된 형식으로 나타나는 게 일반적이다.

- **연결 기능 문법항목 (연결 표현)**
  : '-는 바람에, -은 결과, -은/는 김에, -을 테니까, -은/는 탓에, -기가 무섭게, -은/는 데다가, -을 뿐만 아니라' 등
- **종결 기능 문법항목 (종결 표현)**
  : '-는단다, -는답니다, -거든(요), -지그래(요), -잖아(요), -냐니(요), -으라면서(요), -을걸(요), -으라니까(요)' 등
- **화자의 태도 표현 문법 항목**
  : '-기(가) 십상이-, -을 수 있-/없-, -은/는 법이-, -어야 되-, -은/는 편이-, -은/는 축에 들-, -은/는/을 게 틀림없-, -으려고 하-, -기/게 마련이-, -을 따름이-' 등

우선, 연결 기능의 문법항목들은 의존(성)명사나 서술어를 포함하고 있는데, 이들이 가지는 어휘적 의미가 구 전체의 의미에 드러나는 표현들이다. 이들은 고정된 꼴루 자주 사용되어 문장 간의 연결 기능을 대당하고 있는데, 일반적 연결 어미가 상대적으로 중립적인 데에 반해, 이들 표현의 의미는 구체적이고 특정한 맥락에서 사용되는 특성이 있다.

다음으로, 종결 위치에서 활발히 사용되는 표현들이 있다. 크게는 '요'가 결합하는 것과 그렇지 않은 것이 있는데, 애초에는 연결 어미였거나 인용 표현과 같은 다른 문법적 기능을 수행하다가 특정 의사소통 기능도 표현하면서 종결 기능을 인정받아 사전에 오르는 것들도 있다. 인용 표현과 같이 동일한 형태가 인용 표현으로 쓰이기도 하고 다른 의사소통 기능을 가진 굳어진 표현으로 사용되는 경우가 있어 이들 간의 구분은 쉽지 않다. 이들은 서로 다른 의사소통 기능으로 사용될 때, 어말의 억양이 달라지는 것이 일반적이다.

마지막으로, 화자의 태도를 나타내는 문법항목들은 굳어진 표현들로 연결 위치나 종결 위치에서 모두 나타날 수 있으나, 주로 종결 위치에서 더 활발히 사용된다. 자주 사용되는 표현이 굳어져 사용되는 표현이므로 해당 표현 안에 포함된 어휘적 의미에 기대고 있으며 약간의 변이형을 가지기도 한다. 이렇듯 한국어 교육에서의 어미 교수는 단순히 어미에만 국한되지 않고 구 단위의 어미 결합형에도 확대하여 적용된다.

구 단위 문법 항목들 중 같은 의사소통 기능을 나타내는 표현이 2개 이상이 존재하여,

해당 표현 간의 의미나 용법의 변별이 필요한 것들이 있다. 이러한 유사 문법 항목들은 문법 항목의 확대 교수와 더불어 유사 항목 간의 변별 교수가 필요하다. 이들 구 단위 표현들은 문법적 의미와 담화적 기능이 기존의 어미와 유사하므로, 이들을 모두 함께 묶어 제시할 필요가 있다. 즉, 연결 표현은 연결 어미와 대치되며, 종결 표현은 종결 어미와 대치된다. 화자의 심리적 태도를 나타내는 표현은 선어말 어미와 대당되는데, 주로 종결 어미와 결합하여 종결 표현으로 나타나지만 때로는 연결 어미와 결합하여 연결 표현으로 나타나기도 한다. 이들 구 단위 표현들과 어미들을 기능별로 함께 묶어 보면 아래와 같다.

[연결 표현]
결과 표현: -은 결과, -은 끝에, -은 나머지
기회 표현: -은/는 김에, -는 길에
대립 표현: -지만, -는데, -으나, -은/는 반면에, -은/는 대신에, -는가 하면, -으되
목적 표현: -으려고, -으러, -고자, -게, -게끔, -도록, -으라고
추측표현: -을 테(-을 테니까, -을 테지만, -을 텐데)
시간 표현(선후관계): -고, -고서, -어서, -고 나서, -은 다음에, -은 후에, -은 뒤에
시간 표현(동시관계): -으며, -으면서, -을 때, -는 동안에, -는 중에, -는 가운데, -는 사이에,
　　　　　　　　　　-는 도중에, -는 동시에
양보 표현: -어도, -더라도, -을지라도, -은들, -음에도, -어 봤자, -는 한이 있더라도
원인 및 이유 표현: -어서, -으니까, -더니, -으므로, -길래, -느라고, -으니만큼, -기 때문에,
　　　　　　　　　-는 바람에, -는 통에, -은/는 탓에, -어 가지고
조건 표현: -으면, -어야, -거든, -는다면, -어야지
즉시 순차 표현: -자, -자마자, -기가 무섭게, -는 대로
추가 표현: -은/는 데다가, -을 뿐만 아니라

[화자의 태도 표현]
가능성 표현: -기(가) 십상이-, -기(가) 쉽-, -을 만하-, -을 법하-, -을 수 있-, -는 수가 있-,
　　　　　　-을지(도) 모르-, -기(가) 어렵-, -을 수 없-, -을 리(가) 없-, -을 리(가) 만무하-

경험 표현: -어 보-, -은 적이 있-/없-

능력 표현: -을 수 있-/없-, -을 줄 알-/모르-당연 표현: -은/는 법이-, -기/게 마련이-, -을 수밖에 없-

부담 제거 표현: -어 버리-, -어 치우-

상태 지속 표현: -어 두-, -어 놓-, -어 있-, -고 있-

성취 표현: -고 말-, -어 내-

속성 판단 표현: -은/는 편이-, -은/는 축에 들-, -은/는 감이 있-

안타까움 표현: -고 말-, -어 버리-

의도 및 계획 표현: -겠-, -을 것이-, -고자 하-, -으려고 하-, -을까 싶-

의무 표현: -어야 되-, -어야 하-

진행 표현: -고 있-, -는 중이-

추측 표현: -은/는/을 게 틀림없-, -겠-, -을 것이-, -나/은가 보-, -나/은가 싶-, -나/은가 하-, -은/는/을 모양이-, -은/는/을 것 같-, -은/는/을 듯싶다/듯하-

한정 표현: -을 뿐이-, -을 따름이-

희망 표현: -고 싶-, -으면 싶-, -으면 하-, -었으면 좋겠-

[종결 표현]

알려 주기 표현: -거든(요), -잖아(요), -더라고(요), -는답니다

메모·표어 표현: -기, -음, -을 것

의도 및 계획 표현: -을게(요), -을래(요), -을테다

제안 및 청유 표현: -읍시다, -을까(요), -을래(요), -지(요), -지그래(요)

추측 표현: -을걸(요)

타이르기 표현: -는단다

인용 표현: -는대(요), -느냐(요), -재(요), -래(요)

발견한 사실 표현: -네(요), -는군요, -는구나

해라체 의문형 종결 어미: -니(요), -냐

후회 표현: -을걸

> 반발 및 불만의 인용 표현: -냐니(요), -냐고(요), -냐니까(요), -냐면서(요), -는다고(요),
> -는다니(요), -는다니까(요), -으라고(요), -으라니(요),
> -으라니까(요), -으라면서(요), -으래(요), -자고(요), -자니(요),
> -자니까(요), -자면서(요)

3. 교육용 조사 선정의 실제와 쟁점

한국어의 문법 항목에는 어미 외에도 조사가 주된 대상이 된다. 교육용 조사를 선정하기 위해서는 제시의 방법과 더불어 구체적인 목록 수를 고민해야 할 것이다. 이형태 문제와 복합 조사의 문제, 그리고 다수의 조사 중 무엇을 어떤 기준으로 제한하여 교육용 조사 목록을 구성할 것이냐의 문제와 연계된다.[42]

우선, 조사는 이형태를 가지므로 교재에 어떤 방식으로 제시할 것이냐가 문제가 될 수 있다. 예를 들어 '이/가'는 '이' 또는 '가' 처럼 대표형만을 제시하든지, 혹은 '이/가'의 방식으로 병행 형식으로 제시할 수 있다. 제시의 방식에 따라 문법 항목의 수는 달라질 것이다. 어미에 비해서는 이형태가 단순하므로 초급의 경우에는 이형태 모두를 제시하는 경우가 많으나, 조사 자체가 초점이 아닌 다른 문법 항목 중의 일부로 삽입되는 경우에는 그 중 하나를 대표형으로 삼아 제시하는 경우도 많다.

또한 조사를 포함한 여러 구성 중에서 과연 어디까지를 조사의 범주 안에 담을 수 있을 것인가 하는 문제가 있다. 한국어 교재 내에서 조사는 다양한 형태로 제시되고 있는데, 조사가 포함된 문법 항목의 유형은 다음과 같이 정리할 수 있다.[43]

---

42) 이 장은 강현화 외(2017)을 참고하여 기술하였다.
43) 인용격 조사 '고'는 현행 교재 및 한국어 교육 현장에서 독립된 문형으로 제시되지 않는다. '-다고 하다', '-(으)라고 하다' 등의 간접 인용 표현으로 교육하는 것이 일반적이다.

단일 구성 예 은/는, 로, 조차
연속 구성 예 ~에서 ~까지, ~부터 ~까지
결합 구성 예 만으로는, 로부터, 에서만
조사에 준하는 표현 예 에 대해서, 에 따르면

이밖에 한국어교육에서 제시되는 문법 항목 중 조사가 다른 품사와 결합하거나 공기하여 구성된 항목들이 있다.

'관형사' + '조사' 구성 예 아무 ~도, 아무 ~이나
'조사' + '서술어' 구성 예 에 가다, 이/가 아니다
'종결 어미' + '조사' 구성 예 습니다만
'명사형 전성어미' + '조사' 구성 예 -음으로써, -기에는
'명사형 전성어미' + '조사' + '서술어' 구성 예 -기로 하다

결합형 조사의 처리도 문제인데, 결합 구성을 이루는 개별 조사만을 가르치면 충분한 것인지, 결합 정보 자체를 중시하여 결합 항목을 한 단위로 제시할 것인지의 고민이 필요하다. 조사끼리의 결합이 새로운 의미 및 기능을 파생시키지 않는 경우는 개별 조사의 의미의 파악으로 그 용법을 충분히 알 수 있기 때문에 굳이 별도의 목록으로 삼을 필요는 없을 것이다. 하지만 이들이 자주 결합하여 한 단위처럼 쓰인다면 결합 정보를 부가하여 별도로 학습할 필요가 있다.

예 까지도, 께로, 만치도, 만큼도, 말고는, 보다는, 보다야, 설랑은, 에게다가, 에라야, 에로, 에서도, 에서라야, 에서만, 에서야, 에서야말로, 에서처럼, 에설랑, 에야, 에야말로, 에의, 엔들, 엘랑, 으로까지, 으로다가, 으로라야, 으로서는, 으로서도, 으로서야, 으로서의, 이라야만, 치고서는, 치고서야, 치고야, 한테다가, 한테로

다음으로, 한국어교육용 조사를 선정하기 위해서는 교수 가능한 적정 수에 관한 문제를 고민해 볼 수 있다.

한국어 교재를 분석해 보면, 목표 문형으로 제시한 조사의 수는 대략 약 40개 내외로 교재 간의 편차가 크지는 않다. 그러나 한국어 교재와 한국어교육용 문법 사전 간의 수에는 큰 차이를 보이는데, 한국어 사전에서는 약 140개의 조사를 제시하고 있어 조사 목록의 경우, 교수용 목록과 참조 목록이 구분됨을 확인할 수 있다. 교육 현장에서는 교수 시간의 제약을 받게 되므로, 필수적이고 고빈도의 조사만으로 제한되어 제시되었을 가능성이 있다. 이에 반해, 사전은 이러한 제약 없이 학습자가 학습 과정에서 만날 수 있는 다양한 조합의 조사를 모두 제시하여 참조 문법으로써의 역할을 하는 것으로 보인다.

아울러, 교재에서는 상당수의 조사를 그 자체로 제시하기보다는 어휘 표현 속에 삽입하여 덩어리 형식으로 제공하고 있다. 한국어 교재 5종과 3개의 한국어교육용 문법 사전 모두에서 높은 중복도를 보이는 조사를 살펴보면 아래와 같다. 중복도 7 이상의 조사는 총 23개로 나타났다.

한국어 교재와 문법 사전에서 중복도가 모두 높은 조사

◎ **중복도 8**: 과, 도, 만, 만큼, 보다, 에, 에서, 으로, 은커녕, 을, 이, 하고
◎ **중복도 7**: 까지, 마다, 에게, 은, 의, 이나, 이라도, 이란, 조차, 처럼, 치고

위의 목록을 보면 한국어의 문장 구성에 필요한 주요 격조사와 일부 고빈도 보조사가 필수적으로 다루어지고 있음을 알 수 있다.

상대적으로 구어와 문어의 빈도에서 큰 차이를 보이는 조사들도 있다. 이는 해당 조사가 문어나 구어 중 어떤 상황에서 자주 쓰이는가 하는 담화 정보를 제시하는 데에 활용할 수 있다는 점에서 기능별(말하기, 듣기, 읽기, 쓰기) 분리 교재를 제작하는 데에 활용할 만하다. 학습자의 의사소통 능력을 향상을 위해서 해당 조사가 문어에서 주로 사용되는 조사인지 구어에서 주로 사용되는 조사인지를 파악하여 이에 맞는 과제 활동을 개발하여 제시할 필요가 있다.

문어와 구어의 빈도가 다른 조사

◎ 문어 빈도 > 구어 빈도
   의, 과, 에게, 에도, 이란, 으로서, 으로써, 마저, 조차, 에게서, 이야말로, 이여 등
◎ 문어 빈도 < 구어 빈도
   요, 이랑, 아(호격), 이야(강조), 들, 거나, 한테 등

100여개가 넘는 한국어 조사를 모두 가르친다는 것은 현실적으로 불가능할뿐더러 바람직하지도 않다. 학습자의 제한된 상황 속에서 상대적으로 필수적으로 배워야 하는 조사와 그렇지 않은 조사를 가리는 것이 필요하며, 교수요목 구성에서 적정한 조사의 수도 파악되어야 한다. 한 교재 당 조사는 적게는 26개에서 많게는 41개를 목표 문형으로 제시하고 있으며, 이들의 목록 수를 병합하여 중복되는 조사를 제거하면 63개 정도가 된다. 이를 바탕으로 한다면 26개에서 63개 사이가 목표 조사 목록으로 적정하다고 볼 수 있겠다. 교육용 조사의 선정은 개별 조사의 빈도와 선행 한국어 교육 자료의 (교재 간) 중복도를 모두 고려할 필요가 있다.

우선, 빈도는 높지만 교재 간 중복도가 낮은 조사 (빈도↑, 중복도↓)들이 있다. 교재 및 사전 중복도는 낮으나 상대적으로 고빈도로 조사된 것들이 있다. 서술격 조사 '이다', 호격 조사 '아'와 강조를 나타내는 조사 '이야', 자격을 나타내는 '으로서'가 대표적인데, 이 조사들은 상대적으로 빈도가 높다는 점에서 목록에 포함할 만하다. 이중 특히 호격 조사 '아'는 앞서 모든 사전에서 제시되고 있으나 교재 중복도가 낮다. 외국인의 이름에 '아'를 사용하면 어색하고 주로 반말에서 사용되는 제한점이 있지만 실제 생활에서 자주 쓰이는 말이라면 교수 목록에 포함되는 게 바람직할 것이다.

다음으로 빈도는 낮지만 중복도가 높은 조사 (빈도↓, 중복도↑)도 있다. 교재 및 사전 중복도는 높으나 상대적으로 저빈도로 나타난 조사들이 있는데, '은커녕'과 '치고'가 대표적이다. 이는 이 두 조사들이 주로 불만을 나타내는 상황에서 사용된다는 점과 밀접한 관계가 있는데, 말뭉치의 빈도의 기반이 된 소설이나 신문 등의 문어를 제외하면 공식적인 문어에서 이 두 조사가 사용될 일이 많지 않기 때문에 빈도가 낮은 것으로 추정해 볼 수 있다. 하지만 구어에서는 높은 사용이 예견된다면 교재 간의 중복도를 인정하여 이들도 교수 목록에 포함하는 게 바람직하다. 아래의 조사들은 빈도나 중복도를 모두 고려할 때, 필수적으로 포함되는 조사의 목록이라 볼 수 있다.

> 이/가(께서), 을/를, 은/는(께서는), 이다, 의, 에, 으로, 도, 에서, 과/와, 만, 이나, 까지, 이라고, 에게(께), 한테, 부터, 보다, 처럼, 요, 이랑, 하고, 이란, 아/야, 이야, 으로는, 으로서, 밖에, 이라도, 으로써, 이든지, 마다, 대로, 에다가, 이라든가, 만큼, 조차, 이니, 인들, 마저, 에게서, 이야말로, 이나마, 치고, 한테서, 은커녕, 이며, 이라야, 으로는, 으로부터, 보고, 더러, 따라, 이라고(는)

참고로 주요 한국어 5종 교재와 한국어교육용 사전에 고빈도로 출현하는 조사 목록은 다음과 같다. 한국어 교재에 출현 여부를 중복도로 계산했을 때, 4종 이상의 교재에 출현한 조사의 목록은 아래와 같았다. 이들은 <한국어 기초사전>과 국어원의 <외국어로서의 한국어문법 2>, 그리고 <어미 조사 사전>과 <한국어교육문법>의 한국어교육용 사전에 대부분 포함되어 있다.

교재 숙달도		K대	K대	S대	Y대	E대
과/와	상대, 대상	2급		기 2급		
	접속	2급	1급	기 1급/5급	1급	1급
도	더함, 포함	1급	기 1급	1급	1급	1급
	나열			2급		
	극단	3급	2급			
만	한정	2급	기 1급	1급	1급	1급
	비교 대상	3급	3급		3급	5급
	조건	3급	4급	5급	3급	
만큼	비슷한 정도	3급	2급	기 4급/5급	2급	3급
보다	비교 대상	2급	1급	1급	1급	1급
에	장소, 위치	1급	1급	1급	1급	1급
	목적지		1급	1급	1급	1급
	시간	1급	1급	1급	1급	1급
	기준	1급	1급		1급	
	조건, 환경 (~에 따르다)	3급	4급	5급	4급	4급

	비교 대상 (~에 비하다)	3, 6급	2급		2, 4급	2급
	특정 대상 (~에 대하다)	3급	3급		2급	2급
에서	장소	1급	1급	1급	1급	1급
	출발점		1급		1급	1급
	근거	5급				
으로	방향	1급	1급	기 2급	1급	1급
	경로					2급
	변화 결과		4급		2급	
	재료, 원료		3급	기 5급		
	수단, 도구		기 2급	1급	1급	1급
	방법, 방식			기 5급		
	원인, 이유 (-으로 인해)	3급	3급	기 4급		4급
	약속, 결정	2급		2급	2급	2급
	자격			기 3급		
은커녕		4급	4급	5급	5급	4급
을/를		1급	1급	1급	1급	1급
이/가	주체	1급	1급	1급	1급	1급
	대상(보격)	1급	2급	2급	1급	1급
하고	상대, 대상			1급		
	접속	1급	1급	1급	1급	1급
까지	범위의 끝	2급	1급	기 1급	1급	1급
	더함		3,4급		5급	
마다		2급	2급	기 2급/5급	기 1급	2급
에게	미침	2급	기 1급	기 2급/5급	1급	1급
	비롯됨	2급				

은/는	주제	1급	1급	기 1,2급	1급	1급
	대조	1급				1급
의		2급	1급	기 1급	기 1급/2급	1급
이나	차선	2급	3급	기 4급	2급	2급
	많음 강조	3급			2급	2급
	상관없음	3, 4, 6급	3급			
	접속, 선택	2급	2급	기 1급	1급	1급
	비유	6급				6급
이라도		4급	3급	기 4급	3급	3급
이란		5급	4급	5급	3급	
조차		4급		5급	5급	4급
처럼		3급	2급	기 2급	2급	2급
치고	예외 없음	4급		5급		4급
	예외적		4급			
밖에			2급	기 4급	2급	2급
부터		2급		기 1급	1급	1급
에게서		2급		기 4급	1급	1급
에다가	위치	3급		5급	2급	
	더함		4급			기 3급
으로써				5급	5급	5급
이든지			2급		2급	3급
이라고(인용)		2급		5급	2급	기 3급
께		2급	2급	기 2급		기 1급
께서		1급	1급	기 2급	기 1급	
대로	따름		기 4급	기 4급/5급		
	구별됨	기 6급			4급	

마저		4급	4급			
이나마		4급				5급
이니			6급		5급	
이라든가			5급		3급	
이며					4급	4급
이야말로		4급	5급	기 5급		5급
인들		4급	6급			
한테	미침	2급	기 1급	기 1급	기 1급	1급
	비롯됨	1급				
총합		43개	34개	26개	39개	35개

이밖에 아래의 조사들은 교재 중복도가 4이하의 것들로 주로 한국어교육용 사전에 올라 있다. 하지만 모든 조사들을 교재에서 다루고 있지는 않아서 교재별로 중요도에 대한 인식 역시 상이함을 알 수 있다. 이들은 학습자의 필요에 따라 선별적인 선택이 필요한 항목들이다.

> 더러, 든가, 따라, 마는, 보고, 에는, 요, 으로부터, 으로서, 이라야, 이랑, 이야, 한테서, 같이, 만치, 서, 아/야(호격), 에게로, 에를, 에서부터, 으로는, 이고, 이다(서술격), 이다(접속), 이라고(보조사), 이라든지, 이면, 치고는, 하며, ㄹ더러, 거나, 그래, 그려, 깨나, 마냥, 마따나, 만,은 말고도, 뿐, 에게다가, 에도, 에설랑, 에야, 엔들, 으로까지, 으로다가, 을랑, 을랑은, 이라고는, 이라면, 이라야만, 이시여, 이여, 치고서, 커녕, 토록, 하고는, 한테다가, 한테로, 까지도, 께로, 께서는, 께옵서, 다가, 들, 만으로는, 만치도, 만큼도, 말고, 말고는, 보다는, 보다야, 보담, 설랑, 설랑은, 에라야, 에로, 에서도, 에서라야, 에서만, 에서야, 에서야말로, 에서처럼, 에야말로, 에의, 엘랑, 으로라야, 으로서는, 으로서도, 으로서야, 으로서의, 이라, 이란, 이랴, 이사, 인즉, 인즉슨, 입쇼, 치고서는, 치고서야, 치고야

4. 교육용 어미 선정의 쟁점

한국어 어미 관련 문법 항목의 수는 매우 많아서, 실제 교수에 적용하기 위해서는 이들의 교수에 있어서의 우선순위를 결정해야 한다. 이에는 개별 문법 항목의 의미 빈도, 형태 통사적 복잡도 외에도 학습 가능성이나 교수 가능성 등의 다양한 요소를 고려해야 한다. 의미 빈도는 대규모 말뭉치에 근거해 산출할 수 있으며, 형태 통사적 복잡도는 개별 문법 항목의 문법적 특성에 기반하게 된다. 개별 문법 항목은 의미적으로 어휘와 마찬가지로 다의성을 가질 뿐 아니라 변이적인 의미를 갖고, 형태적으로도 다양한 변이형이 나타날 수 있으며, 통사적으로 결합 제약, 다른 문장 성분과의 호응 등의 사용 제약을 보인다. 따라서 복잡도 산출을 위해서는 개별 문형의 복잡도를 측정하는 준거에 따른 복잡도 산출이 기반이 되어야 한다.

먼저, 한국어 교육용 어미를 선정하기 위해서는 교육 현장에서 제시되는 어미들을 살펴볼 필요가 있는데 문법적인 어미 외에도 다양한 표현들이 사용되고 있음을 확인할 수 있다. 한국어 교재에 나타난 종결 어미는 평서, 의문, 명령, 청유의 문장 외에도 특정 양태 의미를 나타내는 어미도 적극적으로 제시하고 있어 국어학에서의 형식적 분류와는 달리 실제 사용되는 의미를 중심으로 다루어지고 있다. '-(으)ㅂ시다'는 명령이 아닌 청유로 제시하고, '-(으)시겠어요?'는 형태는 의문이나 상대를 존대하는 명령으로 교수하고 있는 경우가 대부분이다. '-는다'는 구어에서 친구 간에 자주 사용되는 평서형으로 다루어지기도 한다.

평서: -습니다, -어(요), -는다 + -던데(요), -지(요), -거든(요), -잖아(요), -을걸, -을게(요)
의문: -습니까, -어(요) + -을까(요), -을래(요), -지(요)
명령: -으세요, -으십시오, -어, + -(으)시겠어요
청유 및 제안: -을까요, -을래요, -읍시다, -자
허락 및 금지: -(으)렴, -(으)려무나, -어도 좋아(요), -(으)면 안 돼(요)
약속: -(으)마, -을게(요)

연결 어미의 경우에도 '표현'은 활발하게 제시되는데, '-기 때문에, -는 바람에, -기 전에, -은 후에' 등과 같이 다양한 표현들이 의미적으로 연결 어미와 대당된다.

한국어 교재와 사전은 교육 현장에서 어떤 내용이 제시되고 있는지를 가늠해 볼 수 있는 척도라고 하면 말뭉치에서의 사용 빈도는 어떤 어미들이 실생활에서 자주 사용되는지를 가늠해볼 수 있는 척도이다. 실생활에서 자주 사용되는지의 여부는 어미 선정의 매우 중요한 기준이 되는데, 한국 사람들이 많이 사용할수록 한국어 학습자들에게 필요한 항목이라 볼 수 있기 때문이다.

다음으로, 한국어 교수 현장에서 어미 관련 문법 항목의 교수에 있어 몇 가지 고려해야 할 사항들을 살펴보자. 먼저 연결 어미 교수에서 고려해야 할 사항들이다.

첫째, 준말 여부를 살펴야 한다. 연결 어미 중에는 준말 형태가 있다. '-듯', '-곤', '-건', '-아/어다'는 각각 '-듯이', '-고는', '-거든', '-아/어다가'의 준말이다. 이들은 본말과 큰 의미 차이가 없이 교체하여 쓸 수 있으므로 별도의 문법 항목으로 처리할 필요는 없다. 다만 한 쪽의 빈도가 편중적이면 빈도가 높은 형태를 먼저 제시하는 것이 바람직하며, 특정 사용역에서 자주 쓰이는 형태가 있다면 사용 환경을 함께 제시해 줄 필요가 있다.

(2) 가. 땀이 비 오듯/오듯이 하다
 나. 일요일이면 아이들을 데리고 공원에 가곤/가고는 했다.
 다. 빚을 얻어다/얻어다가 사업을 시작했다.
 라. 남들이 비웃건/비웃거나 말건/말거나 신경 쓸 것 없다

둘째, 연결 어미가 특정 조사와 자주 결합하는 경우, 이들 결합형을 제시하는 것도 중요하다. 사전에 연결 어미와 '은/는, 도, 만, 야' 등의 보조사가 결합한 형태가 표제어로 등록된 일이 있다. 예를 들어, '-(으)니까는/-(으)니깐', '-더니마는/-더니만' 등인데, 보조사의 의미 첨가 이외에 특별한 의미 변화가 없으나 자주 결합 형태로 사용되므로 이를 고지할 필요가 있다.

(3) 잘못을 하니까는/니깐 야단맞지.
 사고 싶다마는/다만 돈이 없군.

셋째, 한 연결 어미가 문어형과 구어형으로 구분되는 경우가 있는데, 이를 구분해서 제시할 필요가 있다. '-길래'는 '-기에'를 구어적으로 이르는 말이다. 이론적으로는 '-길래'와 '-기에'의 차이가 있을 수도 있지만, 대부분의 한국어 교재가 '-길래'를 목표 문법으로 싣고 있고 '-기에'와 대체될 수 있다고 설명하므로 한 번에 제시해도 무리가 없겠다. 하지만 구어형인 '-길래'를 우선적으로 가르치며, '-기에'의 경우는 '-기에 망정이지(괜찮거나 잘된 일이라는 뜻)'의 덩어리로서 제시하는 경우가 많다.

(4) 배가 고프길래/기에 라면을 끓여 먹었다.

넷째, 독립된 연결 어미이지만 큰 의미 차이 없이 바꿔 쓸 수 있는 것들도 있다. 선택을 나타내는 '-든가'와 '-든지'가 그러한 예이다. '선택'의 의미를 나타내든 '상관없음'을 나타내는 대부분의 상황에서 대체해서 사용이 가능하다. 이들도 대체 표현으로 같이 제시해 주어도 좋다.

(5) 집에 가든지/든가 학교에 가든지/든가 해라.
서울로 가든가/든지 부산으로 가든가/든지 난 관심 없다.

다음으로 종결 어미의 목록 선정을 위해서는 아래 몇 가지 쟁점에 대해 고민해 볼 필요가 있다. 첫째, '이다'와 결합하는 형태의 다양한 이형태에 대한 정보 제공이 필요하다. 학교 문법에서는 서술격 조사이지만 한국어 교재에서는 서술어처럼 제시되어 이들이 포함된 문형 전체가 학습의 초기에 제공된다. 한국어 교육 현장에서는 '이다+-습니다', '이다+-어요'의 결합형을 독립된 항목으로 교수하고 있다.

(6) 'N입니다'(경희대, 연세대, 이화여대 교재)
'N예요/이에요'(고려대, 서강대 교재)

'예요/이에요'에서 이들의 구성 요소를 각각을 분리하여 제시하지는 않으며 그 자체로 서술어처럼 결합형으로 제시한다. 한국어 교재와 문법 사전이나 문법서의 제시 양상이 서로 차이가 나는 이유는 활용의 목적이 다르기 때문이다. 한국어 교재는 교수 현장에서 학습자에게 제시되는 자료로써 교수 및 학습에 용이하다고 생각되는 순서 및 방식대로 문법 형태를 선정하고 있다. '이에요'와 '이야', 그리고 '-어요'와 '-어'는 형태적으로 달라서 동일한 문형임을 학습자들이 유추하기에 어려움이 있으므로 별도의 문형으로 제시하는 것이 수월하다고 판단한 것이다.

둘째, 형태에 초점을 둘 것인지, 기능에 초점을 둘 것이냐의 문제가 있다. (7)의 명령형 어미 '-(으)세요'의 경우, 명령의 의미로만 제시할 것인지 요청, 충고, 설명의 의미도 제시할 것인지의 문제이다. 반면에 명령의 기능을 수행하는 종결 어미가 '-(으)세요'라고 할 것인지, '-(으)시겠어요?' 라는 의문형으로 대체된다고 할 것인지의 문제도 있다.

> (7) 꼭 전화 해 <u>주세요</u>. (요청: '-어 주다')
> 단 것을 많이 먹지 <u>마세요</u>.(충고)
> 아, 서울역요? 오른쪽으로 돌아<u>가세요</u>. 곧 서울역이 보일 겁니다.(설명)
> 들어<u>오세요</u>. / 들어오시겠어요? (공손한 명령)

셋째, '요' 결합형에 대한 문제이다. 한국어 교재와 문법 사전에 출현한 종결 어미들은 '요'가 붙은 것과 붙지 않은 것이 따로 분리되어 있다. 대부분 '요'의 유무가 화계의 차이만 있어 분리할 필요가 없는 것이 많지만, 일부는 '요'가 반드시 있어야 하는 경우도 있다. '요'의 유무로 인하여 화계 이외의 다른 영역, 즉 의미나 담화적인 기능의 차이를 불러오기도 한다. 다음을 보자.

<'-어'와 '-어요'의 분리>

'-어'와 '-어요'는 화계 이외의 다른 의미 기능적인 측면에서 차이를 불러오지는 않으므로 앞서 명시한 기준에 따르면 '-어'와 '-어요'를 통합하여 제시하는 것이 맞다. 그러나 이 두 형태는 화계를 가르는 대표적인 형태로 볼 수 있어 화계에 초점을 둔다면 구분할 수도 있을 것이다. 다수의 한국어 교재에서 모두 독립된 항목으로 제시되고 있다.

<'-나요'와 '-나'의 분리>

'-기는(요)', '-잖아(요)'에서의 '요'의 유무는 대부분 화계의 차이만 있다. 그러나 종결 어미 '-나요'와 종결 어미 '-나'의 의미는 확연히 다르다. '-나'는 '(예사 낮춤으로) 물음을 나타냄', '자기 스스로에게 묻는 물음을 나타냄', '(두루 낮춤으로) 물음을 나타냄' 등과 같은 의미·기능을 가지는데 반하여, '요'가 결합한 '-나요'는 '상대방에게 (두루 높임으로) 부드럽게 물음을 나타냄'의 의미·기능을 가지게 된다.

<'-을걸(요)'와 '-을걸'의 분리>

'-을걸(요)'는 크게 두 개의 의미로 나눌 수 있는데 하나는 '추정하기'의 의미이며, 다른 의미는 '후회하기'이다. 이 둘은 그 출발점이 같다 하더라도 서로 의미적으로도 큰 차이가 있으며 활용되는 형태 및 사용 양상이 아래에 제시된 바와 같이 매우 다르다. '추정하기' 용법에서는 '-을걸'로 말하는 것도 가능하고 '-을걸'과 '-을걸요' 모두 가능하다. 그러나 '후회하기' 용법에서는 '-을걸'로만 말할 수 있다는 점에서 차이가 있으며, 억양도 달라진다.

> ㄱ. '추정하기' 용법의 '-을걸(요)'
>   a. 부정의 형태: '-지 않을걸(요)'   b. 대체 가능한 형태: '-을 거야'
> ㄴ. '후회하기' 용법의 '-을걸'
>   a. 부정의 형태: '-지 말걸'   b. 대체 가능한 형태: '-을 것을'
>   c. '후회'의 '-을걸'은 뒤에 '그랬다'라는 형태가 올 수 있다.

넷째는 '-는다'를 종결 어미로 다룰 것인가의 문제이다. 문어에서 '-는다'의 빈도가 가장 높다. 수필, 일기, 설명문, 논설문, 신문 기사 등과 같은 여러 문어적 장르에서 평서형은 '-는다'로 실현되며, 의문형은 '-을까', '-나', '-는가'와 같은 어미로 실현되고, 청유형은 '-자', 명령형은 '-으라', '-을 것'과 같은 어미로 실현되므로, 쓰기 교육을 고려한다면 이를 독립적으로 다룰 필요가 있다.

다섯째는 사용 환경이 제약적인 하게체 및 하오체를 종결 어미로 다룰 것이냐의 문제이다. 한국어에서 종결 어미의 중요한 기능은 상대 높임의 화계와 문장의 서법, 즉 문장 유형을 표시하는 것이다. 예사높임(하오체)과 예사낮춤(하게체)에만 주로 실현되는, '-오', '-세', '-소', '-리라' 등은 사용 빈도나 환경이 제약적이므로 우선 순위에서 멀어진다.

여섯째, 종결 어미화된 연결 어미의 종결적 용법을 가르칠 것인가의 문제이다. 한국어 교육현장에서는 본래 연결 어미였으나 종결 어미적 쓰임을 가진 것들이 활발하게 다루어진다. 대부분은 어순의 도치라고 볼 수 있지만, 도치된 어순으로 쓰이는 빈도가 더 높다면 이에 주목할 필요가 있다. 종결 위치에서 고빈도로 사용되는 연결 어미들에는 '-거든(요), -고(요), -는다고(요), -는다니까(요), -는다면서(요), -는데(요), -던데(요), -으라고(요)' 등이 있다.

일곱째는 인용 복합형의 기능적 용법을 다룰 것인가의 문제이다. '-는다, -느냐, -자, -으라'와 같은 어미에 '-고 하-'가 결합된 것들이 있는데, 흔히 '-고 하-'가 생략된 형태로 나타난다. 평서형과 결합된 것들에는 '-는다고(요)', '-는다니(요)', '-는다니까(요)', '-는다면서(요)', '-는다지(요)', '-는단다', '-는답니다', '-는대' 등이 있었고, 명령형 어미 '-으라'와 결합한 형태는 '-으라고(요)'와 '-으래(요)'가, 청유형 어미 '-자'와 결합한 형태는 '-재(요)'가 있다.

① '-는다고(요)', '-는다니(요)', '-는다니까(요)', '-는다면서(요)' 계열
② '-는단다', '-는답니다' 계열
③ '-는대(요)' 계열
④ '-는다지(요)' 계열

① 에 포함된 항목들은 의미 전용이 일어나 새로운 용법을 가진 것으로 보인다. 이때 '-는다' 외에도 '-느냐', '-으라', '-자' 등, 평서, 의문, 명령, 청유형 어미 중 어떤 것과 결합하더라도 해당 용법이 동일하게 나타난다. 다음으로 ② 항목들은 단순히 '-는다고 한다'나 '-는다고 합니다'가 줄어든 것이 아니라 이미 아는 사실을 객관화하여 전달할 때,

친근하게 가르쳐 주거나 자랑하는 뜻을 나타내기도 하는 새로운 용법을 획득한 것으로 보아 역시 다룰 만하다. 다만, ①과는 달리 이 새로운 용법이 오로지 '-는다' 결합형에만 적용되는 한계가 있다. ③은 평서형 결합형인 '-는대(요)'는 '이 많은 일을 언제 다 한대?'와 같이 사실에 대해 못마땅해하는 의미를 함축하여 표현하는 용법이 있다. '-느내(요)', '-으래(요)', '-재(요)' 등에는 단순한 인용 전달의 의미만 있지만, 그 형태가 본래의 형태로부터 멀어진 이른바 융합형으로 나타난다. ④는 평서형 결합형인 '-는다지(요)'만 '들어서 알고 있거나 이미 전제되어 있는 어떤 사실에 대하여 다시 확인하여 서술하거나 묻는 용법'이 새로이 획득된 것으로 보인다. 그런데, 명령형 결합형인 '-(으)라지'는 '-(으)ㄹ 테면....-(으)라지'와 같은 꼴로 나타나면서 화자나 청자가 아닌 어떤 사람의 행동에 대해 불필요하거나 소용없는 것이라는 판단을 내리는 용법으로 사용되기도 한다. 이렇듯 새롭게 얻는 의미에 대해서는 별도의 교수가 필요할 것이다.

의사소통 기능과 문법　11강

1. 이해와 표현으로서의 문법 교수

　의사소통 기능 중심의 문법 교수란 문장을 넘어선 담화 단위에서의 지식과 실제 의사소통에서의 사용 기술을 길러 줘야 함을 의미한다. 의사소통 상황에서의 문법을 가르치려면 형태, 의미, 문법적 제약은 물론 개별 문법 항목의 화행 정보와 해당 문법 표현이 사용되는 맥락 정보의 제공이 필요하다.

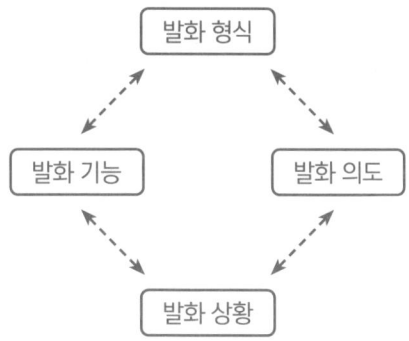

　개별 문형을 교수함에 있어 문법 항목의 의미나 형태 및 통사적 제약에만 그치는 교수 방법이 충분하지 않은 이유는 고립된 문장 내에서의 쓰임이나 용법에 대한 지식만으로 학습자들이 실제 사용에 이르기는 어렵기 때문이다. 학습자는 구체적인 사용 맥락에서의

적용을 원하므로 실제 맥락에서 사용되는 문법 항목들의 다양한 담화 기능에 대해 교수해야 하며 의사소통의 네 영역과 연계하여 교수되어야 한다.

이에 의사소통의 네 가지 기능 영역인 말하기, 듣기, 읽기, 쓰기와 문법 교육이 어떻게 관련되는지를 살피는 일은 중요하다. 의사소통의 네 기능 영역은 표현과 이해로, 혹은 문어와 구어로 구분되면서 상호 연계되지만, 각 세부 영역마다 추구하는 목표는 다르므로 영역 간의 연계가 잘못 이루어진다면 오히려 개별 교육의 효용을 얻는 데에 실패할 수도 있을 것이다. 이런 이유로 이해와 표현이라는 의사소통 상황에서 구현되는 기능 교육과 문법 교육이 통합 교육으로 이루어질 수 있는지, 둘 간의 통합 교육이 더 큰 효과를 얻을 수 있는지가 관심의 대상이 되어 왔다. 하지만 의사소통 기능과 문법의 관계는 매우 밀접해 보인다. 산출의 측면에서 보면 화자가 전달하려는 내용은 동일하다 해도, 해당 발화 상황과 장르에 따라 해당 맥락에서 가장 적절한 문법 항목의 형태나 사용되는 텍스트의 길이는 달라질 수 있다. 이해의 측면에서도 역시 학습자로 하여금 성공적인 의사소통을 수행하게 하려면 '화자의 발화 형식과 화자의 의도'를 파악하고 전달되는 문법 형식을 살펴보거나 화자가 그러한 문법 형식으로 얻으려고 하는 표현의 기능을 이해하는 것이 중요하기 때문이다.

2. 말하기, 듣기와 문법 교육

한국어 말하기와 듣기 교육은 구어 의사소통 능력을 기르는 데 궁극적 목적이 있다. 구어 의사소통 능력을 갖추려면 어떤 문법 내용과 교수 방법이 필요할까를 고민해 볼 필요가 있는데, 문법이 구어 의사소통 능력과 밀접한 관계를 가져야 한다는 의미이다. Bachman(1990)은 의사소통 능력을 언어 능력과 화용 능력이 통합된 능력으로 설명했는데, 언어 규칙에 따른 조직 능력은 언어 능력을 구성하는 주요 요인이지만, 이와 더불어 의사소통 상황에서 적절하게 사용할 줄 아는 화용 능력도 반드시 필요하다고 보았다. 언어 조직 능력은 언어의 형태와 관련되는 규칙으로 음운, 형태, 통사와 같은 문법적인 능력과 담화를 엮을 수 있는 능력으로 구성됨에 반해, 화용 능력은 의사소통 상황에서 언어 사용자나 상황 맥락을 이해하여 언어를 적절하게 구사하는 능력을 말한다. 즉, 화용 능력은 화행이나 의사소통 기능과 관련된 언표내적 능력과 언어가 사용되는 상황과 대화자,

상호작용에 대한 이해를 필요로 하는 사회언어학적 능력으로 구성된다. 이는 문장 단위에 근거한 문법 규칙을 아는 것으로는 부족하며, 화용론적 지식이나 사회언어학적 지식 등을 통해 실제 사용의 맥락과 밀접하게 연관이 되는 능력이 필요함을 의미한다.

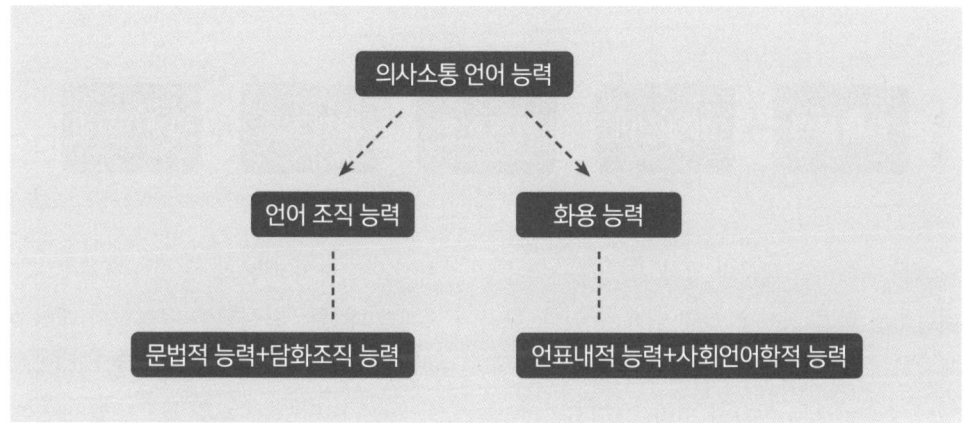

따라서 구어 의사소통 능력을 갖추기 위한 문법 능력은 문장 이하의 문법 지식을 넘어 의사소통 환경에서 이해와 산출이 가능한 문법 지식에 이르러야 한다.

<말하기>

효율적인 말하기를 위한 문법과의 연계 요소를 차례로 살펴보자. 우선, 말하기 능력에 관여하는 문법은 단계별 발화 과정에 대한 문법적 조직 능력과 더불어 산출 기술이 전제되어야 한다. 화자가 발화하기까지는 '계획 – 선택 – 산출' 과정을 거치는데, 말하기는 단순히 지식만이 아닌 연습을 통해 획득되는 기술로, 문법적 지식은 연습의 과정을 거쳐 비로소 얻어진다. 계획 단계에서는 발화문의 구조나 해당 장르에 필요한 관례적인 패턴에 대한 지식을 필요로 한다. 선택 단계에서는 화자의 발화 의도에 부합하는 어휘나 문법을 선택할 수 있는 지식이 필요하다. 산출 단계에서는 구체적인 발화문을 구성하는 언어 요소의 발음과 문법, 음운 규칙에 대한 지식이 필요하게 된다. 또한 단순히 문법적 지식을 아는 것을 넘어서서, 스스로 내재화할 수 있는 반복적인 연습이 있어야 진정한 구어 소통 능력에 이르게 된다.

다음으로, 말하기 능력에 관여하는 문법은 담화 환경에서 대화 상대자를 고려한 대화 전개에 대한 지식에 대한 이해가 전제되어야 한다. 대화는 말하기-듣기가 인접쌍으로 나타나며, 화제 도입과 화제 전환, 화제의 마무리 등의 순차적 전개와 화제 이어가기나 끼어들기, 맞장구치기, 수정하기 등과 같은 다양한 전략이 필요하므로, 담화 전반에 대한 지식과 더불어 이와 연계되는 문법적 패턴에 대한 이해가 바탕이 되어야 한다.[44]

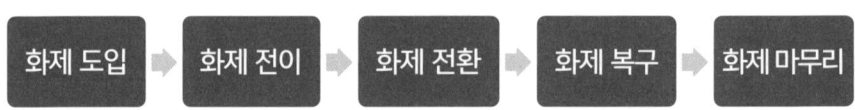

이를 위해서는 제안과 거절, 요구와 수락 등의 전형적 인접쌍의 패턴과 이에 자주 사용되는 패턴화된 문법 지식을 익힐 필요가 있다. 한국어 교재의 대화는 전형적인 인접쌍의 패턴을 제시하여 이를 숙지하게 하는 경우가 대부분이다. 또한 대화 참여자에 적절한 발화를 이어가는 것이 중요하므로 화자와 청자, 그리고 참여자 간의 관계(나이, 성별, 계층 등), 상황 맥락을 고려한 발화가 이루어져야 한다. 따라서 실제 의사소통 과정에서 대화 상대에 적합한 적절한 문법을 선택하여 사용할 수 있는 능력을 갖추어야 한다. 문법적으로 적합한 문장이라도 상대에 따라 적절성 여부가 달라질 수 있기 때문이다. 한국어의 존대법이나 격식체 사용 등이 대표적인 예이다. 윗사람에게 적절한 존대 어휘와 존대 문법 항목을 사용할 수 있는 능력을 갖추게 해야 하며, 격식적인 환경에서 그에 걸맞는 격식 표현을 사용할 수 있도록 문법 교육이 이루어져야 한다. 예를 들면 다음과 같은 발화 맥락을 고려할 수 있을 것이다.

상황 맥락 요인	화·청자 요인	개별 요인	화·청자 성별, 화·청자 연령
		관계 요인	성별 관계, 연령 차이, 지위 차이, 친소 관계
	발화 환경 요인		장소 유형, 발화 장면, 제3자 유무
	사회문화적 맥락 요인		장르

---

44) 화제 전이란 대화 화제가 확립되어 그것과 관련된 이야기가 계속되다가 그 화제를 중심으로 하여 화제가 조금씩 변화여 가는 것이며, 화제 전환이란 전혀 관련이 없는 화제로 옮아가는 것을 말한다.

또한 말하기 능력에 관여하는 문법은 실제성이 높은 자료를 바탕으로 교수될 필요가 있다. 이에 실제성을 지닌 드라마, 영화 등을 활용하여, 대화 상대별 표현의 차이를 인지하고 연습할 수 있는 자료를 구성하는 것이 좋다. 실제 자료에서의 문법 패턴은 생략과 삭제가 활발하게 이루어지므로, 이에 대한 지식도 함께 교수되어야 할 것이다. 아래는 실제 전화 담화를 전사한 것인데, 잦은 생략과 대화의 맞물림, 발화 의도와 연계된 적절한 휴지 등이 나타나므로 시청각 교재를 활용한 실제 담화의 모습에 익숙해질 필요가 있다.[45]

```
01  선미: 아니 근데. 진짜 그런 데가 엄::청 많다서요. 일본은.
02  수야: 응. 재밌어::↑
→ 03        =근데, 나∅ .hh 내가 그때 오사카 갔을 때 오렌지 스트릿?
04  선미: 아:: 네네네.
05  수야: 거기:: <옷> 파는 데잖아::.
06  선미: 네네.
07  수야: 거기 갔을 때:: .hh 진짜::
08  선미: ˚응.˚
09  수야: 옷 사고 싶었는데.
10  선미: =˚비싸[요?]˚
11  수야:      [제]품이 얼마 없는 거야.
```

아울러, 말하기 능력에 관여하는 문법은 발화자의 의도를 제대로 전달하여 발화 의도를 수행하기 위한 다양한 전략과 기술이 필요하다. 결국 화자는 청자를 대상으로 하는 대화의 목표를 가지므로, 효율적인 소통이 이루어지기에 적합한 담화 상황에 가장 적절한 문법 항목을 선택하는 능력이 필요하다. 예를 들면 같은 의미를 전달하는 유사 문법 항목일지라도 공손성 여부에는 매우 차이를 보일 수 있으므로, 해당 상황에서 청자가 수용할 만한 가장 효율적인 표현을 구현할 수 있는 전략과 기술이 필요하다. 따라서 문법 항목의 화용 정보는 물론 유사 문법 항목과 어떻게 다른 의도로 사용될 수 있는지에 대한 변별 교수가 필요하다. 때로는 이렇게 전략과 연계된 문법 항목은 조사나 어미와 같은 문법 요소로만 나타나는 것이

---

45) 홍연정(2021)의 일본 여행에 대한 애피소드 자료 참조

아니라, 어휘 요소가 포함된 덩어리 표현으로 나타나므로 '발화 의도'와 연계한 문법 항목을 포괄적으로 재정리할 필요가 있다. 화자가 상황 맥락에 적절한 기능을 가진 발화 형식을 선택하기 위해서는, '발화 의도'를 구현하는 다양한 담화 기능에 대한 이해가 선행되어야 한다. 아래는 의사소통 환경에서 발화 의도가 구현되는 다양한 담화 기능들의 예시인데, 해당 담화 기능과 연계된 전형적 문법 패턴을 익히는 일도 중요하다.

> 생각 표현 기능: 가능성, 소망과 의지, 추측, 확신 등
> 느낌 표현 기능: 희로애락, 감각적 느낌, 좋거나 싫음, 정서적 느낌 등
> 친교 활동 기능: 인사, 초대, 약속, 칭찬이나 격려 등
> 일상적 대인 관계 기능: 소개, 전화, 감사, 사과나 변명 등
> 지시적 기능: 권유나 의뢰, 부탁과 요청, 승낙과 거절, 지시와 명령, 주의나 경고, 금지, 허용, 충고, 제안과 설득 등
> 의견 교환 기능: 의견 묻기, 의사 표시, 동의, 반대, 토론 등
> 정보·문제 해결 기능: 안내, 보고, 묘사, 설명, 정의, 확인, 경험, 비교 등
> 선언 활동 기능: 임명, 지명, 선고, 선포, 해임, 사임 등
> 창조적 활동 기능: 가설, 상상 등

실제 교실 환경에서의 말하기와 문법의 연계 학습은 매우 활발하게 진행된다. 특히 전통적으로 자주 사용되는 제시(Presentation), 연습(Practice), 산출(Production)로 표현되는 PPP 교수 모형은 한국어 교재의 개별 단원에서의 문법과 말하기 활동이 매우 긴밀하게 연계되는 것이 일반적이다. 첫 번째 단계인 '제시' 과정에서는 목표 문법이 사용된 상황이 제시되는데 보통 대화나 짧은 텍스트로 제공된다. 또는 그림과 같은 자료를 통해 질문하고 대답을 이끌어내면서 배울 내용이 제시되기도 한다. 이때 교사는 해당 목표 문법을 명시적으로 제시하거나, 대화나 텍스트에 제공된 문법 규칙을 학생들이 유추하도록 요구하여 암시적으로 제시할 수도 있다. 두 번째 단계인 '연습' 과정에서는 학생들이 반복 연습이나 교체 연습을 통해 통제된 맥락 안에서 새로운 문법 형식을 연습한다. 여기에서의 연습은 목표 문법 형태 사용의 패턴을 익히는 데에 초점을 둔다. 세 번째 단계인 '생산' 과정에서는 이전과는 다른 맥락 및 상황에서 해당 문법 형식을 사용하여 연습한다. 이때 새로운 패턴과 함께 유창성을 발달시키기 위하여 학생 자신이 만들어낸

내용이나 정보를 이용하기도 한다. 한국어 교재는 의사소통 교수법에 기반하므로 보통 혼합 교수요목으로 설계되어 있는 경우가 대부분이지만, 교재의 다수가 [대화] - [문법] - [말하기 연습] - [과제]의 단계로 연계되어 있는 경우가 많다. 문법이 대화문의 일부로 자연스럽게 노출되도록 한 뒤, 명시적으로 문법을 학습한다. 다음 단계로는 문법 연습 문제를 통해 말하기 인접쌍을 학습한 다음, 말하기 과제를 통해 해당 문법을 다시 산출하게 하는 방식이다. 이는 문법을 활용한 말하기 연습에 비중을 두는 것으로 문법이 기반이 된다. 이러한 방식은 문법의 사용 능력을 기르는 데 유용하나, 문법 항목에 의사소통 기능이 종속될 위험도 있다.

다음으로 과제(Task), 교수(Teach) 과제(Task)로 표현되는 TTT 모형은 과제 중심 교수법 모형으로, '정확성에서 유창성'으로 나아가게 하기 위한 모형이 PPP 모형과는 달리 '유창성에서 정확성'을 추구하는 모형이라고 할 수 있다. 이를 '시도(trial) - 오류(error) - 피드백(feedback)'의 과정이라고 보기도 한다. 첫 번째 단계는 과제 수행으로 시작되며, 두 번째 단계인 '교수'에서는 첫 번째 단계에서 학생들이 수행하였던 과제에 대한 어휘적, 문법적 오류에 대한 수정이 이루어진다. 이때는 정확성에 초점이 맞추어지며, 교사는 학습자들에게 과제를 수행하는 데 있어 필요한 명시적인 문법이나 표현, 어휘 등을 제공하게 된다. 이때 교사의 언어 형태에 대한 문법적 설명이 포함되며, 마지막 단계는 다시 유창성에 초점을 두는 유사 과제 단계로 이어진다. [대화문] -[문법 초점] -[말하기 과제]의 형식으로 대화문에 노출된 문법 항목에 대해 간단한 표식(예를 들면 말풍선이나 각주 형식)을 통해 인지시키되, 구체적인 설명이나 다양한 연습 활동 없이 곧바로 과제로 이어지게 하는 방식이다. 이는 문법 항목을 마치 어휘 항목과 마찬가지로 대화문을 이해하는 데에 필요한 장치로 해석하고, 과제를 통한 말하기-듣기 연습에 치중하는 형식이다. 한국어 교재에서 과제 중심 교수와 문법을 연계하는 것은 활발하지는 않은데, 과제 중심이더라도 문법 학습에서는 정확성과 연습에 초점을 두는 별도의 활동이 이루어지기도 한다.

교재에서 제시하고 있는 문법과 말하기의 연계 교수요목 표를 사례로 보이면 아래와 같이 연계된다. 구체적인 연계 활동에 대해서는 12장을 참고할 수 있다.

S대	말하기		
제목/화제	문법(Grammar)	대화(Dialogue)	과제(Task)
소개	~은 지(시간) 됐다 ~인데	모르는 사람과 인사하기	직장 동료들에게 자기소개를 해 보세요.

<듣기>

　듣기 행위가 궁극적으로 의사소통에 크게 기여하므로 주요 활동으로 강조되어 왔다. 효율적인 듣기를 위한 문법과의 연계 요소는 구어의 차원이라는 점에서는 말하기와 유사하다.

　우선, 듣기 능력에 관여하는 문법은 단계별 듣기 과정에 대한 문법적 조직 능력과 더불어 이해 기술이 전제되어야 한다. 듣기는 듣기 전 활동과 듣기 활동, 그리고 듣기 후 활동으로 나뉘는데, 문법은 각 단계의 활동에서 모두 관여된다. 듣기 전 활동(pre-listening)은 본 듣기 활동을 진작하기 위해 듣기 전에 이루어지는 일련의 활동으로, 학습자의 배경 지식을 이끌어 내는 활동이나 어휘, 문법 같은 언어적 정보를 미리 학습한다. 질문에 대답하기, 시각 자료(그림, 사진, 실물) 이용하기, 관련 어휘 예측하기 등 교사의 질문을 통해 배경 지식을 끌어내기도 하고, 주제와 관련된 사전 정보를 읽어 주기도 한다. 사전 학습으로 들을 내용의 이해를 촉진할 수 있다는 점에서 유용하다. 듣기 활동(while-listening)은 어떤 내용을 들은 후에 그 내용과 관련해서 이루어지는 이해 활동이다. 들은 내용에 대한 질문 형식으로 이루어지며 이때 관련된 어휘나 문법 요소에 대한 설명과 확인이 이루어진다. 듣기 후 활동(post-listening)은 이해 활동이 끝난 후에 들은 내용을 응용하여 새로운 내용을 말하기나 쓰기와 같은 산출하는 활동으로 전이하거나 듣기 활동을 통해 입력된 언어 정보를 연습 또는 보완하는 활동이 이루어진다. 초급에서는 해당 과에서 배운 목표 문법이나 어휘를 확인하는 경우가 많으며 중·고급에서는 맞장구치기, 화제 바꾸기, 동의하기, 근거 대기, 문제점 지적하기 등의 표현을 확인하고 익히는 경우가 있다. 이렇듯 듣기의 세 단계에 모두 문법 요소에 대한 연습과 확인 등이 연관됨을 알 수 있다.

　다음으로, 듣기 능력에 관여하는 문법은 구어에서의 의사소통 능력을 키우기 위해 해당 자료의 음운, 어휘, 형태 통사에 대한 언어적인 지식 외에도, 담화의 구조나 상호작용의 패턴,

상대방과의 의미 협상이나 전략적인 기술을 포함한다. 듣기 활동을 통해 자주 사용되는 제안과 거절, 요구와 수락 등의 전형적 인접쌍의 패턴과 이에 자주 활용되는 패턴화된 문법 지식을 익힐 필요가 있다. 또한 대화 참여자에 적절한 발화를 이어가기 위해서는 참여자 간의 관계(나이, 성별, 계층 등)나 상황 맥락에 따른 표현들을 익혀 화자의 발화 의도를 명확히 이해하여야 한다. 이에 특정 담화 상황에서 자주 사용되는 문법 패턴에 대해 초점을 두면서 해당 표현들을 익힐 필요가 있다.

또한, 듣기에서의 문법은 과제의 실제성을 높이는 대화 자료에 주목해야 하는데, 이에 실제성을 지닌 드라마, 영화 등을 활용하여 대화 상대별 표현의 차이를 인지하고 연습할 수 있는 자료를 구성하는 것이 좋다. 실제 자료에서의 문법 패턴은 생략과 삭제가 활발하게 이루어지므로, 이에 대한 지식도 함께 교수되어야 할 것이다. 실제 전화 담화를 들으면서 생략과 대화의 맞물림, 발화 의도와 연계된 적절한 휴지 등에 대해 주목하면서 발화자의 의도를 파악하는 연습을 제공해도 좋을 것이다.

아울러, 듣기에서의 문법 연습 활동은 발화자의 의도를 제대로 전달하여 발화 의도를 이해하기 위한 다양한 전략과 기술이 필요하다. 예를 들어 '나는 그 식당에서 1년 동안 아르바이트를 했다/해 왔다'라는 문장에서, 학습자들은 '-했다'와 '해 왔다'라는 소리를 변별하지 못하거나 착각할 수 있다. 또한 종결 어미 '-어요'는 진술, 의문, 청유, 명령, 반박, 비꼼, 요청 등의 다양한 의도로 사용되는데 이들의 억양에 대한 이해가 없으면 화자의 발화 의도를 정확히 판단하기가 어렵게 된다. 학습자의 효율적인 듣기 전략을 개발하기 위해서 들은 내용을 표나 그림을 이용하여 정리하거나 이해하지 못한 문법 형태를 메모하게 하는 방법도 유용하다. 교수자는 미리 전체적인 내용의 흐름을 보여주는 그림이나 표를 구조화한 후, 해당 내용을 이해하는 데에 필수적인 문법 정보 항목을 비워두고 해당 부분에 대해 학습자가 집중하면서 직접 들은 후 채워 넣게 하는 것도 좋다.

실제 교실 환경에서의 듣기와 문법의 연계 학습은 말하기와 비교해서는 활발하지 않다. 듣기는 주로 내용을 파악하고 이해하는 활동이기 때문이다. 다만, 내용 자료를 정확하게 이해하기 위해 필수적인 문법 항목에 주목하거나 추가적인 연습 활동을 통해 언어적 이해를 통한 이해력의 증진을 추구할 수 있다. 예를 들어 '들은 내용 나열하기'는 내용을 듣고 순서대로 재배치하는 과제인데, 시간적 흐름을 나타내는 접속 부사나 시제를 나타내는 문법 표현 등에 대한 이해는 이러한 순차적 흐름을 이해하는 데에 주요 단서가 된다. 듣고 받아쓰는 활동은 문자 판독 능력이나 맞춤법과 연계되므로 문법 교수와 통합적 교수가 가능하다. 듣기에 초점을 두는 활동의 경우에는, 특정한 문법 형태를 연습할 수 있는 자료를 만들고 이미 들은 맥락을 활용하되 특정 부분을 비워두고 들은 후에 써서 채우도록 하는 맥락 쓰기 활동을 통해 문법과 연계할 수 있다. 들은 내용을 학습하는 활동에는 단어나 문법 학습하기와 요약하기 등이 있는데, 이들 활동은 듣기 중에 출현한 중요한 단어나 문법을 정리하고 이를 내재화하는 활동으로 문법 교수와 통합적으로 이루어진다. 듣고 요약하기는 기본적으로는 내용 이해와 관련이 있지만, 요약 활동은 학습자가 자신의 생각을 반영하여 생산적인 활동이라는 점에서 명확한 표현을 위한 문법 요소들이 연계된다.

문법적 지식에는 품사, 어순, 시제, 상, 양태 표현 등과 같은 지식이 포함되는데, 듣기에 있어서 학습자들은 비슷한 소리가 나는 문법적인 형태를 구별하기 어려워하는 경우가 있으므로, 주요 문법 요소를 제대로 듣고 이해했는지에 대한 피드백도 중요하다.

듣기 교수 방법에는 상향식과 하향식 교수법이 있는데, 문법 교수는 주로 상향식 처리 과정과 연계되어 문법 지식을 기르는 활동들이 이루어진다.[46] 아래는 수업 중에 가능한 활동들이다.

- 어려운 문법적 요소가 포함된 문장들을 듣고 받아쓰게 한다.
- 변별되는 시제 형태가 담긴 문장들을 듣고 학생들은 해당 시제를 체크한다.
- 비슷하지만 서로 다른 문법적 요소가 담긴 문장을 듣는다. 그리고 주어진 문장 쌍에서 각각의 의도된 의미는 무엇이었는지를 체크하게 한다.
- 문장의 시작 부분을 듣는다. 그리고 학습자들이 사용된 절의 유형에 기초하여 그 다음에 나올 정보의 유형(예: 원인과 결과)이 무엇일까를 추측해 보게 한다.
- 담화 처음 부분의 두세 문장을 듣는다. 그리고 다른 부분에서 멈추고 학생들에게 형용사, 접속사, 명사, 부사 중 어떤 유형의 단어가 뒤따르게 될지를 맞혀 보게 한다.

---

46) Field(2008) 참고

- 듣고 받아쓰기는 초급에서 글자와 소리의 일치 및 불일치를 구별하게 하기 위해 많이 사용되는 활동으로 모음, 단어, 간단한 문장 등을 연습하는 데에 활용한다.
- 듣고 빈칸 채우기는 초급부터 고급까지 전 과정에서 활용 가능한 활동이다. 빈칸을 간단하고 쉬운 숫자, 단어로 채우는 것에서부터 목표 문법을 활용한 표현이나 문장을 채우는 것까지 다양하게 나타난다. 받아쓰기가 한두 번 듣고 단어나 전체 문장을 그대로 쓰는 것이라면 빈칸 채우기는 핵심 어휘, 문법 등에 빈칸을 두어 그 정보를 채우는 것이다.

교재에서 제시하고 있는 문법과 듣기의 연계의 교수요목 표를 사례로 보이면 아래와 같이 연계된다. 구체적인 연계 활동에 대해서는 12장을 참고할 수 있다.

K대		듣기		
단원	주제	기능	듣기 활동	문법
소식	소식과 소문	들은 이야기 전달하기, 소문에 대해 이야기 전하기	소식 듣기, 소문 듣기	간접화법(-다고 하다, -냐고 하다, -자고 하다, -(으)라고 하다)

3. 읽기와 문법 교육

문법은 '대화와 글의 의미를 알 수 있도록 더 질서정연한 생각을 하게 하는 엄격한 방법'이라고 한다. 글은 말보다 더 형식적이므로 글말의 복잡성과 형식성을 고려할 때 읽기 자료에서의 문법은 더욱 중요하다. 문법을 통해 다양하고 창조적인 읽기와 이해를 가능하게 하기 때문이다.

읽기는 어휘와 밀접한 연계를 가지는 것으로 알려져 있지만 문법 교수와도 연계된다. 우선, 읽기 능력에 관여하는 문법은 의사소통 교수법 중 특정 교수법과 연계되어 나타나기도 한다. 특히 형태 초점 교수법에서는 읽기를 통하여 문법 내용을 교육할 수 있다고 본다.[47] 형태 초점 교수란 학습자들이 언어 형태에 관심을 가질 수 있는 장치를 마련해 두고, 문법 항목을 명시적 혹은 암시적으로 제시하여 익히게 하는 방식이다. 문법 항목을 굵은 글씨나 특정 표시를 통해 명시적으로 언어 형태에 집중하게 할 수도 있고, 언어 형태에 집중적인 관심을 기울이지 않게 암시적으로 노출하지만 특정 언어 요소에 관심을 기울여 알아차리게 하는 교수의 방법이다. 이렇게 읽기를 통하여 자연스럽게 언어 형태를 학습하거나 사용하는 방법은 '문법 의식 고양'이라고 부르기도 한다. 문법 학습을 통한 읽기는 무의식적이거나 자동적인 인지와 이해를 통해 읽기의 유창성을 증진시키게 되는 통합적 교수가 되는 것이다.

다음으로 읽기 능력에 관여하는 문법은 읽기의 과정에 따라 연계된다. 결과보다는 학습 과정에 초점을 두는 읽기 교수법인 과정 중심 읽기는 읽기 전 단계, 읽기 단계, 읽기 후 단계의 과정에 따라 제시되고 학습되며, 이러한 과정에서의 문법 교수는 각 단계에서 작용한다. 읽기 전 단계에서는 내용 읽기에 어려움을 겪지 않도록 해당 읽기 자료의 핵심적 문법 항목을 미리 제시하게 하여 이해를 돕는다. 읽기 단계에서는 이해에 필수적인 개별 문법 요소나 구 단위 문법 항목의 의미와 용법을 파악하게 하여 글의 완전한 이해에 이르게 한다. 읽기 후 단계에서는 유사한 읽기 자료를 추가로 학습하거나, 읽고 말하기나 읽고 쓰기와 같은 다른 의사소통 기능과 연계된 활동이 이루어진다. 이러한 활동을 통해 유사한 자료에서는 어떤 문법 항목이 어떻게 다양하게 나타나는지에 주목하면서 유사 문법 항목이나 구어와 문어 간의 문법 항목의 차이 등에 주목해 볼 수도 있다.

또한 읽기 능력에 관여하는 문법의 내용은 문법 자체의 독립적인 내용 영역을 제시하기보다는 읽기 목적에 따른 해당 문법 내용을 유기적으로 통합하여 제시하여야 한다. 특히 읽기의 다양한 장르에 따른 문법 내용을 연계하는 것이 중요하다. 특히 특정 장르에서 나타나는 문법 항목의 의미가 기본적인 의미에서 확장되어 다른 의미로 해석된다면 이에 대한 설명도 필수적인데, 장르에 따른 관례적인 문법 표현이 존재하기 때문이다. 언어의 다양한 형태와 언어 사용역은 여러 상황에서 사용될 수 있으며, 동화나 신화, 소설, 희곡, 수필, 신문기사 등 다양한 읽기의 형식이 있으므로, 학습자들로 하여금 이러한 장르에서

---

47) Brown(2001; 272) 참고

나오는 문법들을 알게 함으로써 장르에 맞춰 알맞게 또한 창조적으로 사용하게 하는 능력을 기를 수 있다.[48]

아울러 읽기 능력에 관여하는 문법의 내용은 읽기와 문법의 상호작용이 일어나도록 교육하여야 한다. 읽기를 통한 문법 교육, 문법을 통한 읽기 교육이 상호작용적으로 일어날 수 있도록 교육하여야 하며, 내용 중심 학습 활동에서도 발음, 표기, 어휘, 문장, 담화 요소라는 문법 요소들을 활용한 읽기의 전략을 포함하여야 한다. 특히 상향식 모형에서의 언어 요소의 문법적 지식에 대한 학습은 읽기와 직접적으로 연계된다.

읽기에는 문법 지식, 어휘 지식, 텍스트의 구조에 대한 지식이 모두 필요하지만, 이 중 문법적 지식은 문장의 구조에 대한 지식이며 텍스트 이해의 기초가 되므로, 글을 잘 이해하기 위해서는 통사적인 지식을 학습할 필요가 있다. 문장의 통사적인 복잡도는 읽기의 난이도를 결정하기도 하며, 텍스트 유형에 따라 선택하는 문장의 통사적 구조가 달라지는 경우도 있다. 일상적 텍스트에 비해 학술적인 텍스트에서 사용되는 통사 구조가 더 복잡하고 어려운 경우가 많으며, 구어성보나는 문어성이 강한 텍스트의 통사적인 복잡도가 더 높은 경우가 많다. 한편, 문법적인 지식이 독해에 미치는 영향은 학습자의 모국어와도 연계된다고 보는 관점도 있다. Grabe & Stoller(2002)에 따르면 제2언어로 영어를 배우는 학생들 중 동일 계열의 철자를 사용하는 스페인어, 프랑스어, 이탈리아어, 포르투갈어를 모국어로 하는 학생들은 (영어에서보다 모국어 단어의 뒷부분에 문법적인 정보들이 많기 때문에) 단어들의 끝부분에 더욱 집중을 하는 경우가 많았고, 한국어, 중국어, 일본어를 모국어로 하는 학습자들은 철자 체계가 서로 다른 탓에, 시각적인 처리에 더욱 집중을 하는 경향이 많은 것으로 나타났다

읽기의 방법은 먼저 글을 빠르고 가볍게 읽으면서 글의 구조와 중심 내용을 파악하는 처음 읽기와 차분하고 꼼꼼하게 읽으면서 글의 세부 내용을 파악하는 두 번째 읽기의 두 단계로 나뉜다. 처음 읽기에서는 학습자가 어휘나 세부적인 내용에 집중하지 않고 글의 구조와 주제어, 중심 문장에 집중하여 읽는다. 다음 단계인 세부 내용을 읽을 때에는 글의 내용에

---

48) Rothstein & Rothestein(2009; 166~167) 참고

집중해서 세부적인 내용을 파악한다.

과정 중심 읽기에도 문법은 밀접하게 관련된다. 읽기 전 단계에서는 부족한 언어 지식이 읽기를 방해 하지 않도록 글의 주제나 내용과 관련된 주요한 어휘나 문법, 장르적 특성을 고려한 글의 구조에 관한 정보를 줄 수 있다. 읽기 단계에서는 읽는 과정에서 의미를 파악하는 데에 도움을 주기 위해 언어 지식을 점검하고 제공할 필요가 있다.

읽기 후 단계는 읽기 활동을 통해 얻은 정보와 지식을 통합하고 확장하는 단계인데, 질문을 통해 글의 내용을 정리하거나 쓰기나 말하기, 듣기와 같은 다른 기능과의 통합 활동을 통해 관련된 내용으로 확장하게 된다. 또한 글에서 제시된 어휘나 문법 표현을 확인하고 강화하기도 하는데, 이때 문법 지식에 초점을 두게 된다. 이 단계에서는 어휘 지식을 강화하고 확장하게 되며, 읽기 단계에서 나온 어휘의 의미뿐만 아니라 용법, 관련어 정보를 제시하여 다양한 상황에서 어휘를 사용할 수 있게 해 준다. 이렇듯 읽기의 각 단계는 문법 요소와 긴밀히 연계됨을 알 수 있다.

교재에서 제시하고 있는 문법과 읽기의 연계 교수요목 표를 사례로 보이면 아래와 같이 연계된다. 구체적인 연계 활동에 대해서는 12장을 참고할 수 있다.

K대			읽기	
단원	주제	기능	읽기 활동	문법
이사	이사	대조설명하기 일의순서말하기	숙소의 종류 한국의전통가옥 자료 읽기	간접화법(-다고 하다, -냐고 하-기에는, -아/어서 그런지, -(이)라도, -지그래요?, -거든, -도록, -아/어있다, -마저다, -자고 하다, -(으)라고 하다)

4. 쓰기와 문법 교육

　쓰기는 의사소통의 네 가지 영역 중 가장 고차원적인 지식을 요구하는 과정으로, 문어가 요구하는 문법적 정확성과 쓰기의 장르가 요구하는 맥락적 적절성을 모두 필요로 하는 영역이다. 이에 효율적인 쓰기를 위해서는 글을 산출하기 위한 어휘나 문법, 텍스트의 수사 구조에 관한 지식이 전제되어야 한다. 교수자는 텍스트가 조직되는 방식과 언어가 선택되는 방식에 명시적인 초점을 두어서 학습자들이 특정한 맥락에서 작문의 목표를 달성하도록 이끄는 것이 좋다. 학생들은 한 문장을 쓰는 것에서부터 출발하지만 점차적으로 장르별로 텍스트와 문장이 구조화되는 방식을 이해하게 된다.

　쓰기 능력에 관여하는 문법의 내용은 쓰기의 과정에 따라 연계된다. 의사소통 교수에서의 과정 중심 쓰기는 계획하기부터 완성하기까지의 다양한 단계의 절차를 통해 제시되고 학습된다. 글쓰기의 과정에서의 문법 연계는 매 단계에서 작동하며 쓰기와 문법은 효율적으로 통합된다.

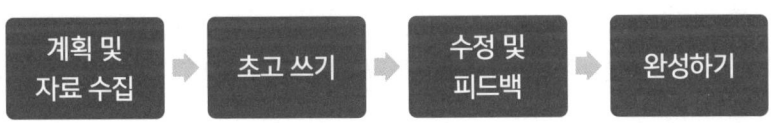

　계획 단계에서는 쓰고 싶은 주제를 정하고 해당 주제와 관련된 자료를 수집한다. 교수자나 동료 학습자와 더불어 주제에 대해 토론하고 아이디어를 구상한다. 주제가 정해지면 이와 관련된 자료를 모으게 되는데, 이때 글의 장르에 따라 관례적인 문법 항목들이 있다면 이에 주목하여 활용될 문법 항목들을 모을 필요가 있다. 자료를 모으면서 쓰기는 자연스럽게 읽기 활동과 연계되는데, 관련 자료 안에서 해당 장르의 쓰기에 필요한 문법 항목의 패턴도 함께 정리한다.

　초고 단계에서는 해당 글의 특성에 따라 가장 일반적인 개요를 짠다. 그 다음에는 문단과 단락을 구성하고 이에 적합한 접속 표현들을 선택하게 된다. 특히 외국인 학습자들은 같은 접속사를 반복하여 사용하여 글을 어색하게 전개할 수 있으므로 단락을 잇는 적절한 접속 표현의 사용에도 주의를 기울여야 한다. 접속 표현은 대부분 접속사이지만 때로는 구 단위의 접속 표현을 사용할 수도 있으므로 이에도 주의를 기울여야 한다. 학문 목적 학습자들의 학술적 글쓰기의 경우에는 해당 글의 장르에서 관례적으로 사용되는 종결 표현의 선택에도 주의를 기울일 필요가 있다. 또한 해당 장르의 글을 쓰는 데에 필수적인 개별 문법 요소나 구 단위 문법 항목의 정확한 의미와 용법을 파악하여 해당 글에 가장 적절한 문법 항목을 선택할 수 있어야 한다. 장르별로 자주 사용되는 문법 항목의 패턴을 살펴서, 글의 주제와 긴밀하게 연결될 수 있는 문법 항목을 선정하는 일이 중요하기 때문이다. 특히 특정 장르에서 나타나는 관례적인 문법 표현이 존재한다면 해당 문법 항목을 적극적으로 활용한 글쓰기 작업이 필요하다.

수정 및 피드백 단계에서는 초고에서 사용된 문법 항목들이 해당 글의 목적과 장르에 적절한지에 대해 체크해야 한다. 자가 수정은 물론 교수자나 동료 학습자의 피드백을 통해 문법 표현의 오류가 있는지를 점검할 수 있을 것이다. 피드백 교환 과정에서는 자연스럽게 말하기와 듣기 활동이 연계되게 되는데, 이 단계에서는 교수자나 동료와의 대화를 통해 완성된 초고 중 단어나 수식 구의 오류는 없는지 선행절과 후행절 간의 연결은 자연스러운지 종결의 방식은 정확한지 등을 체크한다. 아울러 오류가 아니더라도 내용의 연결은 긴밀한지 결속성을 갖추었는지 등도 살펴야 하며, 이를 위해 문장을 줄이거나 문장을 결합하는 등의 다시 쓰기가 이루어진다. 또한 선택한 문법 항목이 해당 장르에 적절한 지도 체크해야 한다. 동일한 장르의 쓰기 자료를 참고하여 해당 자료에서의 관례적인 문법 표현을 비교하거나 참고하는 것도 학습에 도움을 줄 수 있을 것이다. 이러한 활동을 통해 유사한 자료에서는 어떤 문법 항목이 어떻게 다양하게 나타나는지에 주목하면서 유사 문법 항목이나 구어와 문어 간의 문법 항목의 차이 등의 변별적 차이에도 주목해 볼 수 있다.

완성 단계에서는 맞춤법이나 띄어쓰기 등을 체크하고 단락 간의 연결이나 장르의 형식면에서의 완성도를 다시 한 번 점검할 수 있을 것이다. 해당 장르에 적절한 담화표지에 대한 점검도 필요한데, 적절한 담화 표지는 글의 완성도를 높일 수 있기 때문이다.

초급 학습자들을 대상으로 하는 통제된 쓰기 활동은 한국어로 글을 쓰는 데 익숙하지 못하거나 아직 한국어 능력이 충분하지 못한 경우에 글의 정확성을 높이기 위한 목적으로 사용된다. 때로는 문법 연습을 위한 쓰기가 이루어지기도 한다. 그림에 맞는 어휘나 문장 쓰기, 교체하여 쓰기, 문장 완성하기, 빈칸 채우기 등의 활동이 대표적이다. 중급 이후로는 구어체에서 문어체로 고쳐 쓰기 등의 다양한 활동도 가능하다. 딕토콤프와 딕토글로스는 교사의 이야기를 듣고 그 내용을 글로 구성하여 쓰는 활동이다. 이 활동들은 듣기와 쓰기가 통합된 과제라는 특징이 있는데, 통제된 활동 중 하나인 받아쓰기와는 달리 딕토콤프와 딕토글로스는 들은 말을 그대로 옮겨 쓰는 것이 아니라, 내용을 중심으로 글을 구성한다는 점에서 유도된 쓰기 활동에 속한다. 딕토콤프는 교사가 들려준 내용을 글로 구성할 때 활용할 수 있는 핵심어를 제시함으로써 학습자들이 문법 표현이나 문장 구성에 주의를 기울이도록 하는 것이 일반적이다. 이에 반해 딕토글로스는 학습자들이 스스로 내용을 재구성하도록 보다 자율성을 두는 데 주안점을 둔다. 고급에서는 구어와 문어에서의 표현을 명확하게 구분하면서 목표 장르에 적절한 문장의 자연스러운 호응이나 접속 등의 언어 요소에도 주의를 기울여야 한다.

교재에서 제시하고 있는 문법과 쓰기의 연계의 교수요목 표를 사례로 보이면 아래와 같이 연계된다. 구체적인 연계 활동에 대해서는 12장을 참고할 수 있다.

단내			쓰기	
단원	주제	기능	쓰기 활동	문법
유학 생활	유학 생활	조언 구하기	유학생 인터뷰 기사의 글 읽고	-(으)ㄹ까 봐서 -게 -아/어야 -(으)ㄹ 수도 있다
			인터뷰 기사 글 쓰기	

문법 교재와 교실 활동 12강

1. 교재 속 문법의 역할

학습자가 접할 수 있는 문법 교육을 위한 자료는 다양하다. 수업 중 사용하는 종이 교재로부터 문법 연습을 위한 워크북, 문법의 체계를 익히기 위한 문법 참고서, 개별 문법 항목의 용법을 익힐 수 있는 교육용 문법 사전에 이르기까지 다양하다. 아울러 수업 중에 이루어지는 교사의 명시적인 문법 설명이나 문법 오류에 대한 동료의 유의미한 피드백 등도 모두 교육 자료가 된다.

의사소통 중심 교육법의 출현과 더불어 학습자들이 자신들의 뜻을 다른 언어로 표현하며 겪는 어려움은 주로 어휘나 음운 체계와 관계가 깊다. 하지만 어휘나 음운 외에도 언어 학습에서의 문법의 영향력은 매우 크다는 것을 확인할 수 있다. 한국어 교재와 워크북, 보조 자료 등을 검토해 보면 여전히 문법 형태 중심의 교수가 주요한 부분을 이루고 있음을 확인할 수 있다. 통합 교수요목을 지향하는 교재들도 문법 항목을 핵심 요소로 상정하거나 단원의 구성에서 문법 항목을 분리하여 제시한 뒤 연습하게 하는 경우가 많다. 또한 많은 교재들은 여전히 문장 문법의 차원에서 접근하여 문법 항목의 연습에 초점을 두고 있으며, 실제 사용 맥락이나 대화 상대자의 변이를 고려한 연습 문제 등에는 상대적으로 적게 할애하는 편이다. 언어 교육 교재에서 문법의 위치가 매우 공고한 것은 교육과정 개발자나 교수자의 문법에 대한 확신이 여전히 확고하기 때문일 것이다. 특히 교사 교육의 현장에서 교사들의 문법에 대한 인식은 여전히 기본적이고 필수적인 것으로 보는 경우가 많다. 교재에서 고려해야 할 문법의 역할에 대해 살펴보자.

첫째, 문법 제시의 관점을 고려해 볼 수 있다. 교재에서의 문법에 대한 접근은 개별 문법 형태에 중심을 두고 나열하는 방법과 화제에 연관되는 의미를 구현하는 문법 항목을 연계하고 이에 초점을 두어 주목하는 방법으로 나누어 구분할 수 있다.

우선, 문법 항목의 형태에 중심을 두고 순서에 따라 차례로 제시하는 방법은 많은 비판을 받아왔음에도 불구하고 다수의 교재에서는 여전히 자주 사용되는 방법이다.[49] 물론 한 언어의 문법을 교수 방법상의 문제로 별개의 항목으로 나누려는 방법은 유의미한 사용에 어려움을 줄 수 있다. 또한 탈맥락화되어 실생활에서의 활용에 성공적이지 못한 경우도 있다. 임의로 배우지 않은 새로운 문법 항목을 제시하고 해당 항목의 연습과 생산 활동에 집중을 하는 방법이기 때문이다. 하지만 많은 교재들은 여전히 숙달도에 따라 필수적인 문법 항목을 순차적으로 나열하여 해당 항목에 연계되는 화제와 접목하여 교수요목을 구성한다.

이에 반하여, 개별적인 언어 형태가 아닌 문맥 전체를 제시한 뒤, 필요한 경우에만 형태에 초점을 두는 교수법도 있다. 이 방식은 학습자들로 하여금 노출된 언어 형태를 인식하고 의미를 연계하게 하는 방법이다. 의미를 구현하기 위해 어떻게 언어 형태가 쓰이는지를 알아 가게 하는 접근으로 과제 기반 학습에 활발히 사용된다. 이러한 의사소통 중심의 문법 교수에서는 아래의 요소에 더 관심을 둔다.

- 담화의 맥락 안에서 사용되는 의미를 함축하는 문법
- 언어의 현실적인 사용을 가능하게 하는 실용적인 문법

둘째, 교재를 사용할 학습자들의 나이와 학습 능력에 맞는 문법의 자료를 선정하는 일도 매우 중요하다. 학습자와 교수자가 필요로 하는 자료이어야 하며, 수업 활동에서 활용이 가능해야 한다. 또한 문법 학습을 위한 자료들은 흥미로운 내용과 실제성을 가지는 맥락으로 구성되어야 한다. 이러한 요소들은 수업에서 쓰일 자료를 계획하거나 교재를 만드는 사람들에게 매우 중요한 항목들이다. 문법 자료는 언어와 학습자의 언어학적 필요를 명확히

---

49) Thornbury(2000)는 이를 '문법 맥너겟 grammar McNuggets' 전달이라고 표현하면서, 개별적이고 별개인 문법 항목의 순서에 초점을 두어 가르치는 이 방법을 비판했다.

반영하면서도 학습자들이 그들에게 연관 있는 언어를 생성하도록 허용하고 격려해야 하고, 학습자들에게 흥미로워야 하기 때문이다.

그런데, 교육적 목표와 실제 구현 가능한 목표 간에는 약간의 충돌이 있을 수도 있다. 이는 교육적 실제라는 이름으로 허용되는 것들이다. 예를 들어, 아래와 같은 대화는 실제 생활에서 일어나기보다는 교육적 상황에서 가르쳐질 확률이 높은데, 실생활에서 이름이나 나이, 생일에 대한 질문은 친근성이나 해당 상황맥락에 적합할 때만 가능한 질문들이기 때문이다.

(1) 가: 이름이 무엇입니까?
    나: 제 이름은 강민수입니다.
    다: 몇 살입니까?
    라: 저는 스무살입니다.
    마: 생일이 언제입니까?
    바: 제 생일은 12월 25일입니다.

교육 자료를 만드는 입장에서 위의 예문들은 자연스럽게 사용되지는 않지만, 목표가 되는 문법의 형태가 명확하므로 형태 제시에 있어 매우 유용한 예문으로 판단할 수 있다. 아래와 같이 괄호 부분의 생략이 더 자연스러운 대화더라도 '부정 표현'에 대한 명시적 문법 교수를 위해서는 비실제적이라고 하더라도 괄호 부분을 생략하지 않은 채 제시할 수 있다.

(2) 가: (너는) 수영하는 거(것을) 좋아하니?
    나: 아니, (나는 수영을 하는 것을 좋아하지 않아)

연습 과정에서도 학습자들은 짝활동을 통해 유사한 패턴의 질문과 대답을 긴 문장으로 반복하도록 요구 받기도 한다. 물론 실생활에서의 짧은 대답은 무례하게 느껴질 수도 있으므로, 담화 맥락에 따라 적절한 표현을 선택할 수 있어야 할 것이다. 때로는 단순한 대답에 그치지 않고, 부가적 대답을 유도하여 자연스러운 발화를 이끌 수도 있다.

> (3) 가: (너는) 수영하는 거(것을) 좋아하니?
> 나: 아니, (나는 수영을 하는 것을 좋아하지 않아). 난 테니스를 좋아해.

이렇게 교육적 효율성이라는 이유로 비실제적인 예문이나 연습 활동이 제공될 수도 있으나, 실제성에 대한 지향을 늘 염두에 두어야만 학습자들의 비실제적 표현의 고착을 막을 수 있음은 분명하다.

셋째는, 교재 속 문법은 학습자의 습득을 도와야 한다. '인식 제고'는 학습자 중심의 학습을 강조하는 것으로 학습자 스스로 명확히 관찰하고 목표 언어 정보에서의 유사성과 차이성을 감지해야 한다고 보는 이론이다. 학습자들이 목표 구조에 주목하면서 구조의 의미를 인지하고 이해할 수 있게 하는 입력 과정을 강조한다. '수용적인 기술로서의 문법'의 인식은 학습자들에게 문법의 적용을 기계적으로 산출하라고 강요하지는 않는다. 교재 안에 목표 문법에 대한 예시를 충분히 제시하는 것만으로 학습자 스스로 문법을 살펴보고 범주화할 기준을 찾도록 격려한다. 예를 들면 실제 대화의 쌍을 제시하고 목표 문법에 밑줄을 치거나 잘못된 항목을 찾아내는 연습 등이 이루어질 수도 있다. 물론 이런 연습은 모든 학습자들에게 맞지 않을 수도 있고 즉각적인 효과를 나타내지 못할 수도 있다. 특히 초급 학습자들에게는 적용이 불가능하며, 스스로의 입력이 올바른지에 대한 확인도 매우 어려울 수 있다. 특히 '규칙'의 안정성을 선호하는 교수자들에게는 이런 문법 활동이 비현실적이거나 부적절하게 느껴질 수도 있을 것이다. 매번 학습자들에게 인식을 제고하는 연습만을 제시할 수는 없으며, 분명 학습자들은 언어 생산을 위한 반복적인 연습도 필요로 하기 때문이다.

하지만 교수자가 문법 요소의 예시를 보여줌으로써, 학습자들이 언어 경험을 조직하도록 하고 학습자 스스로의 인지를 돕기 위해 노력하는 것은 중요하다. 또한 통제된 연습으로 실생활과 고립적인 산출을 강요하기보다는 문법 항목이 가지는 맥락적 요소들에 대한 설명을 부가하여 상황에서의 용법을 익히게 할 필요가 있다. 예를 들면, 시제는 단순히 시간의 표현만이 화자나 필자의 심리적 거리감을 위해서도 사용될 수 있는데, 이러한 맥락 기반의 문법은 초급은 아니더라도 숙달도가 증가하는 어느 시점에서는 스스로 파악할 수 있도록 해야 할 것이다. 이를 위해서는 실제 언어 자료들을 용어 색인 프로그램과 함께 제공하는 것도 좋은 방법인데, 스스로의 검색을 통해 자연스럽게 해당 문법 항목의 사용자, 사용역, 연어 등에 대한 지식이 누적될 수 있기 때문이다.

2. 문법 교재의 선정 및 개발

유의미한 문법 학습을 위한 교재의 선정을 위해서는 아래의 준거들을 포함하여야 할 것이다.

- 교육 자료를 사용할 학습자들의 나이와 학습 능력에 맞아야 한다.
- 학습자와 교수자의 요구에 부응해야 한다.
- 교수 학습 활동에의 활용이 가능해야 한다.
- 새로 제시된 문법 항목은 이미 배운 문법 항복과 관련이 있어야 한다.
- 문법 항목은 적절한 간격으로 반복되어 습득에 용이해야 한다.
- 문법 항목의 연습은 의사소통의 네 영역(말하기, 듣기, 읽기, 쓰기)과 연계되어야 한다.
- 문법 항목은 실제적인 과제를 중심으로 구성되어야 한다.
- 문법 항목은 참고적 설명과 연습 부분이 있어 자가 학습 및 보충 학습이 가능해야 한다.
- 문법 학습을 위한 상황 맥락이나 문맥이 학습자들에게 흥미로워야 한다.
- 담화의 맥락 안에서 사용되는 의미를 함축하는 문법이어야 한다.
- 학습자들이 부딪힐 실생활을 가능하게 하는 실용성이 있어야 한다.
- 학습자들의 모국어와 목표 언어 간의 형태, 기능별 유사성과 차이를 고려하여야 한다.

때로는 문법 교재를 새롭게 집필할 수도 있는데, 집필자들은 위의 준거들 외에도 아래의 사항들을 점검하여 자료를 보강하여야 한다.

- 교재는 해당 과목이 목표로 하는 일관성 있고 체계성이 있는 자료 모음이 되어야 한다. 즉, 문법 학습이 매개화되어 해당 과목의 목표를 효율적이고 일관되게 구현할 수 있어야 한다.
- 문법 교재의 자료들은 전반적인 학습의 목표 아래 통합적인 학습 과정과 연계되게 구성되어야 한다.
- 구어체와 문어체 사이의 차이점을 분명히 고려해야 하며, 말하기 듣기 읽기 쓰기 등의 의사소통 기능과 연계되도록 자료를 설계하여야 한다.
- 문법 자료들은 학습자의 언어의 정확성과 유창성을 제고시킬 수 있어야 한다.
- 문법 교재에서 이러한 자료들은 설명, 예문, 연습 문제의 틀 안에서 유기적으로 조직되어야 한다.

구체적인 단원 집필을 위한 문법 설계 과정에도 고려할 사항들이 있다. 첫째, 교재 개발자는 문법 내용의 순서나 위계화에 대한 기초 안을 설계하여야 하는데, 통합 교수요목의 경우 화제나 의사소통 기능, 어휘, 담화 등의 영역을 효율적으로 이해할 수 있는 문법 항목을 선정하여 구성해야 한다. 또한 문법 항목 자체의 복잡도를 고려하여, 단계적인 교수가 이루어지도록 하는 것이 좋다. 문법적 혹은 상황적 제약이 없는 것부터 시작하여 제약이 많은 순으로 제시되고, 빈도가 낮은 항목보다는 빈도가 높은 문법 항목이 우선하는 것이 효율적이다.

둘째, 교재 내의 문법 설명은 목표 문법 항목의 내용적 지식을 전달하기 위해 제시되는데, 명시적인 설명(혹은 모국어 번역)을 통해 제시될 수도 있다. 이것은 설명어를 이해하기 어려운 초급 학습자들에게 많이 제공되는 방식으로, 교재에서 문법 설명이 미리 제시되면 시간을 절약할 수도 있을 것이다. 설명은 학습자들이 파악할 수 있는 언어로 표현하는 것도 중요하지만, 설명의 내용 안에 학습자들이 문법 내용을 이해하도록 도와줄 수 있는 정보를 포함하는 것이 중요하다. 때로는 문법 항목이 사용된 예문이나 맥락만 주어지고 명시적인 문법 설명이 생략될 수도 있다.

예문을 통해 목표 문법의 문법적 의미를 파악하게 하는 방법도 있다. 예문을 읽고 이해하는 과정을 통해 학습자로 하여금 의미를 파악하게 하는 방법이다. Byrd et al.(1992)은 학습자들이 다음과 같은 다양한 방식으로 예문을 사용한다고 보았다.

- 하나의 규칙이나 개념의 정확성을 측정하기 위해서
- 하나의 규칙이나 개념을 연습하기 위해서
- 하나의 규칙이나 개념을 이해하기 위해서
- 하나의 규칙이나 개념을 암기하는 데 도움을 주기 위해서
- 다른 상황에서 사용되는 언어의 원천으로서 사용하기 위해서

그런데 예문은 교재 집필자에 의해 만들어져야 하는지, 실제 자료를 활용해야 하는지에 대한 이견도 있다. Sinclair(1987)는 만들어진 예문의 부자연스러움에 대해 비판하면서 실제적인 예문들만이 언어가 실제로 사용되는 방법에 대해 정확한 안내를 제공해 준다고 지적한 바 있다. 하지만 실제적인 예문에 포함되는 단어들은 때로는 숙달도의 통제가 어렵고 불필요한 수식어구를 포함하므로, 집필자에 의해 교육적 효과를 지닐 수 있는 단순화된 인위적인 예문이 만들어지는 경우도 많다.

셋째, 연습 문제는 다양한 유형들을 통해 문법 요소의 습득을 돕는다. 연습 문제의 유형은 매우 다양한데, 교수자들은 교실 상황에서 해당 활동의 목표를 적절히 구현해 줄 적합한 연습 문제를 선정하거나 작성해야 한다. 연습 문제들을 적절히 제공하기 위해서는 교재 개발자는 다음과 같은 항목을 고려하면서 적절성을 점검을 해 볼 수 있다.

- 연습 문제의 의사소통성의 정도
- 학습자의 학습 양식에의 적합성 여부
- 듣기-말하기, 읽기-쓰기 간의 상호작용 가능성 여부
- 해당 연습 활동을 위한 시간의 길이
- 해당 연습 활동에 요구되는 에너지 수준
- 수업 내의 활동인지 수업 외의 활동인지의 여부
- 단원의 주제를 잘 드러내는지, 제시 문맥이 적절한지 여부

아울러 해당 연습 문제가 지향하는 척도 간의 정도성을 고려할 필요가 있다.

- 유창성 ↔ 정확성
- 과정 지향적 ↔ 결과 지향적
- 실제성 ↔ 인위성(덜 실제적)

이들의 정도는 한쪽의 극단에 치우치기보다는 각각의 중간 정도를 유지하는 것이 좋다고 알려져 있다. 학습자들의 정확성과 유창성을 모두 발달시키는 것이 가장 바람직하지만, 한 면에 치중하다 보면 나머지 한 면의 발달에 어려움을 겪을 수도 있기 때문이다. 고급 수준의 학습자들에 있어 정확성이 더 중요하다는 생각도 있다. 그리고 과정을 거치는 동안 궁극적으로 결과에 도달하게 되지만 결과에 대한 요구가 과정을 촉진시키는 점도 있어 이 둘간의 균형을 갖추는 것이 필요하다. 실제성의 측면에서도 학습자의 수준이나 목표에 따라 '실제적'과 '덜 실제적'인 자료의 적절한 균형을 갖추는 것이 필요하다. 이렇듯 문법 교재 개발자는 전체적 척도를 고려하면서 개별 연습 문제를 만들어 내어, 교수자나 학습자로 하여금 연습 문제 선택의 폭을 넓히는 것이 좋다. 한 가지 극단적 척도보다는 각 영역의 척도를 고루 배치함으로써, 학습자의 학습 요구, 목적, 양식의 다양성을 지닌 학습자들의 다양한 유형에 적합한 연습 문제를 더 적절히 선택할 수 있게 한다.

이밖에도 연습 문제의 활용에 대한 지시사항을 보다 쉽게 이해할 수 있도록 설계할 필요도 있는데, 해당 연습 문제를 통해 구현하려는 사항이 교수자에게 쉽게 읽히는 게 좋다. 어떤 교재는 이를 교사용 지침서에 따로 설명하기도 하지만 친절하지 못한 방법이며, 필요한 정보는 교재 내부에 포함시켜 즉각적인 이해와 활용이 이루어지도록 하는 것이 좋다. 특히 초보 교수자들은 이러한 지시사항이 너무 복잡해서 교사나 학습자들이 따라가기에 적합하지 않다고 판단할 수도 있기 때문이다. 따라서 연습 문제의 유형을 고안할 때는 아래와 같은 방식에는 예측이 되는 형식화를 이루는 것이 바람직하다.

- 교사와 학습자에게 모두 편안함을 주는 수준으로 작성하는 것이 좋다.
- 교재의 참고사항이 교사와 학습자에게 모두 쉽도록 만든다.
- 문장 수준 이상의 문맥화를 추구하여 이해가 쉽도록 설명한다.
- 학술적 문맥에 적절한 양식을 사용하여 사용자들에게 익숙하게 해야 한다.
- 표절과 저작권법 위반을 회피할 수 있는 방법으로 자료의 출처를 표시해 준다.

하나의 연습 문제를 이용하여 다양한 목적을 달성할 수 있다면 가장 효율적일 것이나 현실적으로 쉽지는 않다. 바람직한 연습 문제는 다양한 기회를 제시할 수 있는 연습 문제일 것이다.

3. 교재의 단원 구성의 사례

교재마다 단원의 구성은 상이하지만 대부분의 교재는 명시적인 문법 활동 코너를 포함하고 있다. 아래는 한국어 주요 교재의 교수요목들이다.

- S대: <한국어 1~6> 2권 33과
  : 본문 – 발음 – 문법 – 어휘와 표현 – 연습 1 – 연습 2
- Y대: <한국어 1~6> 1~3권
  : 대화(대화체와 산문: 번역 첨부) – 어휘 – 문법(외국어 설명) – 문형 연습
- K대: <한국어 1~6> 1~2권 각 20과 / 3~4 각 20과
  : 본문(대화체) – 새 단어(번역 첨가) – 기본 문형(초급에는 외국어 설명) – 연습 – 새 단어
  : 본문(대화체) – 기본 문형 – 연습 – (복습: 5과마다 제시)

- E대: <한국어 1, 2> / 워크북
  : 준비합시다(activities: 문형, 문법, 어휘) – 쉼터 – 해 봅시다(tasks) – 읽기(reading)
  : 문법 및 구조(grammar focus) – 어휘(vocabulary focus) – 상황 표현(function focus) – 대화(sample dialogs)
- S대: <한국어 1, 2> 1~6과
  : speaking – reading &speaking – listening &speaking – checklist(발음–단어와 표현) – Korean grammar – Cultural components
- K대: <한국어 초급 1, 2>
  : 잘 들어보세요(잘 들어보십시오) – 이야기해 보세요(친구들에게 물어보세요 – 쓰세요 – 찾으세요) – 글을 읽고 질문에 대답하세요 – 써 보세요
  : 5과마다 종합 연습(발음 – 듣기 – 문법 – 말하기 – 쓰기)

대부분의 교재는 문형 혹은 문법 항목을 포함하고 있으며, 명시적 제시와 더불어 연습이 별도로 구성된다. 특히 문법은 워크북을 통해 추가로 연습이 이루어진다. 문법에 대한 설명은 목표 문법 항목의 설명을 기술하고 있는 것과 설명 없이 용례만 제시한 유형으로 나뉜다. 우선, 설명을 영문 혹은 학습자 모국어로 하거나 한국어와 외국어를 병기하는 교재가 있다. 다른 교재는 국문이나 영문 설명이 없이 국문으로 된 도표와 용어, 용례 제시로 문법 구조의 인지, 유추 학습을 유도하고 있는 경우도 있다. 일부 교재는 본문에서는 사례 제시로 한정하되, 부록에서 문법 설명과 외국어 번역을 제공하는 경우도 있다.

아래 예시는 국가 개발 교재인 세종학당 학습자들을 위한 <세종 한국어 초급 2>의 교수요목을 보인 것이다. 아래 교수요목에서 문법은 표현이라는 명칭으로 단어의 주제와 기능과 연계되어 제시되고 있음을 확인할 수 있다.

단원	단원명	주제	기능	Part 1 어휘	Part 1 표현	Part 2 어휘	Part 2 표현
1	꽃다발이나 케이크는 어때요?	축하와 선물	권유하기	선물의 종류	이나/나, -거나	축하	-아서/-어서/-여서(2)
2	회사 일이 많아서 바빴습니다	안부와 근황	안부 전하기	안부	-습니다/-ㅂ니다, -습니까?/-ㅂ니까?	근황	-고(2)
3	버스로 10분쯤 걸릴 거예요	교통	이동 방법 말하기	교통	으로/로 (수단)	이동	-에서/부터 -까지
4	점심 먹으러 갈래요?	음식	주문하기 맛 이야기하기	음식	-을래요/-ㄹ래요	맛	-지요?
5	저녁 먹은 후에 조깅을 해요	생활 습관	일과 설명하기 생활 습관 설명하기	일상생활	-은 후에/-ㄴ 후에	생활 습관	-고 있다
6	푹 쉬어서 괜찮아졌어요	날씨와 기후	변화 말하기 이유 말하기	날씨와 기후	-아지다/-어지다/-여지다	날씨 관련 활동	-으니까/-니까
7	일곱 시로 예약해 주세요	전화와 예약	전화하기 부탁하기	전화	-아 주세요/-어 주세요/-여 주세요	스마트폰 사용	-으면/-면
8	부산에 가 봤어요?	여행	경험 말하기 계획 말하기	여행 준비	-으려고 하다. -려고 하다	여행 활동	-아 보다/-어 보다/-여 보다
9	이번 축제 때 꼭 오세요	초대	초대하기 시간 말하기	기분과 감정	-을 때/-ㄹ 때	초대	-을게요/-ㄹ게요
10	취미가 같은 사람을 만나고 싶었어요	성격과 특징	이상형 말하기	성격과 특징1	-은/-ㄴ	성격과 특징2	-는
11	공연 20분 전에는 입장해야 돼요	공공 예절	금지하기	공공 예절1	-지 말다	공공 예절2	-아야 되다/-어야 되다/-여야 되다
12	이사 온 지 두 달 됐어요	일상생활	시간 경과 말하기	시간 경과	-은 지/-ㄴ 지	출발과 도착	-는데, -은데/-ㄴ데
13	저 좀 도와줄 수 있어요?	부탁	요청하기 능력(가능성) 말하기	부탁	-을 수 있다, -을 수 없다/ -ㄹ 수 있다, -ㄹ 수 없다	문제 상황	-는 것 같다, -은 것 같다/-ㄴ 것 같다
14	한국어 발음이 정말 좋아졌네요	희망 사항	평가하기 목적 말하기	평가	-네요	한국어 학습 목적	-기 위해(서)

구체적인 단원을 통해 문법 항목의 제시 및 활동을 살펴보자. 아래 한국어 교재 단원1의 <문법 표현>을 살펴보면, <대화문 제시> -<문법 설명> - <듣기 및 말하기 연계 활동> - <연습 활동>으로 명시적 문법 제시와 관련 활동이 이루어진다. 우선, 대화문의 예시와 더불어서 목표 문법에 대한 한국어 설명과 영문 번역을 명시적으로 제시하고 있다. 또한 목표 문법을 볼딕체로 처리하여 해당 목표 문법의 형태에 집중하도록 유도하고 있다.

부록에서는 한국어와 영어로 자세한 문법 설명을 싣기도 한다.

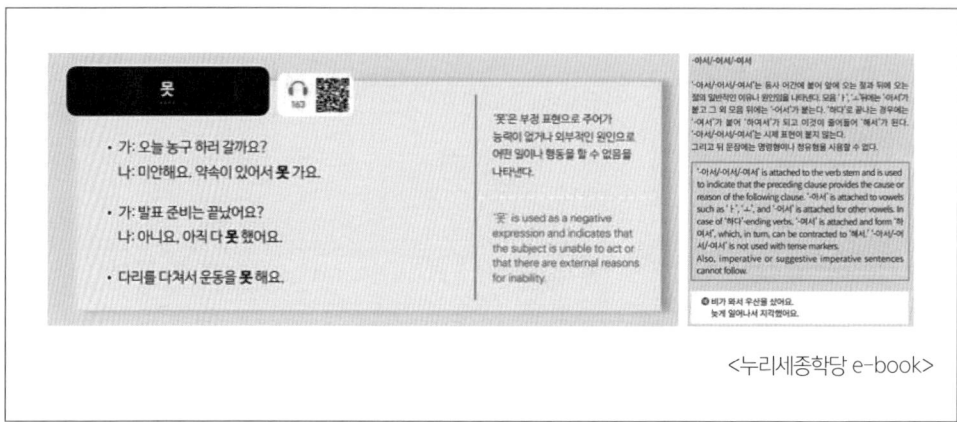

<누리세종학당 e-book>

이어지는 연습 활동은 듣기 활동으로 구성되어 있으나, 목표 문법인 '-어서'를 이해했는지 여부를 '대화 완성하기'라는 쓰기 활동과 연계하여 확인한다.

<누리세종학당 e-book>

다음에 이어지는 말하기 산출 활동 역시 목표 문법인 '-어서'의 통제된 연습 활동으로 이어진다.

<누리세종학당 e-book>

그 다음에 이어지는 연습 활동 역시 단원에서 제시된 두 가지 표현인 '못'과 '-어서'를 각각 연습하고, 두 항목을 섞어 종합적으로 연습하는 활동으로 이어진다.

<누리세종학당 e-book>

문법 표현에 대한 개별 연습이 끝난 후에 이루어지는 <이야기 해 봐요>나 <듣고 말해요>의 활동 역시 해당 단원에서 배운 어휘나 표현의 활용에 연계되어 제시된다. 이렇듯 다수의 한국어 교재는 의사소통 활동을 지향하고 있음에도 불구하고 단원별 목표 어휘나 문법 표현을 한정하고 이에 대한 단계별 교수를 제안하는 경우가 많다.

한편, 의사소통 교수법을 기반으로 하는 교수법에서는 아래와 같은 내용을 포함시켜 과제 기반 문법 교수를 구현하는 방안을 제안하기도 한다. 이러한 문법 학습 자료들은 학생들의 문법에 대한 각성을 발달시키는 것을 목표로 하며 문법이 암시적으로 제시된다.

- 목표 문법이 포함된 대화문(혹은 지문) 듣기: 학습자들은 목표 구조의 몇 가지 예들을 포함하도록 고안된 연속적인 텍스트를 듣는다. 다만, 문법 자체보다는 대화문의 메시지 내용에 집중하면서 포함된 문법 항목에 노출된다.
- 목표 문법을 인지하기 위한 듣기: 학습자들은 목표 구조를 인지하기 위해 두 번째 듣기(필요한 경우 3회 또는 4회)를 통해 문법 항목을 식별한다. 때로는 목표 문법의 인지 과정을 지원하기 위해 빈 칸이 있는 문장을 완성하는 활동을 함께 요구할 수도 있다. 이러한 빈칸 메우기 활동은 목표 문법에 대한 이해가 전제되지 않은 채, 단순히 학생들이 본문을 완성하기 위해 주의를 기울여 듣는 것만으로 빈칸을 채울 수 있어야 한다. '인지를 위한 듣기'는 학습자들에게 일종의 관심과 집중을 일으키게 하는 것이 중요하다.
- 문법 요점 이해하기: 이 활동은 문법 항목에 대한 학습자들의 명시적 지식 개발을 목적으로 한다. 교수자가 명시적 지식을 가르치거나, 학습자 스스로 발견을 통해 이해할 수 있을 것이다. 발견을 통한 접근법은 동기 유발성이 크고 훈련 기능을 한다는 점에서 유용한 방법으로 알려져 있다. 이러한 활동들은 학습자들 스스로 과제를 완성함으로써 혼자 힘으로 언어 데이터를 분석하는 데 필요한 기술을 발달시킬 수 있다. 필요한 경우, 부록이나 참고 섹션 등을 마련하여 학습자들이 형성했던 명시적 규칙의 정확성을 점검할 수 있도록 설계한다. 하지만 모든 학습자가 이러한 접근이 가능한 것은 아니므로 숙달도별로 접근한다.
- 점검하기: 학습자들에게 오류가 포함된 추가 텍스트를 주고, 오류를 식별하여 올바르게 수정하게 한다. 이러한 문법성 판단 과제는 명시적 지식의 사용을 하게 만들며, 명시적 지식을 이끌어내는 모니터(점검) 기술을 개발하게 한다는 장점이 있다.
- 시험보기: 학습자들은 간단한 생산 활동을 통해 목표 문법 항목에 대한 자신들의 이해 여부를 시험해 본다. 이 단계는 명시적 지식을 암묵적 지식으로 자동화하는 전환 활동으로 이해할 수 있다.

4. 교실의 문법 교수 활동

교실 활동 유형은 교수자 주도성 여부에 따른 유형과 활동의 양상에 따른 유형으로 구분해 볼 수 있다.

우선, 교사의 통제 정도에 따른 활동으로는 통제적인 연습과 유의적인 연습이 있다. 보통 초급에는 통제된 패턴을 바탕으로 반복 훈련을 통해 해당 표현을 교수한다. 청각구두식 교수법에서 활용하던 방식으로 여전히 자주 사용되는 방법이다. 먼저 '교수자 대 학습자'로 활동이 이루어지며 다음으로 '학습자 대 학습자'의 반복 연습이 이루어진다. 다음으로, 과제 중심의 유의미한 문법 연습도 이어진다. 유의적 연습이란 학습자가 배운 문법을 자신의 의미를 전달하기 위해 유의적인 맥락을 제시하고 연습하도록 유도하는 방식이다. 통제된 연습 후에는 실제 생활과 연관된 유의적인 연습이 보완되어야 한다. 아래는 자주 사용되는 교실 활동의 사례들이다.

- 반복하기 : 교사의 발화를 그대로 학습자가 집단적으로 혹은 개별적으로 반복하는 방식이다. 예를 들면 아래와 같은 간단한 예문을 통해 동사와 형용사의 받침 유무에 따라 내용을 반복하면서 목표 문법 항목을 익히는 방식이다.

이에요/예요			
N이에요		N예요	
학생	학생이에요	의사	의사예요
선생님	선생님이에요	커피	커피예요

<누리세종학당 e-book>

- 교체 연습 : 교사가 단어카드나 그림카드를 교체하거나 교체어를 구두로 제시함에 따라 같은 패턴의 문장을 만드는 방식이다. 가장 전통적인 구조 연습 방식이다.

보기와 같이 문장을 완성하세요.

보기	오늘 날씨가 좋아서 등산하러 가요.	좋다
1) 열이 _____ 약을 먹었어요.		나다
2) 오늘 늦게 _____ 아침을 못 먹었어요.		일어나다
3) 오늘 날씨가 너무 _____ 아이스크림을 먹고 싶어요.		덥다
4) 그 책은 _____ 여러 번 읽었어요.		재미있다
5) 지금 몸이 안 좋고 힘이 _____ 좀 쉴 거예요.		없다

<누리세종학당 e-book>

- 형태 연습 : 형태 규칙을 적용하기 위한 연습으로 초급에서 많이 사용된다. '-ㅂ/습니다' 활용, '-아/어요' 활용과 같이 어간의 음운 환경에 따라 이형태가 결합하는 경우와 'ㄹ탈락', 'ㅡ탈락', '불규칙 동사' 등의 연습에 주로 사용된다.

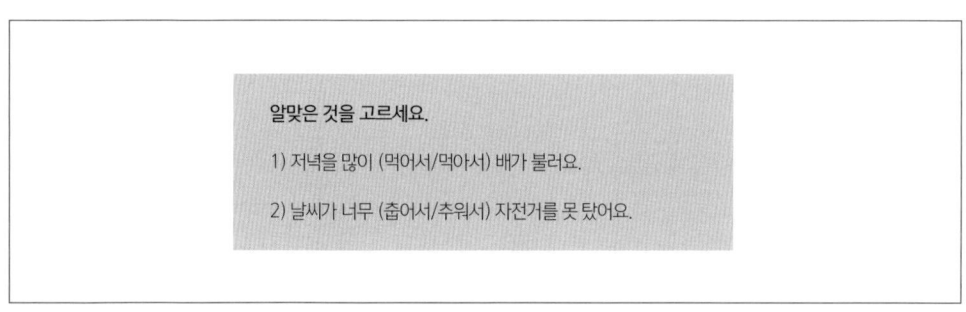

- 응답 연습 : 교체 연습을 한 후에 습득 여부를 확인하기 위해서 '교수자-학습자간 혹은 학습자-학습자간'에 이루어지는 응답 방식이다. 질문은 '예/아니요' 의문문과 의문사 의문문 모두를 활용할 수 있으며, 대답 역시 긍정과 부정 모두 가능하다.

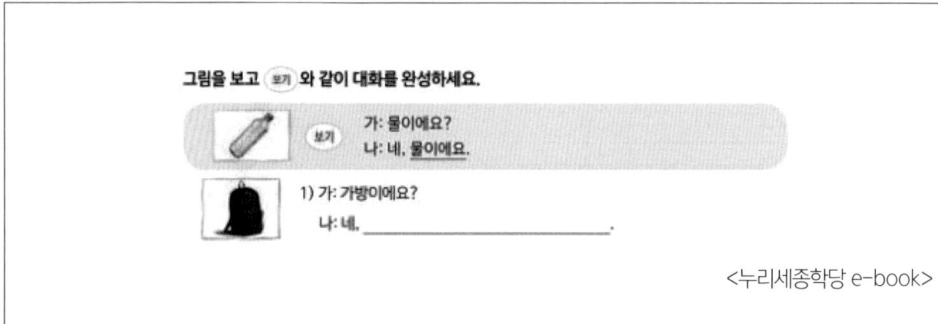

<누리세종학당 e-book>

- 연결 연습 : 연결 어미를 사용하여 구나 문장을 연결시키는 연습이다. 단순하고 기계적인 연결 연습은 피하고 학습자가 의미에 대해 생각하도록 하기 위해, 서로 어울리는 내용을 찾아 연결하도록 하는 등의 방법을 사용하는 것이 좋다.

> <보기>와 같이 문장을 바꾸세요.
>
> | <보기> | 책을 읽어요. 그다음에 음악을 들어요. | → | 책을 읽고 나서 음악을 들어요. |
> |---|---|---|---|
> | 1) | 쇼핑을 해요. 그다음에 친구를 만나요. | → | _____ |
> | 2) | 자전거를 타요. 그다음에 샤워해요. | → | _____ |
> | 3) | 감자 껍질을 벗기세요. 그다음에 얇게 써세요. | → | _____ |
> | 4) | 머리를 자를 거예요. 그다음에 집에 갈 거예요. | → | _____ |
> | 5) | 대학교를 졸업했어요. 그다음에 취직했어요. | → | _____ |
>
> <누리세종학당 e-book>

■ 완성 연습 : 교사나 교재에 제시된 선행문을 바탕으로 나머지 문장을 완성하는 방법이다. 교사가 앞부분의 내용을 이야기하면 학습자가 의미를 생각하여 적절한 문장을 완성하도록 하거나, 목표 문법을 사용하여 대화나 글을 완성하도록 한다. 부분적인 창의성을 필요로 한다.

> 연습 II <보기>와 같이 문장을 완성하세요.
> Complete the sentence using <Example> as a reference.
>
> | 보기 | 하고 싶은 일 | 필요한 것 |
> |---|---|---|
> | | 주말에 영화관에서 영화를 보다 | 표를 미리 예매해야 하다 |
> | | →주말에 영화관에서 영화를 보려면 표를 미리 예매해야 해요. ||
>
> (1) 장학금을 받으려면 _____.
> (2) 통장을 만들려면 _____.
>
> <누리세종학당 e-book>

■ 변형 연습 : 어떤 문장을 유사한 의미를 가진 다른 형태의 문형으로 변형하는 연습이다. 시제를 바꾸거나, 능동문을 피동문으로, 서술문을 의문문으로, 긍정문을 부정문으로 바꾸는 등의 연습에 주로 사용된다.

> <보기>와 같이 문장을 완성하세요.
>
> | <보기> | 공원에서 자전거를 타요 | → | 어제 공원에서 자전거를 탔어요 |
> |---|---|---|---|
> | 1) | 친구에게 편지를 써요 | → | 어제 친구에게 편지를 _____. |
> | 2) | 친구와 영화를 봐요 | → | 어제 친구와 영화를 _____. |

- 확장 연습 : 단순한 문장을 복잡한 문장으로 길게 하여 말하는 연습이다. 관형어나 부사어 등의 수식구를 활용하게 된다. 확장 연습을 통해 학습자들이 단문이 아닌 복문을 사용하도록 훈련시킬 수 있다. 특히 관형어나 관형절, 부사어나 부사절 등을 활용하여 구나 절을 확대함으로써 문장을 확장하는 연습을 한다.

> 예) 나는 의사가 되고 싶다
> → 나는 (대학을 졸업하면) 의사가 되고 싶다
> → 나는 대학을 졸업하면 (불쌍한 사람을) 돕는 의사가 되고 싶다.
> → 나는 대학을 졸업하면 (병원에 오지 못하는) 불쌍한 사람을 돕는 의사가 되고 싶다.
> → 나는 대학을 졸업하면 (돈이 없어서) 병원에 오지 못하는 불쌍한 사람을 돕는 의사가 되고 싶다.

- 상황 연습 : 교사가 구체적인 상황을 제시하면 학습자가 그 상황에 맞게 대답하도록 하는 연습이다. 교사는 학습자가 목표 문법 항목을 사용하도록 유도하기에 적절한 상황을 제시해야 한다.

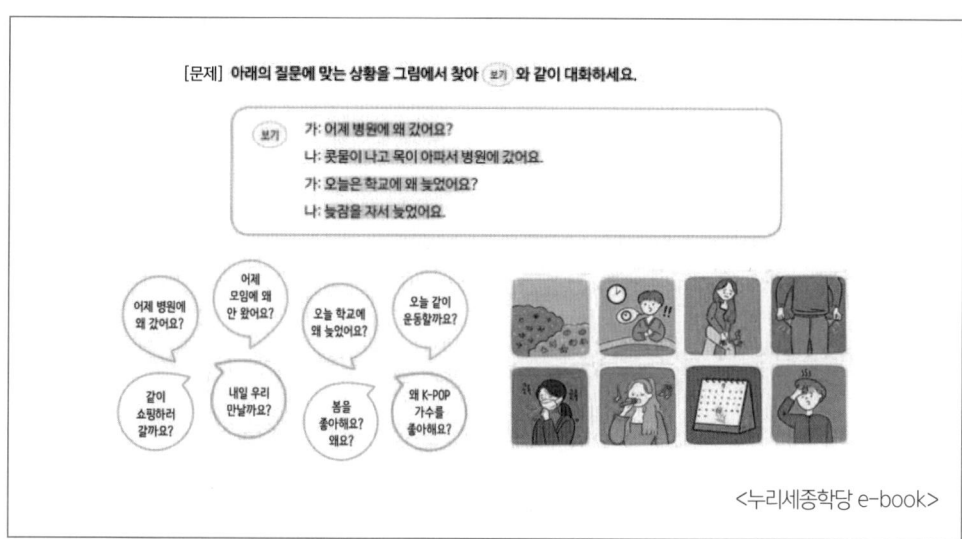

<누리세종학당 e-book>

다음으로는 활동의 양상에 따라 문법 활동을 구분할 수 있다. 일부는 연습 단계에서 일부는 사용 단계에서 활용이 가능하다.

- 문법 항목 인지하기: 학습자들에게 문법 구조를 제시한 후 간단한 담화 문맥을 제시하여 특정한 형태나 의미를 주목하여 반복 훈련을 하게 한다. 예를 들면 문장 안에서 '으나'와 같은 목표 문법 항목을 별도로 표시하여 주목하게 하거나, 특정한 글을 읽고 해당 담화에서 과거 시제 부분을 모두 찾아 주목하는 방법 등이 있다.

라면은 맛있<u>으나</u> 건강에는 별로 좋지 않습니다.
이 가게의 물건은 가격은 싸<u>나</u> 질이 안 좋습니다.
저는 직장인이<u>나</u> 동생은 아직 학생입니다.
어제 친구를 만났<u>으나</u> 같이 밥을 먹지는 않습니다.

제 인생에서 기억에 남는 일은 대학에 떨어졌던 일입니다. 그 뒤로 한동안은 대학에 입학해서 저를 위로하는 친구들이 <u>미웠습니다</u>. 그렇게 제가 친구들을 미워하면서 1년간 친구들과 관계가 멀어졌습니다. 지금은 다행히 오해가 풀려 우리들은 전보다 더 친하게 잘 지내고 있습니다. 하지만 그 일로 저는 좋은 친구들을 <u>잃을 뻔했습니다</u>.

<누리세종학당 e-book>

■ 지시대로 연습하기: 학습자로 하여금 주어진 지시대로 문장 생성 활동을 하도록 하는 방법이다.

> 다음의 (보기)와 같이 대화를 완성하세요.
>
> (보기) 가: 오늘 회사 출근 첫날이었는데 늦잠을 자서 지각할 뻔했어요. (지각하다)
>   나: 그래도 지각을 안 해서 다행이에요.
>
> 1) 가: 다른 사람과 부딪혀서 _____. (커피를 쏟다)
>   나: 아이고, 조심했어야지요.

<누리세종학당 e-book>

■ 창의적 표현 연습: 학습자로 하여금 주어진 문장 표현 활동을 하되 창의적으로 표현하게 한다. 아래의 예시처럼 주어진 내용을 바탕으로 자신만의 자유로운 문장을 만들 수도 있고, 완전히 새로운 문장을 창의적으로 만들 수도 있다.

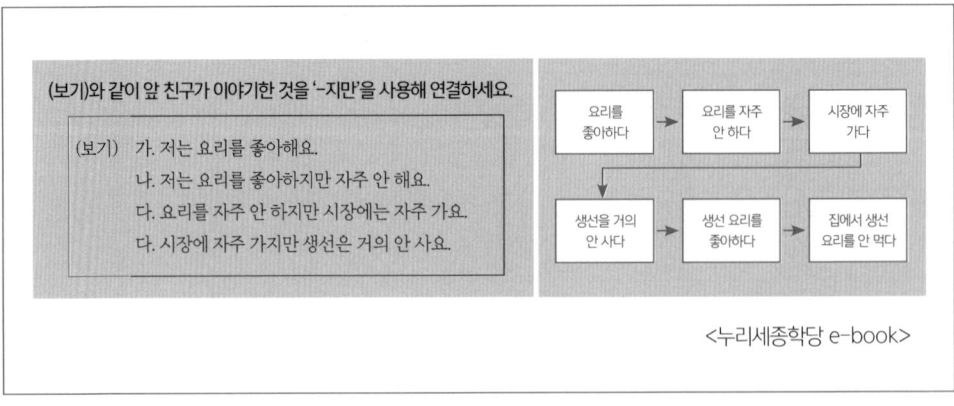

<누리세종학당 e-book>

■ 조건에 따른 창의적 표현 연습: 학습자로 하여금 주어진 조건에 따라 활동을 하도록 요구하되 다양한 어휘 사용을 통해 창의적 표현을 유도한다.

다음의 (보기)와 같이 문장을 완성하세요.

(보기)	잔소리를 계속 듣다	잔소리를 계속 듣다 보면 _____
1)	사람들과 자주 어울리다	_____.
2)	한국어로 된 책을 많이 읽다	_____.
3)	준비운동을 안 하고 운동하다	_____.
4)	한국 노래를 계속 듣다	_____.
5)	계속 인터넷 게임만 하다	_____.

<누리세종학당 e-book>

- 물건 제시하기 : 가르치는 현장에 실물 차원의 사물이나 그림, 사진을 가져와서 꾸민다. 교실에 있는 사물을 활용하여 학습자들이 서로 의사소통 활동에 참여하게 함으로써 학습자들에게 대화 규칙들과 여러 표현을 시도해 보도록 한다. 실물을 제시하기 어려운 경우에는 낱말 카드로 대신할 수 있다.

<누리세종학당 e-book>

- 자유 작문하기: 시청각 자료나 상황적 단서를 주고 학습자가 각자 자유롭게 말하거나 쓰게 한다. 상황에 적절한 문법 항목으로 표현해 보도록 한다.

```
아래의 상황을 읽고 <보기>와 같이 이야기하세요.              상황

(보기) 가: 문화 차이는 생각의 차이 때문에 생기니까 우리 거기에   <보기> 버스트를 탔는데 노약자석이 비어 있어요.
        대해서 이야기해 봐요. 저는 한국에 갔을 때 지하철의
        노약자석에 앉을 뻔한 적이 있어요. 케빈 씨는 버스나     1) 친구가 약속 시간에 늦어서 기다려야 해요.
        지하철을 탔는데 노약자석이 비어 있으면 어떻게 해요?
    나: 저는 보통 노약자석에는 안 앉아요.                    2) 회의/수업을 하고 있는데 화장실에 가고 싶어요.
    가: 왜요?
    나: 제가 앉으면 꼭 앉아야 할 사람이 못 앉을 수도         3) 회의/수업에 들어가야 하는데 배가 고파요.
        있으니까요. 미나씨는요?
    가: 저는 앉지만 노약자분들이 타면 바로 일어나요.          4) 길을 걷고 있는데 할머니가 무거운 짐을 들고 가고 있어요
    나: 아, 우리도 이렇게 생각이 다르니까 나라마다 문화도
        많이 다르겠네요.                                 5) _____.
```

<누리세종학당 e-book>

- 이야기 구성하기: 학습자에게 과제를 주고 (주어진 특정 문형을 포함하여 또는 아무 제한 없이) 연결되는 이야기를 만들거나 작문을 하게 한다.

```
<보기>와 같이 '-아서/어서', '-고'를 사용해서 하루 일과를 이야기해 보세요.

<보기> 저는 아침 7시에 일어나요.

아침에 일어나서 제일 먼저 물을 마셔요.
그리고 나서 운동복을 입고 조깅을 해요.
조깅을 하고 집에 와서 아침 식사를 해요.
커피를 타고 빵을 구워서 먹어요.
아침 식사를 하고 학교에 가요.
학교에 가서 한국어를 공부를 해요.
한국어 공부가 끝나면 집에 와서 청소를 해요.
```

- 문제 해결 방안 모색하기: 해결해야 할 과제의 상황과 문제 항목을 제시한 후 제시된 문법 항목을 이용하여 문제 해결 방안을 표현하게 한다. 예를 들어 '-로 인해', '-는 데다가' 등을 활용하여 아래의 문제들의 해결 방안에 대해 말하거나 쓰게 한다.

집중호우로 산사태, 인명 피해 커	가: 무슨 기사야?
지난 금요일 쏟아진 집중호우로 지반이 약해져 산사태가 발생했다. 이번 산사태로 근처를 지나가던 A씨의 차량이 크게 파손되었고, 운전자 B씨 또한 심각한 부상을 입었다.	나: 산사태가 났대. 가: 원인이 뭐래? 나: 집중호우로 인해 지반이 약해져 산사태가 발생했대. 가: 산사태로 인한 피해는 없었대? 나: A씨의 차량이 크게 파손된 데다가 운전자 B씨도 심각한 부상을 입었대.
홍수로 이재민 발생	어제 300명의 신규 환자 발생
오늘 본격적인 장마 시작으로 인해 강물이 넘쳐 홍수가 났다. 이번 홍수로 세종마을의 집들이 잠기고 논밭이 침수되어 재산 피해가 심각할 것으로 보인다	독감 유행으로 인해 병원에 가는 환자가 급증하고 있다. 이번 독감은 변형된 B형 독감이다. 이 독감은 전염성이 강하고 약이 아직 개발되지 않았기 때문에 감염자가 는 데다가 사망자도 크게 늘었다.

<누리세종학당 e-book>

■ 정보의 공백 채우기: 잡지나 신문의 광고를 교사가 준비하여 정보차 활동을 유도한다. 휴대전화 광고나 공익 광고도 좋다. 초급 학습자에게는 문구가 많지 않은 그림을 준비하여 2인 1조의 나누어 준 뒤 짝활동을 통해 정보의 차이를 확인하게 할 수도 있다.

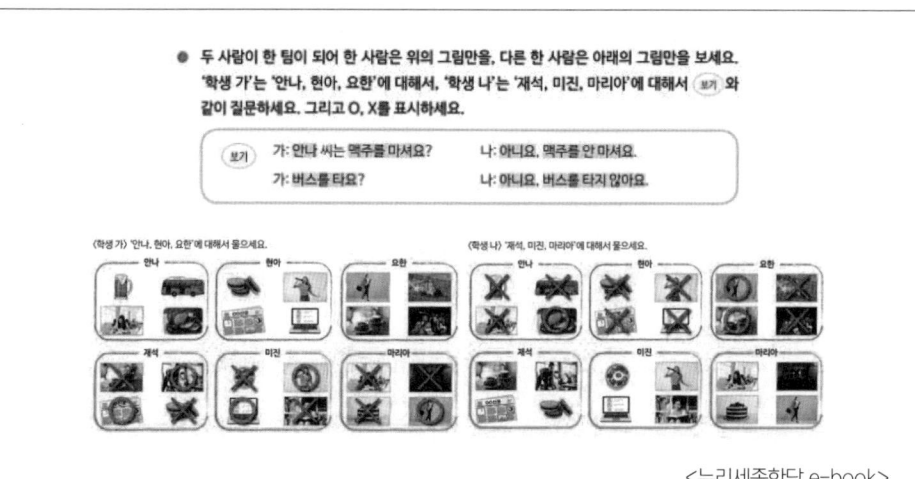

<누리세종학당 e-book>

- 문법 게임하기: 게임과 문법을 연계하여 흥미를 제고하는 방법이다. 준비한 문법 항목 중에서 학습자들이 반드시 사용해야 할 것과 변형해서 사용해도 좋은 것을 구분하여 제시하여도 좋다. 문법 게임을 이용한 수업의 장점은 학습자들 스스로 문법이 어떤 것인지 생각할 수 있도록 유도하며, 문법이라는 심각한 문제를 놀이의 문맥으로 해결하여 재미있게 문법을 공부할 수 있으며 학습자들의 집중을 높일 수 있다는 데에 있다.

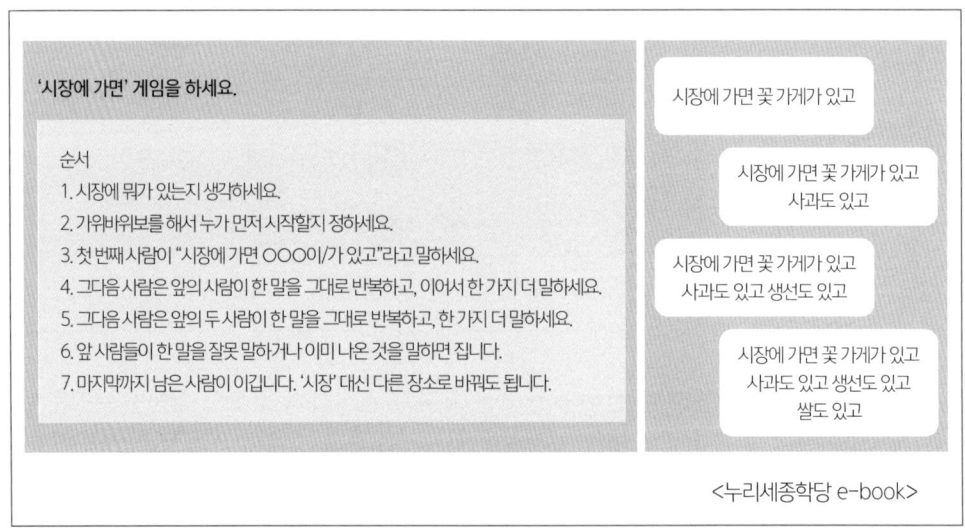

<누리세종학당 e-book>

- 순서 맞추기: 그림 카드를 보면서 문장의 순서를 배열 한 뒤, 그것을 가지고 '-어서'와 '못'을 사용하여 이야기를 만들고 발표하는 활동을 할 수 있다.

<누리세종학당 e-book>

- 적절한 문법 찾기: 의미상으로 알맞은 어휘를 찾아 적절한 형태로 변형하거나 알맞은 문법 형태를 찾도록 하는 연습 활동이다.

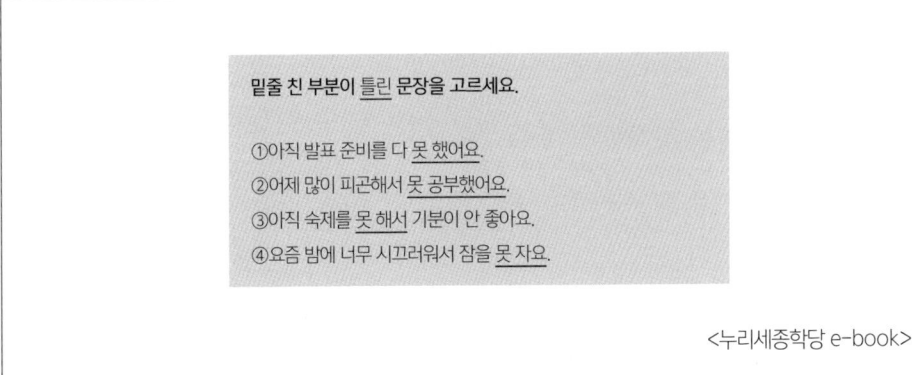

<누리세종학당 e-book>

- 오류 문법 찾기: 제시된 문장 또는 짧은 글을 읽고 잘못 사용된 문법을 찾아 바르게 고치도록 하는 연습 활동이다.

- 유사 문법 찾기: 바꾸어 쓸 수 있는 문법을 찾도록 하는 연습 활동이다.

> 밑줄 친 부분과 바꾸어 쓸 수 있는 것을 고르세요.
>
> 선생님께 메일을 <u>보내고 나서</u> 답장을 기다리고 있어요.
>
> ① 보낸 후에　　　　② 보내거나
> ③ 보내기 전에　　　④ 보내기 위해서

<누리세종학당 e-book>

- 토론하고 발표하기: 주어진 문법 표현과 단서를 사용하여 제시된 상황에 따라 토론을 하거나 이야기를 구성하여 발표하도록 하는 활동이다.

> 친구와 계획을 세우고 있어요. 계획에 대해서 질문하세요. 그리고 나와 친구의 생각이 어떻게 다른지 '-고 싶다'와 '-고 싶어 하다'를 사용해서 발표하세요.
>
> (보기) 나: 어디에 여행을 가고 싶어요?
> 　　　미카: 저는 제주도에 가고 싶어요.
> 　　　나: 얼마 동안 여행하고 싶어요?
> 　　　미카: 3일 동안 여행하고 싶어요.
> 　　　나: 무엇을 먹고 싶어요?
> 　　　미카: 저는 생선회를 먹고 싶어요.
>
> → (발표) 저는 부산에 여행을 가고 싶어요. 그렇지만 미카 씨는 제주도에 가고 싶어해요. 그리고 저는 일주일 동안 여행하고 싶어요. 그렇지만 미카 씨는 3일 동안 여행하고 싶어 해요. 또 저는 국밥을 먹고 싶어요. 그렇지만 미카 씨는 생선회를 먹고 싶어 해요.

1) 여행 계획

	나	미카
장소	부산	제주도
기간	일주일	3일
음식	국밥	생선회

2) 생일 파티 계획

	나	미카
장소	집	식당
기간	오후 5시	오후 7시
음식	떡	케이크

<누리세종학당 e-book>

문법 평가 13강

1. 문법 평가의 필요성

언어 교육에서의 문법은 학습자의 내재된 지식으로 목표 언어를 이해하고 산출하는 도구로서의 기능을 한다. 이에 말하기, 듣기, 읽기, 쓰기의 네 가지 영역에서 문법에 대한 지식은 언어 사용의 중심에 있어 왔고, 언어 평가에 있어서도 문법적 구조에 대한 지식은 중시되어 왔다. 언어 평가를 통해 교사는 교수 학습 효과에 대한 중요한 자료를 얻게 되며 학습자는 자기 학습 진단을 할 수 있는 기회를 제공 받게 된다. 문법도 예외는 아니어서 문법에 대한 평가는 꼭 필요하다. 다만, 평가의 내용은 문법 지식을 묻는 것보다는 문법 능력을 평가하는 것이 바람직하다. 문법 능력은 언어 사용 능력의 필수적인 요소로, 문법 지식이라는 것은 문법 용어와 문장 연결 규칙 등의 언어학적 지식만을 가리키는 것이 아니라 규칙 이해의 정확성과 더불어 자연스러운 언어 사용 능력을 의미한다. 이에 문법 평가는 예외적인 문법 규칙에 대한 지식 여부를 측정하는 것이 아니라 문장이나 담화의 구성, 담화의 응집성을 평가하는 데에 초점을 두게 된다.

언어 평가는 학습 과정의 사전에 혹은 학습 중에 혹은 학습 이후에 이루어질 수 있다. 평가는 아래의 다양한 목표를 가지고 있기 때문이다.

- 언어 학습 동기를 촉진
- 학습자의 언어 능력을 진단
- 학습의 진척 상황과 향상도 진단
- 교육과정의 효율성 평가
- 언어 교육 방향의 정책 결정에 도움

우선, 언어 학습 동기를 고취하여 학습을 촉진시키는 기본적인 기능이 있다. 또한 학습자를 특정한 수준이나 교육과정 중의 특정 부분에 배치하기 위한 배치 평가나, 학습자가 계발시켜야 할 부분이나 코스가 포함해야 하는 부분을 규정하기 위해 학습자의 강점과 약점을 진단하는 평가, 교실 수업 안에서 학습자의 능력을 측정하여 학습량 결정에 도움을 주는 성취도 평가, 전반적인 의사소통 능력을 측정하는 숙달도 평가 등의 다양한 평가의 기능이 있다. 아울러 평가는 기관의 프로그램 목표를 설정하거나, 유사 프로그램 간의 비교를 통해 교육과정의 효율성을 가늠하고 나아가 언어 교육 방향의 전반적인 결정에도 도움을 준다.

문법 평가는 평가의 이러한 목표와 맥을 같이 한다. 배치고사나 성취도 평가에서는 직접적인 문법 평가가 활발히 사용되며, 수업과 학습을 개선하기 위한 활동으로 이어진다. 문법 시험이나 퀴즈 등을 통한 평가의 결과는 교수 및 학습 과제의 수준이나 연습 문제의 조정 등에 적극적으로 반영할 수 있으며, 평가의 결과는 학생들에게 피드백으로 제공되어 학습의 효율성을 증진하게 된다.

다음 수준으로의 진급을 위한 평가에서도 문법 평가는 대부분 중요한 영역으로 포함되는데, 다음 레벨의 교육을 받을 준비가 되어 있는지 확인하는 기능을 한다. 이러한 평가는 주로 모든 교수와 학습 과정 이후에 이루어지는 총괄 평가의 형태로 진행된다.

의사소통 능력이 강조되는 교수법 시기 이후로는 숙달도 평가에서는 문법의 직접 평가보다는 의사소통 능력의 영역 안에서 간접적으로 평가되는 방식이 선호되고 있으나, 교실 수업의 각 단계에서는 여전히 직접적인 문법 평가도 활발히 활용되고 있다고 하겠다.

2. 문법 평가의 요소

한국어 교육 현장에서의 문법 교수에 대한 필요성은 널리 인정되는 편이다. 의사소통 기능 구현을 위한 이해와 표현 영역이 음운과 어휘, 문법, 담화에 대한 언어적 지식을 바탕으로 하고 있다는 점에서, 의사소통 중심 교육 현장에서도 문법 교육은 여전히 활발히 이루어지고 있다. 다만 교수의 방법에 대한 시각은 의사소통 중심의 언어 교육이 강조되면서 점차 변화하고 있고, 이러한 교수 방법에 대한 시각의 변화는 문법 평가에도 영향을 미치고 있다. 문법을 직접적으로 평가하기보다는 의사소통 영역과 연계하여 평가하는 방법이 호응을 얻고 있다.

언어의 문법적 지식에 대한 세 가지 요소로는 아래의 것들이 논의된다. 이에 따라 문법의 평가에서도 올바른 언어 형태에 관한 문항, 문법적 의미에 대한 문항, 문법의 사용이나 용법에 대한 내용이 포함된다.

- 문법 구조에 대한 지식 (정확성)
- 문법적 의미에 대한 지식 (유의미성)
- 문법 항목의 화용적 의미, 맥락에서의 사용에 대한 지식 (적절성, 관례성, 수용성)

문법 평가를 어떤 방법으로 할 것인가도 논의의 대상이 되어 왔다. 문법 지식을 별도의 영역으로 직접적으로 평가하는 방식과 말하기, 듣기, 읽기, 쓰기와 같은 의사소통 영역 안에서 문법 지식을 간접적으로 측정하는 방법으로 나뉘어 이루어져 왔다. 반편성이나 교재 선택을 위한 레벨 테스트나 성취도 평가에서는 문법의 직접적 평가가 여전히 유용하게 유지되어 왔으나, 숙달도 평가에서는 의사소통 능력과 연계된 방식의 평가가 주를 이루고 있다. 국제적 언어 평가인 TOEFL, TOEIC 등을 비롯한 다수의 평가들은 문법을 통한 말하기와 쓰기의 간접 평가 대신, 말하기와 쓰기의 직접 평가를 시행하고 있다.

지식으로서의 문법이 아니라 언어의 이해와 사용을 위한 수단으로서의 문법, 고립된 문법이 아니라 담화 맥락 속의 문법을 평가하고 있는가에 초점을 둔다고 하겠다. 문법 평가의 목표와 내용은 단순히 형태적 정확성을 측정하거나 문장의 구조와 규칙을 이해하는 것이 아닌, 실제 담화 상황에서 문법을 적절하게 사용할 수 있는가를 측정하는 것이 중요하다는 점을 인식하게 된 것이다. 구체적인 평가의 방법은 평가의 목표와 평가 대상자의 언어 능력, 학습 능력 수준, 모국어에 따라 달라질 수 있을 것이다.

문법만을 따로 평가 영역으로 분리했던 시기의 어휘 및 문법 영역의 평가 항목은 다음과 같이 제시된 바 있었다.[50]

- 국어의 수준별 어휘 및 문법의 이해 능력
- 어휘 및 문법(구문과 문형, 활용, 문법적 기능어의 용법) 구사의 정확성 및 적절성의 평가
- 표준적 문장의 구성 능력의 평가
- 한국어의 언어 구조에 관한 지식의 평가
- 어휘 및 문법의 문화적 역사적 배경에 관한 이해도의 평가
- 한자 및 한자어의 이해 및 구사 능력의 평가

이후 한국어 능력 시험이 시행되면서 문법 평가의 내용은 크게 언어 구조 차원과 담화적 차원으로 구분되며 각각의 숙달도와도 밀접하게 연계되어 의사소통 능력을 평가하게 된다. 문자와 소리와의 관계를 아는 것, 언어가 작동하는 원칙인 문장의 구조나 단어의 배열 원칙을 아는 것, 문장이나 낱말이 함축하고 있는 맥락적 의미를 아는 것, 실제 상황에 맞게 사용하는 것 등을 대상으로 삼았다.

- 형태적 정확성: 그 문법 형태를 정확하게 사용하는가
  - 문자와 소리와의 관계에 대한 지식
  - 어휘를 연결하거나 배열하는 규칙, 문장의 구조에 대한 지식

---

50) 남기심 외(2002: 538-539)

- 담화적 정확성: 사회적 기능, 담화적 기능을 모두 포함하는가
  - 각 문장이나 낱말이 가지고 있는 맥락적 의미 이해력
  - 상황과 격식에 맞는 문법 사용 능력

독립적인 평가이든 의사소통 기능 중심 평가이든, 그간의 문법 평가에서 주로 활용된 구체적인 문법 평가 요소로는 아래와 같은 것들이 있었다.

- 문장 구조와 관련된 요소들: 연결 표현, 전성 표현, 조사의 기능
- 문장 내 문법 표현 파악하기: 의문사, 대명사, 부정법, 종결법 등
- 문법 범주 파악하기: 경어법, 부정법, 사동법, 피동법, 시제 표현, 간접 화법
- 문법 오류 찾기: 비문 찾기, 불규치 활용
- 담화 구성의 요소: 접속 표현, 응집 표현 등
- 통합적 문법 관계: 의존 명사 결합형, 부사와 용언 공기, 보조동사의 용법 등

또한 학습자의 문법 오류 데이터를 활용하거나, 문법 능력에 대한 측정을 하면서도 사회문화적 영역에 대한 이해를 아우르는 통합적 평가도 시도되고 있다. 결과적으로 성취도 평가 등의 일부 평가에서는 직접적인 문법 평가가 여전히 시행되고 있지만, 숙달도와 같은 능력 평가에서는 문법을 직접적으로 평가하기보다는 의사소통 능력을 구현하는 문법 요소를 간접적으로 다루고 있는 셈이다.

3. 숙달도 평가에서의 문법 평가

앞서 서술했듯이 배치 평가나 성취도 평가와는 달리 숙달도 평가에서는 문법 평가의 방식이 직접적 평가에서 간접적 평가로 이행되고 있다. 의사소통 능력의 핵심인 듣기와 말하기의 이해 영역과 말하기와 쓰기의 표현 영역을 평가하는 것으로 충분하다고 판단했기 때문이다. 다만 이해 평가에 비해 표현 영역은 상대적으로 늦게까지 간접 평가의 형식을 유지해 왔는데, 특히 쓰기 평가를 문법 평가로 대체하는 일이 많았다. 하지만 점차 표현 영역을 직접적으로 평가하려는 노력이 많아지고 있고, 쓰기 평가의 경우에도 직접적인 글쓰기를 통해 담화 구조에 대한 지식과 응집성을 측정하려는 노력이 많아졌다. 다만, 직접적인 말하기 평가는 실시 방법상의 어려움 등으로 네 가지 영역 중 가장 늦게 수행되고 있으며, 일부 평가에서는 여전히 말하기를 포함하지 않는 경우도 있다.

이렇게 표현 영역인 말하기나 쓰기에 대한 간접 평가가 직접 평가로 대체되게 된 배경으로는 평가자들 사이에 평가의 가치를 신뢰도보다 타당도에 더 큰 비중을 두려는 경향이 강해진 것을 들 수 있다. 즉, 학습자의 언어 능력을 평가함에 있어 선다형 문제로 출제된 문제보다는 직접 말하기나 쓰기를 수행하게 하여 진정한 표현 능력을 평가할 수 있다고 보는 관점이 반영된 것이다. 많은 숙달도 평가에서 그간의 어휘나 문법 등의 언어 요소에 대한 평가를 통해 언어 능력을 평가하려는 시도들이 직접 평가로 대체되고 있는 것이다. 국외에서의 언어 평가는 매우 다양한데, 각 의사소통 영역은 고루 평가되고 있으며 문법에 대한 평가 역시 대부분 의사소통 영역 안에서 간접적인 방법으로 시행하고 있음을 확인할 수 있다. 아래 도표를 통해 국제적인 언어 평가 시험 영역에서 어휘나 문법의 영역이 확연히 줄어들고 있음을 확인할 수 있다.

시험	목적	평가 영역
TOEFL(ETS)	학문	듣, 읽, 말, 쓰
TOEIC(ETS)	실용, 비즈니스	듣+읽, 말, 쓰
GRE General(ETS)	학문	분석적 작문, 언어 추론, 수리 추론

G-TELP (ITSC, International Testing Service Center)		실용	문법+청취+독해 및 어휘(GTL, G-TELP Level Test), 말(GST, G-TELP Speaking), 쓰(GWT, G-TELP Writing)
IELTS (ACELA, British Council)	Academic / General	학문/실용	듣, 읽, 말, 쓰
Cambridge English Language Assessment	KET	일반/학문	읽+쓰,듣, 말
	PET		읽, 쓰, 듣, 말
	FCE		읽+영어사용, 쓰, 듣, 말
	CAE		읽+영어사용, 쓰, 듣, 말
	CPE		읽+영어사용, 쓰, 듣, 말
HSK(공자학원)		실용/학문	듣, 읽, 쓰
TOCFL (국가중국어시험추진위원회)		학문	듣+읽, 말, 쓰
DELF / DALF(알리앙스프랑세즈)		실용/학문	듣, 읽, 말, 쓰
DELE(세르반테스문화원)		실용 / 학문	듣, 읽, 말, 쓰
Goethe-Zertifikat (괴테 인스티튜트)		실용	듣, 읽, 말, 쓰
Goethe-Zertifikat (괴테 인스티튜트)		학문 / 전문직 취업	듣, 읽, 말, 쓰
DSH(대학 어학원)		학문	듣, 읽, 말, 쓰
TOPIK(국립국제교육원)		실용/ 학문	듣, 읽, 쓰
KLAT(한국어능력평가원)		실용/학문	듣, 읽, 쓰 (어휘문법)
KPE(YBM)		실용/학문	듣, 읽, 말, 쓰

한국어능력시험(TOPIK)도 예외는 아니어서 2014년에 시험 체제를 개편하면서 중·고급에 해당하는 TOPIK Ⅱ에서 쓰기 평가를 직접 평가 형식으로 운영하고 있다. 1997년 시행 당시부터 2014년에 이르기까지는 아래와 같이 문법 영역을 따로 배분하였었다.

- 1997년~2014년 7월(제1회~제34회)

교시	영역	유형	문항수	배점	총점
제1교시	어휘·문법	선택형	30	100	200
	쓰기	서답형	4~6	60	
	쓰기	선택형	10	40	
제2교시	듣기	선택형	30	100	200
	읽기	선택형	30	100	

- 2014년 7월(제35회)~ 현재

시험수준	교시	영역	유형	문항수	배점	총점
TOPIK I	제1교시	듣기	선택형	30	100	200
		읽기	선택형	40	100	
TOPIK II	제1교시	듣기	선택형	50	100	300
		쓰기	서답형	4	100	
	제2교시	읽기	선택형	50	100	

하지만, 다수는 아니더라도 국외의 언어 평가에서 여전히 문법을 독립적으로 시행하고 있는 경우도 있다

- MELAB: 문법·어휘·독해 영역
- G-TELP(General Test of English Language Proficiency): 2-5급에 문법 영역
- TEPS: 문법(Part1: 10문항 / Part2: 15문항 / Part3: 5문항)
- TCF & TCF-DAP: 문장 구성 필수시험(객관식) 18문항
- JLPT: N1~N2 언어 지식(문자·어휘·문법), N3~N5 언어 지식(문자·어휘)/ 언어지식(문법)
- KLPT: 어휘, 문법, 읽기, 담화는 영역마다 15문항

하지만 문법을 독립 영역으로 설정하지 않은 시험의 경우에도 평가 구인을 살펴보면, 언어 평가의 대부분은 여전히 언어 지식(문법)에 많은 비중을 두고 있음을 확인할 수 있다.

(1) TOEFL: 통합형-글의 전개, 구성, 문법, 어휘, 정확성 및 완결성 /독립형- 글의 전개, 구성, 문법, 어휘, 글의 질
(2) TOEIC: p1-문법 사용의 정확성, 문장의 적절성, p12-문장의 질과 다양성, 어휘, 조직 /p13-논리성, 문법, 어휘, 조직
(3) GRE General: 이슈 분석- 주제 전개의 명확성, 논리, 조직력, 언어 사용의 정확성 등 / 논쟁 분석- 논점의 적절성, 반박의 명확성, 근거의 적절성, 글과 언어의 조직력 및 정확성 등
(4) (4) G-TELP : Style(적절성, 일관성), Grammar(문법 사용의 정확성), Vocabulary(어휘 적절성 및 정확성), Organization(구성/구조 및 전개), Substance(내용 전개)
(5) IELTS: 과제 성취/응답, 응집성과 응결성,/ 어휘 자원, 문법적 범위와 정확성
(6) Cambridge English Language Assessment: 내용, 의사소통 성취도, 조직, 언어
(7) HSK: 3급~4급- 한자 쓰기 능력(철자), 문법의 이해력, 문장 구성력/5급~6급- 한자 쓰기 능력(철자), 문법의 이해력, 문장 구성력, 글의 이해 및 암기력과 담화구성 능력 및 글의 구조 구성 능력
(8) TOCFL: Band(A) 파트1: 문장 구성력(순서), 글자 수, 한자 쓰기 능력(철자) 파트2: 문장 구성력(순서), 한자 쓰기 능력(철자), 내용 / Band(B) 파트1: 글자 수, 내용, 글의 형식(단락), 문장 부호 사용 파트2: 글자 수, 글의 형식(단락), 글의 구조 및 어휘 사용, 문장 부호 사용, 자신의 입장에 대한 근거(논리성)의 명확성, 유창한 언어사용, 내용(맥락) / Band(C) 파트1: 문어적 표현, 글자 수, 글의 구조 및 문법과 어휘 사용 파트2: 글자 수, 글의 형식(단락), 글의 구조 및 어휘 사용, 문장 간의 연결성(맥락), 문장 부호 사용, 문어적 표현, 자신의 입장에 대한 근거(논리성)의 명확성, 유창한 언어사용

(9) DELF / DALF: A1 지시사항 준수, 사회적 언어 교정, 정보 설명하는 능력, 사전/어휘 철자, 형태소 문법, 일관성과 응집력 / A2 지시사항 준수, 자신과 관련된 것에 대한 설명 능력, 인상을 주는 능력, 사전/어휘 철자, 형태소 문법, 일관성과 응집력 / B1 문제 지시사항 존중, 사실 기술 능력, 의견 표현 능력, 일관성과 응집성, 어휘 사용의 범위, 어휘 사용의 숙련도, 맞춤법의 숙련도 / B2 문제 지시사항 존중, 사회적 언어 사용, 사건 표현 능력, 한 입장에서의 논의 능력, 일관성과 응집성, 어휘 사용의 범위, 어휘 사용의 숙련도, 맞춤법의 숙련도 / C1 문서 내용의 존중, 텍스트 처리 기능, 일관성과 응집성, 어휘의 범위와 숙달, 어휘 철자법, 문장/유연성 정교화 / C2 문제 지시사항의 존중, 독자에 대한 고려, 복잡한 주제의 텍스트를 작성하는 능력, 일관성과 응집성, 어휘 능력, 형태론적 능력, 유연성

(10) DELE: A1 총괄적 평가만 /A2~C2 언어 사용, 과제 수행, 장르 적합성, 일관성, 정확성, 범위

(11) Goethe-Zertifikat: A1~!A2 (Start Deutsch 1) 과업 수행, 텍스트 구성 / B1~B2- 과업 수행, 응집성, 어휘, 구조 / C1~C2- 내용, 글의 구조, 표현, 정확성

(12) DSH: 정확성, 내용, 글의 구조, 응집성

(13) TOPIK : 내용 및 과제 수행, 글의 전개 구조, 언어 사용

따라서 문법 영역이 독립되지 않고 의사소통의 다른 영역 안에서 포함되어 다루고 있더라도, 많은 국제적인 숙달도 평가에서 '문법'과 '구조', '정확성'의 요소를 명시화하고 있다는 점에서 의사소통 능력의 기반이 되는 문법 능력을 주요 요소로 함께 평가하고 있음을 확인할 수 있다.

4. 문법 평가 문항의 사례

4.1 숙달도 평가에서의 문법 평가 유형

국제적 언어 평가 구체적인 평가 문항의 사례들을 살펴보면 문법 항목과 연계된 다양한

문항들이 포함되고 있음을 확인할 수 있다.

국내 한국어교육의 평가 문항의 문제 유형들을 살펴보면 문법 항목 능력의 확인을 전제로 한 문제들을 확인할 수 있다. 예를 들어, 쓰기 평가가 간접적으로 이루어지던 시기의 쓰기 영역의 문제 유형을 살펴보면, 문제 유형 중 일부는 문법과 밀접하게 연계되어 있음을 확인할 수 있다. 예를 들면, 도표에서 볼딕체로 된 문제의 유형은 대부분 문법에 대한 지식이 바탕이 되어야 하는 것들로 문법적 지식을 통해 쓰기 능력을 간접적으로 평가하고 있음을 확인할 수 있다.

2000년~2002년의 TOPIK 쓰기 영역 문제 유형_4회~6회[51]

문제 유형	4회 1급	4회 2급	5회 1급	5회 2급	6회 1급	6회 2급
문맥에 맞게 대화 완성하기	19	12	18	15	18	18
어순에 맞게 문장 완성하기			2(2)	1(1)	2(2)	
문맥에 맞게 빈 칸 채우기		10(1)		9		2
문장 연결하기	7(3)	5	4	4	4	4
후속문 완성하기	4		4		4	
잘못된 부분/문장 고르기		2			2	
상황에 맞게 문장 구성하기		2(1)		2(2)		2
다른 말로 바꿔쓰기						
제목 구성하기						
주제에 어울리게 쓰기				2		
유사한 표현 기법 찾기						
광고문·안내문·기사문을 이용한 쓰기						2(2)

---

51) 서윤남(2003), 한국어능력시험 쓰기 평가 개선방안 연구_4회,5회,6회 문제 분석을 중심으로

메모를 이용한 쓰기						
그림이나 도표를 이용한 쓰기			2			2
서술형 쓰기						
총계	30(3)	30(2)	30(2)	30(3)	30(2)	30(2)

국외 쓰기의 간접 평가에서도 문제 유형 중 일부를 문법 요소의 평가로 집중적으로 활용해 왔음을 확인할 수 있다.

	TOPIK 개편전	TOEFL	TOEIC	GRE	IELTS	Cambridge Exam	G-telp	신HSK	TOCFL	DELF-DALF	Goethe-Zertifikat	Telc Deutsch	Test-DaF	DELE
문맥에 맞게 대화 완성하기	○													
어순에 맞게 문장 완성하기	○							○	○					
문맥에 맞게 빈칸 채우기	○					○		○		○	○	○		○
문장 연결하기	○													
후속문 완성하기	○													
잘못된 부분/문장 고르기	○													
상황에 맞게 문장 구성하기	○										○			

4.2 문법 문항의 설계 방식

언어 평가에서 자주 사용되었던 문법 문항을 정리해 보면 아래와 같이 다양한 형식으로 활용되고 있음을 알 수 있는데, 이러한 문항들은 모두 문법 요소에 대한 지식과 이해를 전제로 한 것들이다.

- 문장 완성하기 형식
  - 두 문장 연결하기
  - 후속 문장 연결하기

- 빈칸 채우기 형식
  - 문장 내 빈칸 채우기
  - 문장 간 빈칸 채우기
  - 담화 내 클로즈테스트(n번째 괄호 채우기)
  - 담화 내 클로즈테스트의 변형 (간격을 자유롭게 하고 문법 요소만 괄호 채우기)

- 문법 항목 대체 형식
  - 바꿔 쓰기
  - 비슷한 표현 고르기

- 문장 바꾸기 형식
  - 문장 어순 바로 고치기
  - 문장 전환하기 (과거형, 수동태, 단수/복수)

- 오류 찾기 형식
  - 문법적 오류 인지하기
  - 잘못된 표현 고르기 / 맞는 표현 찾기
  - 문법에 맞는 문장 고르기 / 비문 찾기
  - 틀린 표현 고르고 바꿔 쓰기

- 해석 형식
  - 문장해석하기
  - 모국어로 번역하기

- 문장 만들기 형식
  - (주어진) 문법 항목과 어휘를 고르고, 상황에 맞는 문장 만들기
  - 상황에 적절하게 문장을 만들기

4.3 답안과 지문 항목의 유형

시험 문항에는 질문이나 명령문 형식의 지시문과 질문을 이해하기 위한 그림이나 예시문 등이 포함되며, 이에 수험자들은 답항을 고르거나 답항을 완성해야 하므로, 출제자들은 아래 사항들을 고려할 필요가 있다.

첫째, 지시문에 포함된 어휘의 어려움으로 평가에 문제를 발생하게 해서는 안되므로 일반적으로 평가에서 통용되는 익숙한 형식의 지시문으로 구성하는 게 바람직하다. 지시문의 이해가 어려워서 문제를 풀 수 없으면 제대로 된 평가를 완성하기 어렵기 때문이다. 이런 이유로 초급 학습자들을 대상으로 하는 평가에서는 지시문을 학습자의 모국어나 영어로 대신할 수도 있으며, 한국어와 외국어를 병기하여 이해를 도울 수도 있을 것이다. 또한 선다형의 경우에는 옳은 것과 옳지 않은 것을 고르는 것에 편중성이 없도록 고안하는 것이 좋다.

둘째, 문법 문제의 예시문은 실제 사용이 전제되는 실제성을 가진 문장이 바람직하다. 대화 예시문의 응답쌍은 자연스러워야 하며, 문어 텍스트인 경우에도 해당 글의 장르를 대표할 수 있는 실제성을 가진 텍스트이어야 한다. 다만 수험자의 숙달도에 따라 실제 텍스트를 직접 사용하기 어렵다면 일부를 개작하여 사용할 수 있을 것이다. 지시문의 범위는 학습자의 숙달도에 따라 짧은 문장부터 긴 문장으로 확대되는 것이 바람직할 것이다.

셋째, 답안 문항들의 다양화가 필요하다. 대부분의 평가에서는 객관식 사지선다형의 유형이 가장 많았다. 하지만 초급의 경우 진위형인 '예/아니요'로 답하는 방식도 있고, '사지선다'의 형식이 아닌 '삼지선다', '오지선다'의 형식도 가능하다. 또한 답안의 형식은 선다형 고르기가 아닌 단답형이나 문장 쓰기 등의 주관식 문항도 있다. 예를 들면 주어진 빈칸을 메우기, 주어진 항목을 활용하여 짧게 말하거나 쓰기, 주제나 상황에 맞게 자유롭게 말하거나 쓰기 등의 다양한 형식이 있다. 성취도 평가에서는 상대적으로 주관식 문항을 적극적으로 사용하기도 한다. 숙달도 평가는 대규모 평가로서 채점의 경제성이 중시되지만, 성취도 평가에서는 이러한 제약이 없기 때문으로 추정할 수 있다. 실제로 객관식에 비해 주관식 문항이 출제가 용이하며, 객관식에서의 오류 답항을 억지로 만들 필요도 없어 이에 대한 부담이 줄어들 수 있다. 무엇보다도 직접적인 문법 표현의 산출 능력을 보면서 문법 능력을 측정할 수 있다는 장점이 있기 때문으로 추정된다. 답항의 경우 명확한 정답을 제시해야 하며, 답항의 오답은 문자언어로도 음성언어로도 구별이 되는 명확한 것이 좋다. 한편 지역에 따라 정답이 달라질 수 있는 표현은 답항에서 피하는 게 좋다. 예를 들면 '-는구나'의 경우, 지역에 따라 동사의 활용 역시 '-는구나'가 아닌 형용사의 활용형인 '-구나'를 허용하여 '가구나, 먹구나'와 같이 표현하기도 하므로 해당 지역에서는 정답에의 고려가 필요하다.

지시문과 예시문, 답항 모두는 평가의 대상이 되는 목표 문법 항목보다 난이도가 높아 문제 풀이에 난관으로 제공되어서는 안 되므로, 출제자들은 학습자가 배운 항목에 대한 충분한 이해를 바탕으로 하여 문제를 작성해야 할 것이다.

4.4 언어 평가 문항의 사례

그간의 한국어 능력 시험이나 기관 시험에서 명시적인 문법 문제에서의 문제의 사례는 다음과 같다.

(1) 비슷한 표현 찾기
문장이나 대화에서 특정한 문법 표현과 비슷하게 쓰인 표현을 찾는 유형이다.

* 밑줄 친 부분과 바꿔 쓸 수 있는 것을 고르시오.

한복을 구입 할 때는 입는 사람의 체형을 고려해야 한다. 키가 크고 마른 체형인 경우에는 치마와 저고리를 밝은 색 계통으로 <u>맞추되</u> 복잡한 무늬는 피하는 것이 좋다.

① 맞춘다든가　　　　② 맞추거니와
③ 맞추려 해도　　　　④ 맞춰야 하나

(제6회 한국어능력시험 6급 어휘·문법·쓰기 13번 문항)

(2) 문법적 오류 인지 하기

대화나 문장에서 문법적으로 잘못 쓰였거나 어색한 부분을 찾아내게 하거나 바르게 고쳐 쓰게 하는 유형이다. 조사, 어미변화, 시제, 문법 표현을 대상으로 한다.

* 밑줄 친 것 중 <u>잘못</u> 쓰인 것을 고르십시오.

① 도서관에 <u>갔더니</u> 학생들이 별로 없었다.
② 준호씨가 결혼 <u>했더니</u> 다른 사람이 되었다.
③ 남자 친구에게 헤어지자고 <u>했더니</u> 화를 내더군요.
④ 어제 오랜만에 운동을 <u>했더니</u> 여기저기 몸이 쑤신다.

(제6회 한국어능력시험 4급 어휘·문법·쓰기 17번 문항)

* 다음 밑줄 친 부분 중 틀린 것을 하나 골라 바르게 고쳐 쓰십시오.

　　세종대왕이 비록 뛰어난 슬기를 <u>지녔음에도</u> 한글과 같은 훌륭한 글자를 <u>창제함에는</u> 반드시 많은 고심을 하였을 것이다. 그러나 그 귀중한 고심에 대하여 자세히 적어놓은 기록이 없음은 크나큰 유감이 아닐 수 없다. 그러므로 우리는 먼저 이루어 낸 결과, 곧 한글의 됨됨이를 <u>살핌으로써</u> 세종대왕의 고심을 <u>대강이니까</u> 엿보는 수밖에 없다.

　　　　　(　　　　　　　　→　　　　　　　　　　　　)

(제8회 한국어능력시험 5급 어휘·문법·쓰기 22번 문항)

(3) 빈칸 메워서 문장 완성하기
　　괄호 부분에 들어갈 말 중 문법적으로 정확하게 표현된 것을 찾아 완성하게 하는 방법이다.

* 다음 (　)에 알맞은 것을 고르시오.

고객들은 구매 계약을 금방 할 듯 (　　　　), 상품의 결함을 지적하며 구매 결정을 망설이는 경우가 있습니다.

① 하였더니　　　　② 하다시피
③ 하다가도　　　　④ 하겠거니

(제7회 한국어능력시험 5급 어휘·문법·쓰기 15번 문항)

* 최근 어린이 체력이 갈수록 떨어진다는 보고가 줄을 (ㄱ). 차세대의 건강이 예삿일이 아니라는 심각한 경고다, 이런 경고에 답이 될만 한 책 한권이 눈길을 끈다. 가정의학 전문의인 저자는 아이들을 제대로 키우기 위해서는 기초 체력에 주목하라고 권한다. 학습 능력은 동기만 주어지면 급성장하지만 체력은 어릴 때부터 기초를 닦아 놓지 않으면 나중에 터 닦기가 여간 어렵지 않다. 따라서 눈앞의 결과에 집착하여 미련을 가지기보다는 아이들의 잠재력을 살리는 것이 더 중요하고 시급한 문제라고 저자는 주장한다.

21. ㄱ.에 들어갈 알맞은 말을 쓰십시오.(4점)

(   )

(제8회 한국어능력시험 6급 어휘·문법·쓰기 21번 문항)

(4) 주어진 어휘의 형태를 문맥에 맞게 변형하기
   기본형으로 주어진 어휘를 문맥에 맞게 고치게 하는 방식이다.

도서고금을 막론하고 절약과 저축은 경제 생활에서 으뜸가는 미덕의 하나로 여겨져 왔다. (㉠) 미래를 위하여 저축할 줄 알아야 한다는 말을 ㉡수없이 들으면서 성장한 우리다. 그런데 경제학 교과서에 소비가 미덕이고 저축은 악덕이라는 말이 나오는 것은 무슨 연유에서인가? 우리를 더욱 혼란스럽게 만드는 것은 그런 와중에서도 저축을 많이 하라고 권하는 정부의 홍보물을 도처에서 볼 수 있다는 사실이다. 악덕임을 뻔히 알면서도 국민들에게 그것을 권하는 정부는 ㉢(없다), 도대체 사람들이 정부의 선전에 갈피를 못 잡겠다고 느끼는 것도 무리가 아니다.

* ㉢을 문맥에 맞게 고쳐 쓴 것으로 알맞은 것을 고르십시오.

① 없다면야   ② 없더니만
③ 없을진대   ④ 없다기에

> 텔레비전이 우리에게 미치는 나쁜 영향은 그것이 비단 가족 간의 귀중한 시간을 빼앗는다는 점뿐만 아니라 텔레비전을 통해 무의식중에 바람직하지 않은 대화 방식에 노출된다는 점이다. 결국 쌍방의 의견이 ㉠(좁혀 지다) 만무한 평행선 식의 질의 응답, 웃기기 위한 말장난, ㉡자신의 잘못은 보지 못하고 남의 잘못만 꼬집는 설교 등이 우리가 텔레비전에서 주로 보게 되는 말의 방법이다. 그렇다고 텔레비전만 탓할 수도 없다. 왜냐하면 거기에 나타난 생활상과 말하는 방법은 ㉢(좋다, 싫다) 간에 우리들의 모습을 반영한 것이기 때문이다.

30. ㉢을 문맥에 맞게 네 글자로 고쳐 쓰십시오.(4점)

 (   )

(제8회 한국어능력시험 5급 어휘·문법·쓰기 30번 문항)

(5) 주어진 문장 중 다른 의미가진 것 찾기

같은 형태의 문법 표현 중 의미가 다른 하나를 찾아내는 방식이다.

* 다음 중 밑줄 친 부분이 다른 셋과 다른 것을 고르시오.

① 지난 겨울에 추위로 아주 고생을 많이 했다.
② 교통 사고로 많은 사람들이 다치거나 죽었다.
③ 지하철로 출퇴근하는 사람은 늦는 일이 없어요.
④ 요즘 감기로 학교에 결석하는 학생들이 아주 많다.

(6) 맞는 표현 고르기

주어진 문장에서 문법적으로 오류가 없는 문장을 찾아내는 유형이다.

> * 밑줄 친 부분 중 맞는 것을 고르십시오.
>
> ① 피곤할 텐데 일찍 집에 가서 쉴 거예요.
> ② 오후에 비가 올까 봐 우산을 가지고 나왔다.
> ③ 혼자서 하면 힘들 것 같기에 좀 도와 드릴까요?
> ④ 영희는 신입생 때문에 아직 학교 규칙을 잘 모른다.

개편된 토픽에서의 읽기와 연계된 문법의 간접 평가의 사례는 다음과 같다. 주로 문장 내에서 알맞은 표현을 고르는 형식의 문제에서 내용의 이해를 넘어서서 문법의 이해가 전제되어야만 풀 수 있는 문항들은 아래와 같다.

(7) 문장을 읽고 괄호에 맞는 표현 고르기

주어진 문장의 빈칸에 가장 적절한 문법 표현을 고르는 방식이다.

> **65. ㉠에 들어갈 알맞은 말을 고르십시오. (2점)**
>
> ① 마시지만　　② 마시려고　　③ 마시기 때문에　　④ 마시는 동안에
>
> (제64회 B 읽기 시험)

49. ㉠에 들어갈 알맞은 말을 고르십시오. (2점)

① 좋으면   ② 좋지만   ③ 좋아도   ④ 좋은데

(제52회 읽기 시험)

51. ㉠에 들어갈 알맞은 말을 고르십시오. (3점)

① 그래서   ② 그러면   ③ 그리고   ④ 그러나

55. ㉠에 들어갈 알맞은 말을 고르십시오. (2점)

① 돌아가면 안 됩니다   ② 돌아갔기 때문입니다
③ 돌아가고 싶었습니다   ④ 돌아간 적이 있습니다

61. ㉠에 들어갈 알맞은 말을 고르십시오.

① 고쳐 주거나   ② 고쳐 보려고
③ 고치고 싶지만   ④ 고친 것 같아서

(제52회 읽기 시험)

51. ㉠에 들어갈 알맞은 말을 고르십시오.(3점)

① 먹지만   ② 먹거나   ③ 먹는데   ④ 먹으면

67. ㉠에 들어갈 알맞은 말을 고르십시오.

① 초대해서   ② 초대해도   ③ 초대하거나   ④ 초대하려면

(제42회 읽기 시험)

68. ⓒ에 들어갈 알맞은 말을 고르십시오.

① 나가려고 합니다 ② 나갈 수 있습니다
③ 나가지 않아도 됩니다 ④ 나가지 않기로 합니다

(제35회 읽기 시험)

(8) 보기를 읽고 괄호에 맞는 표현 고르기
보기 문장의 빈칸에 가장 적절한 문법 표현을 고르는 문제이다.

34. <보기>와 같이 ( )에 들어갈 가장 알맞은 것을 고르십시오.(2점)

(보기) 이 사람은 회사원입니다. 학생( )아닙니다.

① 이   ② 의   ③ 을   ④ 과

(제42회 읽기 시험)

34. 보기에 들어갈 알맞은 말을 고르십시오. (2점)

(보기) 몇 시( )옵니까?

① 가   ② 는   ③ 를   ④ 에

(제35회 읽기 시험)

(9) 같은 의미 파악하기

한 문장을 듣고 그 문장이 제시된 문장과 의미가 같은지를 묻는 유형이다. 유사한 표현으로 바꾸어 표현하기를 평가한다.

---

* 다음을 듣고 뜻이 같은 하나를 고르시오.

한국어를 배운지 6개월이 됐습니다.

① 한국어를 6개월 동안 배우면 됩니다.
② 한국어를 6개월 전부터 배웠습니다.
③ 한국어를 6개월부터 배웠습니다.

<연세대학교 한국어학당 성취도 평가 개발 연구, P.159>

참고문헌

강현화(2006), 「한국어 문법 교수학습 방법의 새로운 방향」, 『국어교육연구』18: 31-60, 서울대학교 국어교육연구소
강현화(2007), 「한국어 표현문형 담화기능과의 상관성 분석 연구: 지시적 화행을 중심으로」, 『이중언어학』34: , 1-26, 이중언어학회
강현화 외(2016), 『한국어교육 문법』, 한글파크
강현화 외(2017), 『한국어 유사 문법 항목 연구』, 한글파크
고춘화(2010), 『국어교육을 위한 문법 교육론』, 역락
구본관(2017), 「한국어 문법 교육의 내용 -한국어 문법 교육은 왜, 어떻게, 무엇이 달라야 하는가?-」, 『국제한국어교육학회』Vol.2017, 국제한국어교육학회
국립국어원 편, 김정숙·박동호·이병규·이해영·정희정·최정순·허용(2005), 『외국인을 위한 한국어 문법 2』, 케뮤니케이션북스
권재일(2003), 「입말자료에 반영된 국어의 문법 현상」, 『606돌 세종날 기념 한글학회 연구발표집』,
김광순(2021), 『새 선생님을 위한 한국어 문법 교육론』, 박문사
김규훈(2015), 『텍스트 중심 문법교육론』, 동국대학교출판부
김영숙 외(1999), 『영어과 교육론-이론과 실제-』, 한국문화사
김지홍(2002), 『문법』, 범문사
민현식(2006), 「한국어교육을 위한 문법 기반 언어 기능의 통합 교육과정 구조화 방법론 연구」, 『국어교육연구』제22집, 서울대학교 국어교육연구소
민현식(2010), 「한국어 문법 교육 연구의 현황 및 방향」, 『국제한국어교육학회 학술대회논문집』Vol.2010, 국제한국어교육학회
박덕유(2017), 『(이해하기 쉬운) 문법교육론』, 역락
박동호(2016), 「한국어 문법의 교육 내용 구축 방안- 한국어 문법 교사를 위하여 -」, 『문법교육』Vol.28, 한국문법교육학회

박영순(2004), 『한국어 담화·텍스트론』, 한국문화사
박혜숙(2002), 『의사소통능력 향상을 위한 문법지도, 영어교육의 이해』, 한국문화사, 176-199
방성원(2021), 『한국어 문법 교육론』, 한국문화사
백봉자(2002), 「외국어로서의 한국어 교육문법」, 『한국어교육』12(2): 415-445, 국제한국어교육학회
백봉자(2010), 「한국어 문법 교육의 새로운 방향」, 『국제한국어교육학회 학술대회논문집』 Vol.2010, 국제한국어교육학회
연재춘(2020), 「한국어교육문법서의 체계와 구성」, 『한국문법교육학회』Vol.2020 No.1, 한국문법교육학회
연재춘(2020), 『한국어교육문법서의 체계와 구성』, 한국문법교육학회, Vol.2020 No.1
우형식(2016), 『(외국어로서의) 한국어 문법 교육론(개정판)』, 부산외국어대학교출판부
우형식(2017), 「한국어 교육 문법의 성립과 과제」, 『국제한국어교육학회 춘계학술발표논문집』Vol.2017, 국제한국어교육학회
이경남(1996), 「문장문법에서 담화문법으로의 필요성」, 『영어교육』51(2): 149-168, 영어교육학회
이관규(2013), 『학교 문법 교육론』, 高麗大學交 民族文化硏究院(고려대학교 민족문화연구원)
이관규 외(2004), 『문법을 어떻게 가르칠 것인가?』, 한국문화사
이미혜(2007), 「한국어 문법 교수 방법론의 재고찰」, 『2007년도 춘계(제27차) 학술대회 자료』:31-55, 국제한국어교육학회
이주행(2017), 『(외국어로서의) 한국어 문법 교육론』, 보고사
최경봉(2017), 『(국어 선생님을 위한) 문법 교육론』, 창비교육
최윤곤(2020), 『한국어 문법교육』, 한국문화사
한송화(2006), 「외국어로서 한국어 문법에서의 새로운 문법 체계를 위하여 -형식 문법에서 기능 문법으로-」, 『한국어 교육』:17-3, 국제한국어교육학회
Batstone, R.(1994), Grammar, 김지홍 옮김(2002), 『문법』, 서울: 범문사.
Brown, H. D. (2000). Principles of Language Learning and Teaching. 권오량, 김영숙, 한문섭 공역. 2001.『원리에 의한 교수: 언어 교육에의 상호작용적 접근법』. Pearson Education Korea.

Bygate, M. and Tonkyn, A. and Williams, E. eds.(2000), Grammar and the Language Teaching. New York: Printice Hall.

Fulcher, G.(2003), Testing Second Language Speaking. Longman; London.

Leech, G. and Svartvik, J. (1983), A Communicative Grammar of English. 박근우 역. 1982. 『영어표현문법』. 서울: 서린문화사.

Lewis, M.(2002), Implementing the Lexical Approach. Boston: Heinle.

Long, M. H. (1991), Focus on Form: A Design Feature in Language Teaching Methodology, Edited by K. de Bot, D. Coaste, R. Ginsberg, & C. Kramsch, Foreign language research in cross-cultural perspective, Amsterdam: Jon Benjamins.

Nattinger, J. & DeCarrico, J. (1992), Lexical Phrases and Language Teaching. Oxford: Oxford University Press.

Swan, M. (2002), Seven Bad Reasons for Teaching Grammar-and Two Good Ones, Edited by Richards, J. C. and Renandya, W. A. Methodology in Language Teaching, Cambridge: Cambridge University Press.

Thornbury, S. (1999), How to Teach Grammar? 이관규 외 옮김(2004), 『문법을 어떻게 가르칠 것인가?』, 서울: 한국문화사.

VanPatten, B.(1990), Attending to form and content in the input: An experiment in consciousness. Studies in Second Language Acquisition 12, 287-301.

Wilkins, D.(1976), Notional Syllabuses. London: Oxford University Press.